Escalas 2de

ESPAGNOL A2/B1

Coordinatrice et auteure

Laura SCIBETTA
Professeur agrégée, académie de Nice (06)

Auteurs

Jérôme BOUVET
Professeur certifié, académie de Créteil (77)

Gwenaëlle DEBOS
Professeur certifiée, Académie de Rennes (35)

Juan DEL REY BELINCHÓN
Professeur agrégé, académie de Strasbourg (67)

Julia GILLOT
Professeure certifiée, Académie de Lille (59)

Cécile PENA
Professeur certifiée, Académie de Créteil (94)

Charlotte TEULIER
Professeure certifiée, académie de Nice (06)

Hatier

Les auteurs tiennent à remercier les collègues qui ont donné leur avis sur le projet tout au long de sa constitution et plus particulièrement Madame Sylvaine Giroud-Collado pour ses remarques avisées.

Conception graphique : Studio Favre et Lhaïk - Christine Masson
Mise en pages : Christine Masson
Édition : Joëlle Dejonckère - Luisa Lucuix - Ana Pastor
Iconographie : Véronique Foz
Cartographie : Corédoc-Laurent Blondel

Achevé d'imprimer par L.E.G.O. S.p.A. – Lavis (TN) – Italie
Dépôt légal : 96192-2/03 – Août 2015

© Hatier, Paris 2014, ISBN 978-2-218-96192-2

Avant-propos

Bienvenue dans votre manuel de seconde de la collection *Escalas* !

Escalas assure une transition « en douceur » entre le collège et le lycée. En conformité avec les programmes, il vous permet d'acquérir des savoirs et savoir-faire qui vous seront utiles jusqu'au baccalauréat.

L'entrée culturelle du programme « l'art de vivre ensemble » se décline sur les trois notions et thématiques : « **mémoire** : héritages et ruptures ; **sentiment d'appartenance** : singularités et solidarités ; **visions d'avenir** : création et adaptations ». Ces thèmes sont traités sur dix *Viajes* qui vous permettront d'approfondir vos connaissances linguistiques et culturelles du monde hispanique.

Votre pratique couvrira **les cinq activités langagières** (lire, écrire, écouter, parler en continu, prendre part à une conversation), avec une **dominante « activités orales » ou « activités écrites »** par unité, si vous travaillez par **groupes de compétences**.

En ouverture de chaque *Viaje* vous sont annoncés les deux projets intermédiaires qui vous mèneront vers le **projet final**. Chacun propose **le niveau du cadre européen attendu** lors de sa réalisation. Ensemble ils vous aideront à consolider votre **niveau A2** (attendu au brevet des collèges) et à atteindre progressivement le **niveau B1** (attendu en fin de seconde).

Nous avons souhaité vous faire réagir à diverses **questions du monde actuel**. Ces **thématiques transversales** (Espagne/Amérique latine) vous invitent à **prendre la parole sur des sujets qui vous concernent**. Pour vous y aider plusieurs **rubriques sont mises en place** : fiches méthodologiques, conseils à la réalisation, amorces de réponses, lexique thématique et fonctionnel. Les utiliser régulièrement vous donnera **une plus grande autonomie**.

D'autres rubriques sont aussi pensées pour vous rendre **acteurs de votre apprentissage** :
– vous mémoriserez et enrichirez votre vocabulaire grâce aux pages *Sintetiza* et à leurs exercices ;
– vous découvrirez des consignes de type baccalauréat dans les pages *Rumbo al bac* ;
– vous approfondirez vos **connaissances culturelles** avec les pages *Mundo Hispánico* tout en participant à des activités de prise de parole ;
– vous évaluerez votre progression grâce au « *hago balance* » des pages *Proyecto final*.

Enfin, pour joindre l'utile à l'agréable, tout au long du manuel, l'**atelier** *Hoy teatro* vous propose des saynètes indépendantes qui **faciliteront votre communication spontanée** tout en révisant les acquis de chaque unité.

Nous vous souhaitons, à toutes et à tous, une agréable année de seconde.

Les auteurs

Déroulement d'un *Viaje*

Une double-page d'ouverture pour lancer la thématique

Sommaire de l'unité et annonce de la tâche finale.

Une saynète enregistrée pour faire vivre le lien entre les photos et le thème.

Une aide à l'expression.

Deux *Escalas* : toutes les **activités langagières** sont travaillées au travers de consignes et de documents variés.

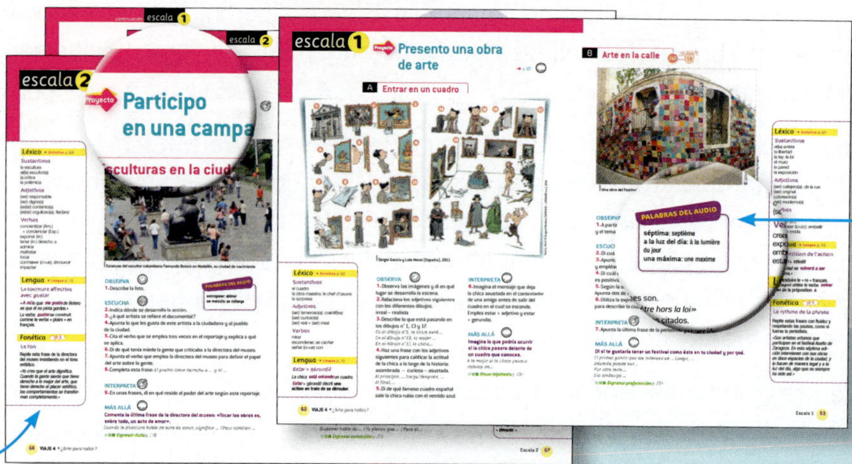

Annonce de la tâche intermédiaire.

Lexique de production, points de langues et phonétique.

Palabras del audio
Une aide à la compréhension.

En bilan des *Escalas*

Sintetiza
Une synthèse lexicale en contexte.
+
Des activités pour la mémorisation.

Proyecto
Tâche intermédiaire reprenant les objectifs des deux doubles pages de l'*Escala*.

Lengua
Des **exercices** sur les points de langue vus dans l'unité avec reprise du lexique.

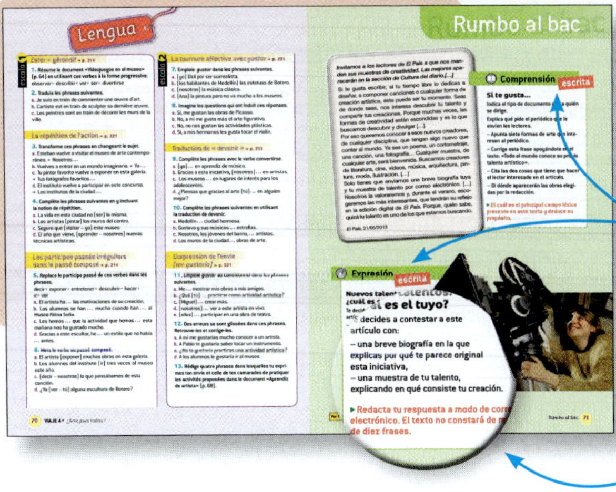

Rumbo al bac
Pour **s'entraîner** « en douceur » aux épreuves du bac.

Toutes les activités langagières sont traitées de manière équilibrée.

Des conseils pratiques sont fournis.

Mundo Hispánico : pour **faire le point** et/ou **aller plus loin** sur la thématique abordée.

De brefs articles illustrés de documents visuels.

Une activité B2i permet d'approfondir ses connaissances.

Une exploitation est systématiquement proposée.

Proyecto final

Une démarche détaillée pour ne pas se perdre.

Un prolongement B2i systématique.

Des pistes d'évaluation.

¡Hoy teatro!
Une activité ludique, à faire en groupes pour réinvestir les apports linguistiques de l'unité.

Pour commencer l'année

Deux unités pour la mise en route du groupe classe avec **accompagnement méthodologique** de chacune des cinq activités langagières avant l'**évaluation diagnostique**.

¡ADELANTE!

VIAJE 1

Mejora tu vida en el instituto

SENTIMENT D'APPARTENANCE

AUDIO/VIDEO
- Un instituto uruguayo diferente p. 14
- Lo más lindo que tiene el liceo p. 15
- Le llamaban *Zanahoria* p. 18
- Que alguien le hable p. 19

ESCRITO
- Cómo hacer amigos p. 16
- ¿Sigo estos consejos? p. 17
- ¿Por qué tenemos que soportarlos? Pedro Mañas, *Los O.T.R.O.S.*, 2009 p. 20
- Me he hartado de quejarme Pedro Mañas, *Los O.T.R.O.S.*, 2009 p. 21

Mundo hispánico > ¿Te apuntas a descubrir otros mundos? pp. 26-27

VIAJE 2

¿Divertirse sin límites?

MÉMOIRE

AUDIO/VIDEO
- La Tomatina: una batalla de tomates p. 32

ESCRITO
- Así son los Sanfermines Clara Villanueva y Josefina Fernández, *De fiesta en verano*, 1995 p. 30
- La fiesta del fuego en España Clara Villanueva y Josefina Fernández, *De fiesta en verano*, 1995 p. 31
- Una fiesta botellón Blanca Álvarez, *La partitura rota*, 2011 p. 33
- Esta noche salgo Ricardo Gómez, *Juegos, inocentes juegos*, 2013 p. 34
- Una conducción peligrosa Carlos Peramo, *Media vuelta de vida*, 2010 p. 35

ICONOGRÁFICO
- Divertirse sin pasarse (cartel) p. 36
- ¿Te parece normal? (cartel) p. 37

Mundo hispánico > Jóvenes y tradición pp. 40-41

VIAJE 3

El deporte: ¿placer o tortura?

SENTIMENT D'APPARTENANCE

AUDIO/VIDEO
- El deporte educativo p. 48
- Lo importante es ganar p. 50

ESCRITO
- Mi pasión, mi escapatoria Francisco Zamora Loboch, *El caimán de Kaduna*, 2012 p. 46
- Había sobrepasado los límites p. 52

ICONOGRÁFICO
- El deporte no tiene sexo (cómic) p. 46
- Enganchado al deporte (fotografía) p. 51

Mundo hispánico > En deportes ¿está de moda la tradición? pp. 56-57

VIAJE 4

¿Arte para todos?

VISIONS D'AVENIR

AUDIO/VIDEO
- Arte en la calle p. 63
- Esculturas en la ciudad p. 66

ESCRITO
- Videojuegos en el museo p. 64
- La música cambia vidas p. 67

ICONOGRÁFICO
- Entrar en un cuadro (dibujo) p. 62
- Aprendiz de artista (cartel) p. 68

Mundo hispánico > Del muralismo hasta hoy pp. 72-73

PROYECTO Méthodo • Rumbo al bac	LENGUA • Gramática • Léxico	HOY TEATRO

Presento un corto: *Comienzos en el instituto* A2 — p. 17

→ **Concurso: mejorar la vida en el Instituto** — p. 26

MÉTHODO
- Comprendre l'essentiel d'un enregistrement — p. 15
- Réagir oralement à l'avis d'un(e) camarade — p. 17
- Comprendre un enregistrement en détail — p. 19
- Présenter à l'oral le sujet d'un document — p. 21

1
- Présent de l'indicatif (verbes réguliers) — p. 14
- Le gérondif — p. 15
- Verbes à diphtongue au présent de l'indicatif — p. 16
- Verbes à affaiblissement au présent de l'indicatif — p. 17

2
- Les pronoms relatifs — p. 18
- La traduction de « on » par *uno* — p. 19
- Le participe passé à valeur d'adjectif — p. 20
- Le passé composé — p. 21

- *El compañerismo* — p. 22
- *El instituto* — p. 22

Describe a un personaje — p. 27

Describo en un blog una fiesta española A2 — p. 33

→ **Escribo un correo electrónico a los padres de mi amigo espagnol** — p. 42

MÉTHODO
- Comprendre les idées principales d'un texte — p. 31
- Répondre par écrit à des consignes de compréhension — p. 33
- Comprendre un texte en détail — p. 35
- Écrire un paragraphe argumentatif — p. 37

1
- Les verbes *ser* et *estar* — p. 30
- Les prépositions *a* et *en* — p. 31
- Les équivalents de « de… jusqu'à » et « depuis » — p. 32
- Les adjectifs possessifs — p. 33

2
- Les adverbes quantitatifs — p. 34
- La préposition *por* — p. 35
- Les tournures affectives — p. 36
- Traduction de « devenir » — p. 37

- *Divertirse en una fiesta* — p. 38
- *Los límites de la fiesta* — p. 38

Expresa los sentimientos de los personajes — p. 43

Presento mi deporte favorito A2 — p. 49

Defino mis compromisos A2+ — p. 53

→ **Creo una campaña para una práctica sana** — p. 58

Rumbo al bac — p. 55
- El deporte es convivencia
- Más que un deporte

1
- Le Passé simple — p. 46
- *Ser - Estar* — p. 47
- L'expression de la durée — p. 48
- *La convivencia* — p. 49
- *La pasión* — p. 49

2
- *Lo* + adjectif / p. passé / adverbe — p. 50
- Le subjonctif présent — p. 51
- *No sólo… sino (que)/también* — p. 52
- *La competición* — p. 53
- *El sufrimiento* — p. 53

Interpreta las emociones de las personajes — p. 59

Presento una obra de arte A2 — p. 65

Participo en una campaña A2 — p. 69

→ **Escribo una carta al director de mi instituto** — p. 74

Rumbo al bac — p. 71
- Si te gusta…
- Nuevos talentos: ¿cuál es el tuyo?

1
- *Estar* + gérondif — p. 62
- La répétition de l'action — p. 63
- Les participes passés irréguliers — p. 64
- *El arte* — p. 65
- *El placer* — p. 65

2
- La tournure affective avec *gustar* — p. 66
- Traduction de « devenir » (suite) — p. 67
- L'expression de l'envie (*me gustaría*) — p. 68
- *Las dificultades cotidianas* — p. 69
- *Una vida mejor* — p. 69

Imagina los decorados — p. 75

DOCUMENTO

VIAJE 5

Diferencias, ¿barrera o riqueza?

SENTIMENT D'APPARTENANCE

AUDIO/VIDEO

- Combatir los rumores p. 80
- Inmigrantes de segunda generación, ciudadanos de primera p. 83

ESCRITO

- ¿Un amor imposible? Ana Alonso y Javier Pelegrín, *Fuego azul*, 2011 p. 78
- Cruces fascinantes Arturo Pérez Reverte, *XLSemanal*, 2012 p. 84

ICONOGRÁFICO

- El novio (cómic) p. 79
- ¿Integrarse o asimilarse? (fotografía) p. 82

Mundo hispánico > La España medieval, entre guerras y convivencia pp. 88-89

VIAJE 6

Mujer, hombre ¿hay tópicos?

MÉMOIRE

AUDIO/VIDEO

- El concurso de la mujer ideal p. 95
- Igual que tú p. 100

ESCRITO

- Las ventajas del matrimonio p. 94
- Los tópicos con lupa p. 99

ICONOGRÁFICO

- Otros tiempos (cómic) p. 96
- ¿Un sueño imposible? (cómic) p. 98

Mundo hispánico > Mujeres de hoy, poderosas e influyentes pp. 104-105

VIAJE 7

Familias de ahora y siempre

SENTIMENT D'APPARTENANCE

AUDIO/VIDEO

- El origen de la palabra «familia» p. 111
- Los hijos de hoy p. 114

ESCRITO

- ¿Dónde estuviste? Antonio Skármeta, *No pasó nada*, 1980 p.112
- ¡Voooy! Luis García Araus, *Adiós a todos*, 2003 p. 115

ICONOGRÁFICO

- Cada cual con su papel (cuadro) Fernando Botero p. 110
- Ni siquiera se miran (fotografía) p. 116

Mundo hispánico > Nuevas tendencias en las familias pp.120-121

VIAJE 8

¿Nos cambian las maquinitas?

VISIONS D'AVENIR

AUDIO/VIDEO

- La familia digital p. 127
- Una cita a ciegas p. 131

ESCRITO

- Google, ¿me haces los deberes? p. 128
- ¡No te enredes en la red! p. 132

ICONOGRÁFICO

- Antes no había maquinitas (cómic) p. 126
- Amores del siglo XXI (cómic) p. 130

Mundo hispánico > Encuentro virtual, acción concreta pp. 136-137

PROYECTO Méthodo • Rumbo al bac	LENGUA • Gramática ▪ Léxico	HOY TEATRO

PROYECTO

- Escribo una invitación para una jornada solidaria A2 p. 81
- Presento a un joven de origen extranjero B1 p. 85
- → **Realizo una fotonovela sobre la exclusión** p. 90

Rumbo al bac p. 87

- Un proyecto pionero
- ¡Basta de prejuicios!

LENGUA

1
- La concession p. 78
- La tournure emphatique p. 79
- L'expression du but p. 80
- ▪ *La discriminación* p. 81
- ▪ *La tolerancia* p. 81

2
- L'hypothèse p. 82
- La forme progressive p. 83
- Le futur des verbes irréguliers p. 84
- ▪ *El origen étnico* p. 85
- ▪ *La integración* p. 85

HOY TEATRO

Escribe la sinopsis de una escena p. 91

PROYECTO

- Presento a una heroína para una sinopsis A2 p. 97
- Participo en una campaña contra los tópicos B1 p. 101
- → **Preparo una encuesta sobre el papel de la mujer** p. 106

Rumbo al bac p. 103

- Televisión en femenino
- Redacta una carta

LENGUA

1
- La négation avec *sino* p. 94
- Les superlatifs absolus p. 95
- Formation de l'imparfait p. 96
- ▪ *La vida cotidiana* p. 97
- ▪ *Relaciones difíciles* p. 97

2
- Le vouvoiement p. 98
- L'opposition avec *mientras que* p. 99
- L'expression du souhait p. 100
- ▪ *La comunicación* p. 101
- ▪ *La realidad y el deseo* p. 101

HOY TEATRO

Analiza los gestos de los personajes p. 107

PROYECTO

- Describo a una familia tradicional B1 p.113
- Explico lo que ha cambiado en las familias A2 p. 117
- → **Escribo y represento una escena entre padres e hijos** p. 122

Rumbo al bac p. 119

- ¡Los jóvenes de antes eran mejores!
- ¿Autoridad?

LENGUA

1
- L'expression de l'habitude avec *Soler* p. 110
- L'expression de la négation p. 111
- L'imparfait du subjonctif p. 112
- ▪ *El poder* p. 113
- ▪ *Las aspiraciones de los adolescentes* p. 113

2
- L'expression de l'ordre avec l'impératif p. 114
- *Como si* + imparfait du subjonctif p. 115
- La traduction de *Ni siquiera* p. 116
- ▪ *Familias: lo positivo* p. 117
- ▪ *Familias: lo conflictivo* p. 117

HOY TEATRO

Estudia la ocupación del escenario p. 123

PROYECTO

- Argumento para vender una tableta B1 p. 129
- Recomiendo un buen uso de las redes sociales A2 p. 133
- → **Realizo una cuña informativa** p. 138

Rumbo al bac p. 135

- Un intercambio dinámico
- Las redes sociales

LENGUA

1
- L'expression du souhait p. 126
- Valeur de l'imparfait de l'indicatif p. 127
- L'imparfait du subjonctif p. 128
- ▪ *La tecnología* p. 129
- ▪ *Los peligros* p. 129

2
- La place du pronom et l'enclise p. 130
- L'obligation impersonnelle p. 131
- L'obligation personnelle p. 132
- ▪ *Las redes sociales* p. 133
- ▪ *La precaución* p. 133

HOY TEATRO

Desplázate por el escenario p. 139

VIAJE 9

¡Este verano, responsabilízate!

SENTIMENT D'APPARTENANCE

AUDIO/VIDEO
- Dar un paso adelante p. 142
- Tu misión en la playa p. 148

ESCRITO
- Una chica astuta Anna Manso, *Una chica N.O.R.M.A.L.*, 2013 p. 143
- Solidaridad egoísta Fernando Lalana y José María Almárcegui, *Escrito sobre la piel*, 2000 p. 147

ICONOGRÁFICO
- Buscar trabajo es un trabajo (cómic) p. 144
- La experiencia de tu vida (cartel) p. 146

Mundo hispánico > Este verano, ¡actúa en verde! pp. 152-153

VIAJE 10

¿Viajes libres o planificados?

VISIONS D'AVENIR

AUDIO/VIDEO
- ¡Nos vamos a Mallorca! p. 160
- Viajero sobre ruedas p. 163

ESCRITO
- Soñar con otras vacaciones Ana Alcolea, *El bosque de los árboles muertos*, 2010 p. 159
- ¿Puedo dormir en tu sofá? p. 164

ICONOGRÁFICO
- Vacaciones en familia (fotografía) p. 158
- ¡Nos hemos perdido! (fotografía) p. 162

Mundo hispánico > Viajeros del mundo pp. 168-169

Viaje en libros 174-197

RELATOS
- *Primer encuentro*, Jhonattan K. Díaz Gastelo (Perú) p. 174
- *Domingo de Ramos en Málaga*, Elena Soriano Martí (España) p. 176
- *El Cucho*, Ricardo Silva Romero (Colombia) p. 178
- *Vivir entre dos mundos*, Esmeralda Santiago (Puerto Rico) p. 179
- *La melodía perdida*, Carlos Salem (Argentina) p. 180
- *El novio*, Federico García Lorca (España) p. 182
- *A ti también te iría bien*, Antoni Marí (España) p. 184
- *He ido demasiado lejos contigo*, Jorge Gómez Soto (España) p. 186
- *Se busca Papá Noel*, Andrea Ferrari (Argentina) p. 188
- *Rómulo, Chamán*, Marc Serena (España) p. 190

NOVELAS GRÁFICAS
- *Memorias de un hombre en pijama*, Paco Roca (España) p. 192
- *La isla sin sonrisa*, Enrique Fernández (España) p. 194
- *Dentro de nada*, Juan Berrio (España) p. 196

PROYECTO Méthodo • Rumbo al bac	LENGUA • Gramática ■ *Léxico*	HOY TEATRO
Paso una entrevista para un trabajo de verano B1 p. 145 Explico mi voluntariado por *emilio* A2 p. 149 → **Presento una causa solidaria** p. 154 **Rumbo al bac** p. 151 ¡Hazte voluntario! Ser voluntario, ¿dar o recibir?	**1** • Les constructions directes p. 142 • Les pronoms personnels compléments p. 143 • L'impératif négatif p. 144 ■ *Un trabajo para el verano* p. 145 ■ *La entrevista de trabajo* p. 145 **2** • L'idée de futur dans la subordonnée p. 146 • Les verbes à prépositions différentes p. 147 • Le futur régulier p. 148 ■ *El voluntariado* p. 149 ■ *Los beneficios* p. 149	*Analiza la importancia del vestuario* p. 155 
Realizo una ficha turística A2 p. 161 Escribo para encontrar alojamiento B1 p. 165 → **Presento el proyecto de un viaje escolar** p. 170 **Rumbo al bac** p. 103 Aventuras en Bogotá Viajando por el mundo	**1** • Les adjectifs indéfinis p. 158 • L'expression de la condition p. 159 • Le subjonctif dans une subordonnée p. 160 ■ *El viaje* p. 161 ■ *Las actividades* p. 161 **2** • L'expression de la demande p. 162 • Les comparatifs irréguliers p. 163 • La simultanéité p. 164 ■ *La aventura* p. 165 ■ *Los contactos* p. 165	*Crea el cartel y el programa del espectáculo* p. 171 

Comprendre les pictogrammes

- Compréhension de l'oral
- Expression orale en continu
- Expression orale en interaction
- Compréhension de l'écrit
- Expression écrite
- Document visuel
- MP3 Enregistrements à télécharger sur le site
- CD classe 1 00 Enregistrement sur CD classe
- DVD Extraits vidéo sur DVD classe

Précis grammatical 198-223

Lexique espagnol > français 224-230

Lexique français > espagnol 231-237

Lexique fonctionnel 238-239

NOTION SENTIMENT D'APPARTENANCE : SINGULARITÉS ET SOLIDARITÉS

VIAJE 1

Mejora tu vida en el instituto

escala 1

MÉTHODO
- Comprendre l'essentiel d'un enregistrement p. 15
- Réagir oralement à l'avis d'un(e) camarade p. 17

- Un instituto uruguayo diferente p. 14 — > Présent de l'indicatif (verbes réguliers)
- Lo más lindo que tiene el liceo p. 15 — > Le gérondif
- Cómo hacer amigos p. 16 — > Verbes à diphtongue au présent de l'indicatif
- ¿Sigo estos consejos? p. 17 — > Verbes à affaiblissement au présent de l'indicatif

Proyecto **Presento un corto: *Comienzos en el instituto*** A2

escala 2

MÉTHODO
- Comprendre un enregistrement en détail p. 19
- Présenter à l'oral le sujet d'un document p. 21

- Le llamaban *Zanahoria* p. 18 — > Les pronoms relatifs
- Que alguien le hable p. 19 — > La traduction de « on » par *uno(a)*
- ¿Por qué tenemos que soportarlos? p. 20 — > Le participe passé à valeur d'adjectif
- Me he hartado de quejarme p. 21 — > Le passé composé
- ***Sintetiza*** p. 22 — > *El compañerismo* > *El instituto*

Lengua p. 23

Mundo hispánico pp. 24-25 ¿Te apuntas a descubrir otros mundos?

Proyecto final **Consurso: mejorar la vida en el instituto** p. 26

Hoy teatro p. 27

Practicando baloncesto durante el recreo

En directo

MP 3 ou CD classe 1 • 01

Apunta las palabras del audio que describen estas fotos. Dales otro título. Explica tu elección.

Conversando en la puerta del instituto

Exprésate

SUSTANTIVOS

la sonrisa – el gusto

VERBOS

hablarse – participar – compartir – hacer (irr.) migas: *se faire des amis*

escala 1

Proyecto

Presento un corto: *Comienzos en el instituto*

A Un instituto uruguayo diferente

CD classe 1 02

Vuelta al liceo Jubilar de Montevideo

Léxico → Sintetiza p.22

Sustantivos

el liceo (Am.) = el instituto (Esp.)
la organización
la opción: *le choix*
la propuesta: *l'offre*
la variedad
la tarea = los deberes: *les devoirs*

Adjetivos

libre
(ser) alternativo(a)
(ser) interesante

Verbos

hacer (irr.) los deberes
c**o**ntar (o>ue) con:
ici, se composer de
disfrutar: *profiter*
div**e**rtirse (e>ie/i)

Lengua → Lengua p.23

Présent de l'indicatif (verbes réguliers)

*«**Concurren** setenta alumnos en el ciclo básico.»*

Verbes en ***-ar***:
-o, -as, -a, -amos, -áis, -an

Verbes en ***-er***:
-o, -es, -e, -emos, -éis, -en

Verbes en ***-ir***:
-o, -es, -e, -imos, -ís, -en

Fonética MP 3

Le son [θ]

*die**c**inueve/**c**ien*

Repite la frase:
*«Cuenta con die**c**inueve profesores, nueve personas en dire**cc**ión, **c**ien voluntarios entre directos e indirectos.»*

Pronuncia: *52,119*

PALABRAS DEL AUDIO

concurren (Am.) = asisten (Esp.)
los talleres: les ateliers
la beca: la bourse
la deserción (Am.) = el absentismo escolar (Esp.)
el coro: la chorale
cualquier cosa

OBSERVA

1. Sitúa la escena de la foto.
2. Dale un título a la foto y explica tu propuesta.

ESCUCHA

3. Escucha toda la grabación. Determina el tema y quiénes hablan.
En esta grabación, oigo... / Se habla de...
4. Las dos personas no hablan de lo mismo. Apunta en qué consisten las diferencias.
En la primera parte, la que habla es... / En la segunda...
5. Escucha los detalles, apunta los datos y las cifras que oigas.
6. Explica por qué la visión que se ofrece de este instituto es positiva.
La imagen del instituto parece muy buena, porque...

INTERPRETA

7. *«La beca [...] es financiada por los llamados "padrinos".»*
Explica quiénes son los padrinos y lo que permiten sus donativos.
Los padrinos son... / Con este dinero...

MÉTHODO

Comprendre l'essentiel d'un enregistrement

1 Avant l'écoute. Observe le contexte : lis le titre, les encadrés d'aide et le lexique de la page. S'il y a une illustration, mets-la en rapport avec le titre. Tu as alors une idée du thème et des mots susceptibles d'être utilisés.

Creo que va a tratarse de... / Parece que el tema es...

2 Fais une **écoute intégrale** la première fois, puis des écoutes morcelées. Écoute les bruitages, la musique : ils illustrent souvent le sens global. Note les éléments que tu reconnais sous forme de liste ou dans le désordre.

Pas de panique ! Il ne s'agit pas d'une dictée.

3 Concentre-toi sur les détails suivants :
- le type d'audio : est-ce une interview, une conversation, un monologue, un contexte quotidien, une émission en direct, un discours... ?,
- le nombre de personnes qui interviennent,
- le ou les lieux, le ton de chacun, l'atmosphère générale,
- le sujet qui est abordé en premier,
- les changements de thèmes, des points d'accord et de désaccord.

4 Afin de pouvoir rendre compte, organise tes notes autour des différents intervenants : leur ton et les différents sujets abordés.

HAZLO TÚ

Escucha el audio siguiente en su totalidad y explica cómo se sienten los alumnos.

Lo más lindo que tiene el liceo

CD classe 1 03

PALABRAS DEL AUDIO

lindo (Am.): chouette
dejan de lado: laissent de côté
una oportunidad
pelearse: se battre
pensar (e>ie): ici, réfléchir

Léxico → Sintetiza p.22

Sustantivos
la pelea: *la bagarre*
nadie: *personne*
la gente

Adjetivos
(ser) provechoso(a): *profitable*
(ser) acogedor(a): *accueillant(e)*

Verbos
sentirse (e>ie/i) a gusto
= sentirse bien
estudiar
encantar: *adorer*
respetar
concienciarse: *prendre conscience*

Lengua → Lengua p.23

Le gérondif

«Te ve ***haciendo*** algo.»

Verbes en ***-ar*** > radical + ***-ando***.

Verbes en ***-er/-ir*** > radical + ***-iendo***.

Le gérondif **correspond au participe présent**.

Avec ***estar*** il exprime **une action en train de se produire**.

Attention le gérondif a d'autres emplois.

B Cómo hacer amigos

Tras una etapa de seguridad infantil en el colegio, llega el momento de dejar sus seguros muros[1], a los amigos de siempre, empezar en un nuevo instituto y, además, hacer amigos en un grupo diferente.

Es fácil que el primer día de clase te empieces a formar una opinión de los compañeros que tienes. [...] No debes cerrarte a la gente que te rodea[2] a la primera de cambio[3]. [...] Muéstrate abierto a conocer a los demás y a hacer amigos antes de hacer juicios o formarte opiniones. [...]

Pasar desapercibido, quedarse fuera de problemas, puede parecer una opción cómoda, pero si no tienes voz ni das tu opinión y sólo te dejas llevar[4] por las opiniones de los demás, la gente no buscará tu compañía. [...]

Defiende tus opiniones [...], haz ver a los demás que existes y gánate tu lugar dentro del grupo [...]. Simplemente muéstrate tal y como eres para que los demás te conozcan. De esta forma sabrás que aquellos que[5] quieren estar contigo es porque te conocen y les gustas así.

Hacer amigos debe ser algo natural, no un trabajo forzado en el que hay que seguir un guión. Puede ayudar el pensar que a pesar de[6] lo que los demás puedan aparentar[7], todos los alumnos en un instituto pasan por la misma inseguridad y los mismos miedos.

utilidad.com

1. los muros del colegio 2. *entoure* 3. *sans y réfléchir* 4. *tu te laisses influencer* 5. *ceux qui* 6. *malgré* 7. *avoir l'air*

Léxico → Sintetiza p.22

Sustantivos
la integración
la timidez: *la timidité*
la personalidad
la sinceridad
el temor: *la crainte*

Adjetivos
(ser) diferente
(ser) tímido(a)
desapercibido(a): *inaperçu(e)*
(ser) abierto(a): *ici, ouvert(e) d'esprit*
(ser) imprescindible: *indispensable*

Verbos
darse (irr.) a conocer: *se faire connaître*
hacer (irr.) amigos: *se faire des amis*
acer**c**arse (ort.) a: *se rapprocher de*
interesarse por: *s'intéresser à*

Lengua → Lengua p.23

Verbes à diphtongue au présent de l'indicatif

«***Puede*** ayudar.»

Aux personnes du singulier et à la 3e personne du pluriel :
– le ***e*** du radical devient ***-ie***,
– le ***o*** du radical devient ***-ue***.

LEE

1. Identifica el contexto: el tema, el momento del año y a quién se dirige el autor.

2. Apunta los elementos relacionados con el título en los tres primeros párrafos.

3. Anota cuál es la mejor actitud según el autor.
Según la opinión del autor, lo mejor es...
Para hacer nuevos amigos, parece que...

4. Es normal que empezar en un instituto nuevo genere ciertos temores. Localiza esta idea en el documento.
Creo que esta idea se encuentra... / Dado que leo en el párrafo...

INTERPRETA

5. ¿Cuál de las propuestas del texto te parece la más importante? Expresa tu opinión y comenta las de tus compañeros(as).
En mi opinión... / Me parece acertado que...
Yo también pienso que... / Yo no creo que...

METHODO

Réagir oralement à l'avis d'un(e) camarade

Ecouter

1 Note ce que dit ton interlocuteur(trice) en deux colonnes: ses affirmations et les citations du texte: *su opinión / citas del texto en las que se apoya*.

2 Si tu n'entends pas bien ce qu'il(elle) dit, n'hésite pas à lui demander de répéter.
Perdona, pero no te oigo bien, ¿puedes repetir?

3 Pour synthétiser son propos, recherche ses arguments dans le document étudié et dans les éléments d'aide de la page.

Répondre

4 Demande la parole sans interrompre ton(ta) camarade (par ex. lève la main).

5 Si tu es d'accord avec lui(elle), répète ce qu'il(elle) a dit, corrige si nécessaire ses erreurs de langue, et ajoute des détails ou exemples qui vont dans le même sens.
Me parece acertado que te refieras a...
Pienso como tú cuando dices que...

6 Si tu n'es pas d'accord, présente d'autres arguments en t'appuyant sur le document ou un autre exemple.
Pienso que te equivocas... / En mi opinión...

NB : Pense à consulter le lexique fonctionnel.
Expresar aprobación • Rechazar algo
pp. 238, 239

HAZLO TÚ

Un(a) compañero(a) te da los consejos que recoge el siguiente texto. Reaccionas a lo que te dice.

¿Sigo estos consejos?

Lo primero que tienes que saber es que cuando eres nuevo o nueva en un lugar, atraes la curiosidad de los demás, y todas las miradas se posan sobre ti. Por lo tanto, cualquier[1] movimiento que busque atraer la atención, será visto como una payasada[2]. Siéntate correctamente y pórtate bien. Interésate por los aspectos del colegio, averigua[3] si hay un taller o un club que tenga que ver con algo que te interese. Pertenecer a un taller de música o teatro te hará inmediatamente parte de un grupo y pasarás a reflejar el espíritu del colegio.

educarchile.cl

1. *n'importe quel* 2. *une bouffonnerie* 3. *cherche à savoir*

Léxico → Sintetiza p.22

Sustantivos
un payaso: *un clown*
el parecer = la opinión: *l'avis*
el taller: *l'atelier*
la mirada: *le regard*

Adjetivos
(ser) retraído(a): *renfermé(e)*
(estar) ensimismado(a): *dans ses pensées*
(estar) apartado(a): *mis à l'écart*

Verbos
seguir (e>i): *suivre*
pasarse: *dépasser les limites*
apuntarse: *s'inscrire*
procurar = tratar de: *essayer de*
ayudar: *aider*

Lengua → Lengua p.23

Verbes à affaiblissement au présent de l'indicatif

*«¿**Sigo** estos consejos?»*

Le *e* du radical devient *i* au singulier et à la 3e personne du pluriel :
***si**go, **si**gues, **si**gue, seguimos, seguís, **si**guen*

Proyecto **Presento un corto: *Comienzos en el instituto***

Escribes la sinopsis de un corto.
Tu personaje se enfrenta a sus primeros días de instituto. Quieres hablar de lo que hace para integrarse. Lista los detalles de dos momentos diferentes. Descríbelos.

escala 2

A Le llamaban *Zanahoria*

CD classe 1 04

PALABRAS DEL AUDIO

Zanahoria: carotte, ici poil-de-carotte
se meten con: ils s'en prennent à
pelirrojo: roux
raro: bizarre
un tinte: une teinture à cheveux
la salvación: le secours

Léxico → Sintetiza p.22

Sustantivos
el grupito: *le petit groupe*
el(la) defensor(a)
el color
la solidaridad
la autoestima: *la confiance en soi*

Adjetivos
mayor
menor
(ser) rubio(a): *blond(e)*
acosado(a): *harcelé*
(ser) intolerable

Verbos
burlarse: *se moquer*
dar (irr.) la cara: *faire face à un problème*
multipli**c**ar (ort.)
aliviar: *soulager*
agrade**c**er (c>zc): *remercier*

Lengua → Lengua p.23

Les pronom relatifs : *el que, la que, lo que*

*«Es un niño con **el que** se meten otros.»*

Pronom défini + ***que***

Cette combinaison **rappelle le sujet**, énoncé dans une phrase ou proposition antérieure.

Fonética MP 3

Les liaisons

«Tiene el pelo rojo.»

Ecoute et détermine où se fait la liaison.

Lis à voix haute en marquant les liaisons:

*«**Ha em**pezado **a** ver **ab**ierta la puerta.»*

OBSERVA

1. Describe la foto y relaciónala con el título del audio.
2. Imagina el asunto de la historia que vas a oír.

ESCUCHA

3. Apunta las características físicas de los dos alumnos solos.
4. Deduce lo que pasa entre el niño y el grupito.
Lo que pasa es que... / Son los del grupo los que...
5. Apunta las palabras que muestran cómo el chaval ayuda al niño.
Es el chaval el que le ayuda, tomando la iniciativa de...
6. De qué se da cuenta el niño al final.

INTERPRETA

7. ¿En qué te parece positiva esta iniciativa?

MÁS ALLÁ

¿Te sumarías a esta iniciativa tiñéndote el pelo? Justifica tu parecer.
Me sumaría, en la medida en que..., dado que...

Dar su opinión • Expresar convicción • Expresar duda p. 238

MÉTHODO

Comprendre un enregistrement en détail

1 Après avoir situé les éléments de contexte global [voir page 15], détermine combien de parties comporte l'enregistrement et donne un titre à chacune d'entre elles.

2 S'il s'agit d'une interview, tu peux te concentrer d'abord sur les questions posées. Si c'est un témoignage, note les mots que l'interlocuteur prononce avant et après les pauses qu'il(elle) marque.

3 Pour chacune des parties prends des notes en les classant selon qu'elles relèvent de faits ou de commentaires:

Faits	Commentaires
– les sujets abordés successivement – les exemples cités	– les avis donnés – les arguments

4 Ecoute à nouveau et complète la liste commencée avec les nouveaux éléments recueillis.

HAZLO TÚ

A continuación, explica si se habla del mismo tema que en el documento anterior. Si las iniciativas difieren, ¿cuál te parece la más eficiente?

Que alguien le hable

CD classe 1 — 05

Campaña «Bullying - Quítate la venda», Gobierno de Navarra, 2005

PALABRAS DEL AUDIO

consuelo
estoy con vos (Am.): je suis avec toi
lo que ocupa (Am.): l'important
ahí: là

Léxico → Sintetiza *p. 22*

Sustantivos
la importancia
el grupo
el acoso: *le harcèlement*
la amistad
la autoestima: *la confiance en soi*

Adjetivos
(estar) solo(a)
apoyado(a)
identificado(a): *ici, accepté(e)*
(ser) relevante: *importante*
mejor: *ici, mieux*
(ser) eficiente: *efficace*

Verbos
contestar: *répondre*
apoyar: *soutenir*
ayudar: *aider*

Lengua → Lengua *p. 23*

La traduction de « on » par *uno(a)* + 3e du sing.

*«**Uno** puede ayudar a otra persona.»*

Uno(a) **inclut la personne qui parle.**

B ¿Por qué tenemos que soportarlos?

–Cada día, en el recreo, veo el triste espectáculo de docenas de niños como vosotros arrinconados[1], aburridos[2] y aislados[3] del resto. De docenas de niños suplicando que los elijan[4] para un asqueroso partido de fútbol o baloncesto. De docenas de niños que se sientan solos en el comedor mientras otros los bombardean con migas de pan. Y yo pregunto: ¡¿por qué?!

Todos abrieron bien las orejas. Había determinación en las palabras de Jakob y un brillo especial detrás de sus gruesas gafas de miope. Franz nunca lo había oído hablar así en clase. En realidad, casi nunca lo había oído hablar.

–¡Decidme por qué! ¡Decidme por qué tenemos que aguantar que a cada minuto nos llamen «chiflados»[5] o [...] «pelos de alambre»[6] o «dientes de morsa»! ¡¡¡Explicadme por qué!!!

Nadie se atrevió a responder. A algunos se les habían puesto las orejas coloradas y miraban hacia el suelo. Uno de segundo se mordía el labio inferior como si estuviese conteniendo las lágrimas. Jakob se quitó las gafas y suspiró.

–No quiero haceros daño. Yo sé lo que es eso. Estrené[7] mis primeras gafas[8] a los cinco años. En aquel momento dejé de ser Jakob Braun. Me habían dado un nuevo nombre: *Cuatro Ojos*.

PEDRO MAÑAS (España), *Los O.T.R.O.S. (sociedad secreta)*, 2009

1. apartados 2. *qui s'ennuient* 3. *isolés* 4. *qu'on les choisisse* 5. *cinglé (fam.)* 6. *fil de fer* 7. *j'ai porté pour la première fois* 8. *lunettes*

Léxico → Sintetiza p.22

Sustantivos

el gimnasio
el comedor escolar: *le réfectoire*
el mote = el apodo: *le surnom*
la lágrima: *la larme*
la pena
el rechazo: *le rejet*
la conciencia

Adjetivos

(estar) indignado(a): *indigné(e)*
(ser) valiente: *courageux(euse)*
(ser) audaz: *audacieux(euse)*

Verbos

discriminar
aguantar: *supporter*
atreverse a: *oser*
concienciarse de: *prendre conscience de*
rechazar (ort.): *rejeter*
negar (e>ie): *refuser*
luchar: *lutter*

Lengua → Lengua p.23

Le participe passé à valeur d'adjectif

«arrinconados, aburridos y aislados»

Verbes en **-ar** > **-ado**.
Verbes en **-er/-ir** > **-ido**.

Le participe passé d'un verbe peut souvent être **utilisé comme adjectif**. Il s'accorde en genre et en nombre avec le nom auquel il est rattaché.

OBSERVA

1. Apoyándote en el título del texto y la foto, haz hipótesis sobre el tema del diálogo.
Es probablemente la historia de...

LEE

2. Justifica las afirmaciones siguientes con elementos del texto.
a. La escena se desarrolla en una escuela o instituto.
b. El personaje habla de alumnos infelices.
3. Determina quién habla primero y lo que siente.
4. Dale un título al primer párrafo y justifica tu elección.
5. Toma nota de las reacciones de los otros chicos ante el discurso de Jakob y explica qué crees que sienten. ¿Cuál es el tema central de su conversación?

INTERPRETA

6. Describe el tipo de relación que crees que estos alumnos tienen con otros chicos apoyándote en elementos del texto. Dale un título a esta segunda parte.
7. ¿Cómo se nota en el texto la indignación de Jakob? ¿A qué puede deberse?
8. ¿Te parece justificado su enfado?
Su enfado me parece justificado porque... / No creo que...

MÉTHODO

Présenter à l'oral le sujet d'un document

1. Réunis tes notes sur le document.
2. Présente le sujet, par exemple, les lieux, l'époque, les personnages concernés. *La escena se sitúa en... / Los protagonistas son...*
3. Donne un titre aux paragraphes. Tu pourras les commenter dans la suite de ton intervention. *El... párrafo se podría titular...*
4. Présente le contexte et la question centrale, puis les différents aspects évoqués tout au long du document. Tu peux t'appuyer sur les titres donnés aux paragraphes. *El tema principal es... / Se puede ver en...*
5. Si le sujet du document évoque un choix, présente-le. *Llegado el momento..., tiene que elegir entre... y...*
6. Réunis tes notes pour refléter l'opinion de l'auteur. *En esta página, parece que el autor quiere mostrarnos...*

HAZLO TÚ

Presenta el tema principal del texto siguiente.

Me he hartado de quejarme

Jakob se explica.

–Es muy sencillo. Yo ya me he hartado[1] de quejarme y quejarme. [...] La única solución sería que todos los que ya estamos hartos colaborásemos juntos[2]. Holger levantó la mano.

–¿Estás hablando de una especie de asociación?

–¡Eso es! Una asociación. Una sociedad que acabe con los abusos. Un grupo al que recurrir siempre que[3] tengamos problemas por ser diferentes.

–¿Y crees que el colegio nos dejará formar una cosa así?

–¡No, hombre, no seas inocente[4]! Esto no es el club de matemáticas ni el taller de manualidades. La sociedad tendría que ser absolutamente secreta.

PEDRO MAÑAS (España), *Los O.T.R.O.S. (sociedad secreta)*, 2009

1. *j'en ai eu assez (fam.)* 2. *ensemble* 3. *à chaque fois que* 4. *naïf*

Léxico → Sintetiza p.22

Sustantivos

el abuso: *l'abus*

Adjetivos

(ser) atrevido(a): *intrépide*
(estar) harto(a): *en avoir marre (fam.)*
(estar) juntos(as): *ensemble*

Verbos

quejarse: *se plaindre*
recurrir: *avoir recours*
crear

Lengua → Lengua p.23

Le passé composé

*«Me **he hartado**.»*

Auxiliaire ***haber*** **au présent + participe passé**.

Haber: he, has, ha, hemos, habéis, han

Participe passé : ***-ar*** > ***-ado*** ; ***-er/-ir*** > ***-ido***.

On l'utilise généralement pour **évoquer une action passée qui a encore des conséquences** dans le temps présent.

Sintetiza

EL COMPAÑERISMO

MP3

Sustantivos
- la sinceridad
- la amistad
- el defensor
- el abuso
- el privilegio
- la autoestima
- la solidaridad

Adjetivos
- tímido(a) ≠ (ser) extrovertido(a)
- retraído(a)
- (ser) majo(a)
- ensimismado(a)
- acogedor(a) = (ser) hospitalario(a)
- (ser) guay (fam.): *cool*
- lindo(a)
- (estar) aislado(a): *isolé(e)*
- apoyado(a)

Verbos
- simpatizar (ort.) con
- encontrarse (o>ue) con
- sentirse (e>ie/i) a gusto
- respetar
- concienciarse
- integrarse
- procurar
- pasarse

EL INSTITUTO

MP3

Sustantivos
- el aula (f.): *la salle de classe*
- el pasillo: *le couloir*
- el patio: *la cour de récréation*
- el taller
- la cafetería
- el gimnasio
- el(la) director(a)

Adjetivos
- diferente
- interesante
- imprescindible
- provechoso(a)
- (ser) entretenido(a) = (ser) divertido(a)
- (ser) penoso(a): *pénible*

Verbos
- apuntarse
- aguantar = soportar
- interesarse por
- ayudar
- apoyar
- empezar (e>ie): *commencer*
- acabar: *terminer*

Manejo el vocabulario

1 Busca en las listas las palabras que se asocien a estas definiciones:
– lugar en que se come → ...
– que cuesta mucho esfuerzo → ...
– darse cuenta → ...

2 Con el vocabulario de este «Sintetiza», asocia cuatro lugares con cuatro adjetivos.

3 Reordena las sílabas para que formen palabras de este «Sintetiza». Defínelas.

ri/ce/sin/dad — fe/di/te/ren — pun/se/tar/a — vi/gio/le/pri

4 Describe en tres frases tus primeros días en el instituto. Cada una tendrá un sustantivo, un verbo y un adjetivo como mínimo.

Lengua

escala 1

Présent de l'indicatif (verbes réguliers) → p. 215

1. Conjugue les verbes au présent de l'indicatif à la personne demandée.

a. El Jubilar (constar) de instalaciones modernas.
b. (Hacer, tú) los deberes en la biblioteca del instituto.
c. (Consultar, nosotros) el horario y (apuntarlo, nosotros) en la agenda.
d. Con la agenda escolar (organizarse, yo) mejor.
e. En el patio (pasárselo, yo) muy bien.
f. Este año (apuntarse, ella) al taller de escultura.

Le gérondif → p. 214

2. Passe ces phrases au pluriel.

a. Le está echando un vistazo.
b. Está charlando.
c. Lo estoy acabando.
d. Se está integrando.

3. Mets au gérondif.

a. Llega al instituto.
b. Escucha la grabación.
c. Le da un repaso.
d. Conversa con sus amigos.
e. Estudia en la biblioteca.

Verbes à diphtongue au présent de l'indicatif → p. 215

4. Conjugue les verbes au présent de l'indicatif à la personne demandée.

a. (Poder, yo) salir antes de las cinco, ¡qué bien!
b. (Soler, ellos) perderse los primeros días.
c. (Encontrase, él) bien en el instituto. (Pensar, él) que allí aprenderá mucho.
d. No (perderse, ella) nunca el taller de teatro.
e. (Pensar, ellos) que es una buena idea.
f. Al principio (moverse, tú) con timidez.

Verbes à affaiblissement au présent de l'indicatif → p. 215

5. Retrouve l'infinitif des verbes en italique et explique pour chacun son irrégularité.

a. La mochila del compañero *sigue* en el patio.
b. El profesor *me pide* el cuaderno.
c. Arantxa *repite* curso este año.
d. Este taller *nos sirve* mucho para las pruebas orales.
e. Marta y yo *seguimos* en el mismo instituto.
f. Joaquín *elige* el taller de música.

escala 2

Les pronoms relatifs: *el que, la que, lo que* → p. 208

6. Recherche l'antécédent en fonction

Pedro trabaja. → Pedro es el que trabaja.

a. Águeda aconseja.
b. Antonio presta ayuda.
c. Patricia contesta.
d. El miedo paraliza.
e. La acción resuelve.
f. Las palabras salvan.

La traduction de « on » par *uno(a)* → p. 212

7. Adapte ces phrases en utilisant l'indéfini *uno(a)*.

Logran incrementar su autoestima.
→ Uno logra incrementar su autoestima.

a. Saben que les ayudarán
b. A mí me encanta saber que no estoy solo.
c. A ellos les indigna.
d. Se debe ayudar a los débiles.
e. Pueden sumarse al grupo.
f. Necesitan ser valientes.

Le participe passé à valeur d'adjectif → p. 214

8. Donne les adjectifs masculins et féminins correspondants. Rédige la définition de ces adjectifs.

ensimismar ▪ abrir ▪ pesar ▪ determinar ▪ divertir

Le passé composé → p. 216

9. Conjugue les verbes au passé composé aux personnes demandées dans le texte.

a. (Llegar, él) hace unos minutos.
b. (Empezar, él) a hablarnos.
c. (Decidir, nosotros) crear un grupo.
d. Es que (cansarse, nosotros).
e. Ya (aguantar, nosotros) bastante.
f. Esta mañana (reunirse, ellos).

10. Explique ce qui est arrivé ce matin en conjuguant au passé composé les verbes à la personne indiquée.

a. Durante el recreo (reunirse, nosotros).
b. Marta (llegar) tarde.
c. Andrés (tomar) la palabra.
d. (Explicar, él) de nuevo los motivos de nuestras quejas.
e. (Insistir, él) en la importancia del asunto.
f. (Votar, nosotros).

Mundo hispánico

¿Te apuntas a descubrir otros mundos?

eTwinning, haciendo amigos en Europa

El portal eTwinning (www.etwinning.net) es el principal punto de encuentro[1] y el lugar donde trabajar juntos para montar proyectos educativos con las TIC.
El Immaculata Institute de Oostmalle (Flandes, Bélgica) está colaborando con un colegio en Binéfar (Huéscar, España).

Catorce alumnos de 17 años del quinto curso de Administración-Idiomas (Bachiller Tecnológico) y un profesor de francés y estética están tomando parte en el proyecto. El tema principal es «cultura», e incluye temas como la vida diaria de los jóvenes, festividades, tradiciones y la vida social de los jóvenes.
Marie-Leet Bens, profesora de francés y estética [declara]: «Mi motivación principal es que las clases de francés se hagan más atractivas y que los alumnos las disfruten[2] más. Cuando lo pasan bien aprendiendo, aprenden mejor. Mediante[3] el contacto con sus compañeros, están estudiando francés como segunda lengua y no como su lengua materna, y así tienen muchas más ganas[4] de aprender francés.» [...]
Los alumnos siempre tienen ganas de ver las respuestas de sus compañeros españoles. «Siempre las debatimos en grupo al principio de la clase». Los alumnos también tienen la palabra respecto a la selección de temas; «de esa forma se sienten más involucrados[5] en el proyecto», afirma Marie-Leet.

«*eTwnning* en las aulas», EUN (European Schoolnet), DG Educación y Cultura, 2009

1. *rencontre* 2. *ici, s'amusent* 3. *grâce à* 4. *envie* 5. *impliqués*

¿Estudiar en otro país parte del año escolar?

El programa de movilidad Comenius[1] permite a los alumnos de los centros españoles que participen en las asociaciones escolares [...] vivir una experiencia académica y personal única. Financiados por una beca[2] de la Comisión Europea, los jóvenes tienen todos los gastos[3] cubiertos, incluidos los traslados[4] y el alojamiento.

Conocer otras culturas, aprender idiomas[5] y ganar independencia son algunos de los principales beneficios que aporta a los jóvenes vivir la experiencia de cursar un año académico en el extranjero, lejos de su entorno habitual. Hasta ahora, la Comisión Europea, a través del programa de movilidad Erasmus, ha permitido que miles de universitarios de nuestro país se desplacen a otros de la Unión Europea para completar sus estudios. A partir de este curso, esta posibilidad se abre también a los estudiantes de educación secundaria.

consumer.es, 5/9/2010

1. este programa se convierte en Erasmus a partir de 2014
2. *bourse* 3. *frais*
4. *déplacements* 5. *langues*

Prepárate con los documentos de la página

Trabajo individual

1. Lee y apunta las ventajas de los intercambios que se presentan en estos documentos. *Las ventajas del primer tipo de intercambio son...*
2. Elige el aspecto que te resulte más motivante de cada uno. *Para mí, lo más motivante del primer intercambio es...*
3. Explica qué beneficios sacas de una estancia en el extranjero. *Una experiencia en el extranjero me puede aportar...*

En grupos de dos

4. Prepara el cara a cara.

Uno(a) de vosotros(as) prepara tres argumentos a favor de irse tres meses a estudiar a España, y el(la) otro(a) tres en contra.

Cara a cara

Estudiar tres meses en un instituto español: ¿te apuntas? Tu centro ofrece dos becas para ello. Tienes que convencer a un(a) compañero(a) para que se vaya contigo. El(ella) argumenta en contra.

Yo sí que me iría, ¿sabes por qué? Porque...
No me apetece, ¿sabes?, creo que...

Infórmate con la web

Buscas un instituto donde estudiar. Explica las metas de tu búsqueda, elige las palabras clave que piensas utilizar para ello y define tus criterios de selección del instituto.

B2i *Structurer un travail de recherche en définissant son besoin, les outils à mobiliser et la démarche à mettre en œuvre.*

Proyecto FINAL

Concurso: mejorar la vida en el instituto

PREPARACIÓN

ETAPA 1

Elige uno de los siguientes temas y explica por qué:

He optado por..., porque... y porque....

el apoyo para los deberes – la organización del horario – los espacios de recreo – la lucha contra el acoso escolar – el comedor

ETAPA 2

Describe cómo se organiza en tu instituto, hoy en día, el tema que has elegido.

En mi instituto, este año, se suele...

ETAPA 3

Anota por escrito las mejoras que se te ocurran sobre tu tema.

A raíz de lo que explicaste en la etapa 2, piensa en otras posibilidades.
Puedes apuntar tus ideas sin orden, conforme vengan. Selecciona la mejor de todas.

ACCIÓN

ETAPA 4

Presenta tu mejor idea, explica en qué consiste y defiéndela con dos argumentos.

La mejor idea que se me ocurre consiste en... / Conviene ponerla en marcha, porque...

ETAPA 5

Explica cómo realizarla. Desarrolla tu presentación de forma estructurada, con argumentos.

Elegí... porque... / En nuestro instituto, este año... / La mejor idea que se me ocurre...
Para concretarla, primero se puede... luego... / De esta manera se consigue...

Entrena tu presentación hasta que suene convincente, grabándote con el mp3 o el móvil.

facultativo

B2*i* **Enviad vuestra grabación**

Cuando estés listo, puedes mandarla a tu profesor por el ENT.
Podéis comunicar las mejores propuestas a los representantes de los estudiantes de vuestro instituto.

Hago balance

→Respect de la consigne	2 puntos	→Recevabilité des arguments	4 puntos
→Formulation de l'existant au lycée et de la proposition	4 puntos	→Richesse de la langue	4 puntos
→Présentation structurée	3 puntos	→Ton convaincant et prononciation	3 puntos

Total: .../20 puntos

¡Hoy teatro!

TRABAJO EN GRUPO

CD classe 1 08 | MP 3

Esteban tiene 15 años. Es alto, tiene el pelo castaño oscuro, los ojos negros. Le encanta la música heavy. Es un chico alegre pero algo despistado, suele olvidarse de las citas y los deberes.

[EN EL PATIO DEL INSTITUTO, EN EL RECREO.]

ESTEBAN [SOLO]: ¿Pero dónde está mi mochila? Si la tenía aquí, al lado de ésta verde, hace apenas cinco minutos... Si se entera mi madre, me mata. ¡Con todo lo que ha costado lo que lleva dentro! Y eso que me lo ha dicho, «cuidado, ten cuidado con tus cosas, si las pierdes, a ver cómo haces los deberes».

[SE ACERCA MARÍA DEL MAR.]

MARÍA DEL MAR: Hola, Esteban, ¿qué tal? ¿Te pasa algo? Te veo muy preocupado.

ESTEBAN: No sé dónde he dejado mi mochila.

MARÍA DEL MAR [RIÉNDOSE]: ¡Otra vez! Vamos a ver, ¿seguro que la has dejado aquí?

ESTEBAN: Sí, al salir al patio la he dejado aquí, al lado de ésta verde. Es una mochila normal, negra como otras tantas.

MARÍA DEL MAR: ¿No será ésta? ¿Por qué no la abres y miras lo que hay dentro?

[ESTEBAN ABRE LA MOCHILA Y SACA UN LIBRO.]

ESTEBAN: Pero éste es un libro de bachillerato, ¡no es un libro de cuarto! A ver este cuaderno. ¡Pero si aquí pone Lucas García!

MARÍA DEL MAR: Espera, espera, ¡Lucas García! Pero si lo conozco ¡anda que no es despistado! ¡Igual que tú! Jejeje, no me sorprende...

ESTEBAN [AVERGONZADO]: ¡Oyeeeee, no te pases! ¡tampoco es para tanto!

Describe a un personaje

Acércate a los personajes

1. En grupos de dos, leed la presentación del personaje de Esteban (*dramatis personae*).

2. Leed el diálogo y apuntad en la escena los detalles que confirman el carácter del personaje descrito en la presentación.

3. Completad las didascalias de Esteban, basándoos en lo que sabéis de su carácter.

4. Imaginad como será el tal Lucas.

Presentad a un personaje

▸ ***Preparad***

– Leed el texto y apuntad los detalles que definen el carácter de María del Mar.

– Escribid cada uno(a) el retrato moral de María del Mar.

▸ ***Comparad***

– Compara tu retrato con el que ha hecho tu compañero(a) y argumenta tu propuesta.

– Escribid juntos el encuentro entre María del Mar y Lucas inspirándoos de esta escena.

VIAJE 2

¿Divertirse sin límites?

NOTION MÉMOIRE : HÉRITAGE ET RUPTURE

escala 1

MÉTHODO
- Comprendre les idées principales d'un texte **p. 31**
- Répondre par écrit à des consignes de compréhension **p. 33**

- Así son los Sanfermines **p. 30** > Les verbes *ser* et *estar*
- La fiesta del fuego en España **p. 31** > Les prépositions *a* et *en*
- La Tomatina: una batalla de tomates **p. 32** > Les équivalents de « de… jusqu'à » et « depuis »
- Una fiesta botellón **p. 33** > Les adjectifs possessifs

Proyecto **Describo en un blog una fiesta española** A2

escala 2

MÉTHODO
- Comprendre un texte en détail **p. 35**
- Écrire un paragraphe argumentatif **p. 37**

- Esta noche salgo **p. 34** > Les adverbes quantitatifs
- Una conducción peligrosa **p. 35** > La préposition *por*
- Divertirse sin pasarse **p. 36** > Les tournures affectives
- ¿Te parece normal? **p. 37** > Traduction de « devenir »
- ***Sintetiza*** **p. 38** > *Divertirse en una fiesta* > *Los límites de la fiesta*

- Lengua **p. 39**
- Mundo hispánico **pp. 40-41** Jóvenes y tradición
- Proyecto final **Escribo un correo electrónico a los padres de mi amigo español** **p. 42**
- Hoy teatro **p. 43**

Celebrando el descenso del Sella (Asturias)

En directo MP 3 ou CD classe 1 • 09

Escucha el testimonio de la joven y di en qué medida lo ilustran estas fotos.

Fiesta en la Plaza de Cibeles (Madrid)

Exprésate

SUSTANTIVOS
la fuente – la multitud – la victoria – la bandera – el concierto

ADJETIVOS
(ser) emblemático(a) – sonriente

VERBOS Y EXPRESIONES
ir de juerga (fam.) – celebrar – compartir un buen momento

escala 1

Proyecto Describo en un blog una fiesta española

→ p. 33

A Así son los Sanfermines

Amy Randall es inglesa y está dando una vuelta por España para descubrir las fiestas populares del país.

Una multitud se congrega[1] en la plaza enfrente del Ayuntamiento de Pamplona. [...] Siete de julio, es el día de San Fermín. [...] Los acontecimientos más famosos de los Sanfermines son los encierros[2], que se repiten cada día a las ocho de la mañana, durante toda la semana. En los encierros sueltan[3] a los toros, que [...] corren sueltos por diversas calles en dirección a la plaza de toros. Cientos de jóvenes pamplonicas[4], vestidos de blanco y con un pañuelo[5] rojo al cuello, corren delante de ellos. [...]

Estoy con Pablo en una de las calles por donde va a pasar el encierro, dispuesta a correr delante de los toros.

–¿Dónde está tu periódico? –me grita nervioso Pablo [...]–. Debes llevar un periódico doblado[6] para correr el encierro, es la tradición.

Miro a mi alrededor, todos los jóvenes que esperan impacientes y nerviosos llevan al cuello un pañuelo rojo como el mío, un periódico doblado en la mano.

Clara Villanueva y Josefina Fernández (España), *De fiesta en verano*, 1995

1. se reúne 2. *ici, une course de taureaux* 3. *lâchent* 4. de la ciudad de Pamplona 5. *un foulard* 6. *ici, roulé*

Léxico → Sintetiza p.38

Sustantivos

Inglaterra: *Angleterre*
el(la) turista
las costumbres: *les coutumes*

Adjetivos

(ser) típico(a)
(ser) histórico(a)
(ser) tradicional
(ser) veraniego(a)

Verbos

seguir (e>i) un camino
hacer (irr.) turismo

Lengua → Lengua p.39

Les verbes *ser* et *estar*

*«Amy Randall **es** inglesa.»*

*«**Estoy** con Pablo en una de las calles.»*

Le verbe ***ser*** s'emploie pour **définir et caractériser**.

Le verbe ***estar*** s'emploie pour **situer dans l'espace et le temps**.

Fonética MP3

Les mots en *-an* et *-en*

Presta atención a los verbos grabados y repítelos.

repiten - sueltan - corren - esperan

OBSERVA

1. A partir de la foto y del título, deduce el tema del texto.
En la foto veo... / Si vinculo esos elementos con el título, deduzco que...

LEE

2. Explica qué se celebra en esta fiesta y en qué consiste el acontecimiento más importante. *Se trata de... / El acontecimiento consiste en...*

3. Apunta la información que te permite saber dónde y cuándo tiene lugar la fiesta.
La escena pasa en... que se ubica en... / Además, la fiesta se desarrolla en...

4. Nombra a los protagonistas y determina su nacionalidad. Justifica tu respuesta.
Los protagonistas se llaman... / Ella es de..., es...
Lo digo porque está escrito en... / Él es..., lo deduzco porque...

INTERPRETA

5. A tu parecer, ¿para qué sirve el periódico doblado que recomienda Pablo?
Me imagino que el periódico servirá para... / Puede que sirva para...
Quizás sirva para...

MÉTHODO

Comprendre les idées principales d'un texte

1 Avant de lire le texte, prends connaissance du vocabulaire, prête attention au titre, aux photos et à l'introduction afin de saisir le contexte.
En la foto veo... / Si vinculo esos elementos con el título, deduzco que...

2 Première lecture, vérifie que tes hypothèses se confirment.
Deuxième lecture, relève les mots clefs et les informations essentielles :
¿quién?, ¿cuándo?, ¿dónde?, ¿de qué trata?
Los protagonistas son... / La fiesta se celebra... / Tiene lugar en...

3 Lis chaque phrase en entier : tu peux déduire le sens d'un mot à partir de ceux que tu connais déjà. Aide-toi également des indices dans le texte.
(Jóvenes) pamplonicas → Pamplona: jóvenes de Pamplona

4 Attention aux verbes et aux temps : ils t'indiqueront qui parle, de qui on parle et s'il s'agit d'événements présents, passés ou à venir.

HAZLO TÚ

Aplica estos consejos para presentar las principales ideas del documento siguiente.

La fiesta del fuego en España

Amy descubre otra fiesta popular.

Esta noche es la Noche de San Juan. En San Pedro de Manrique, en la provincia de Soria, miles de personas esperan en torno a una hoguera[1] para contemplar lo imposible: los hombres del pueblo van a andar sobre el fuego sin quemarse[2]. Tradicionalmente, en toda España se celebra con el fuego esta noche mágica, que marca el solsticio de verano. [...] Un viejo me ha dicho [...] «Nadie que no sea del pueblo puede pasar sobre el fuego sin quemarse. [...] Porque la Virgen sólo protege a los vecinos de San Pedro».

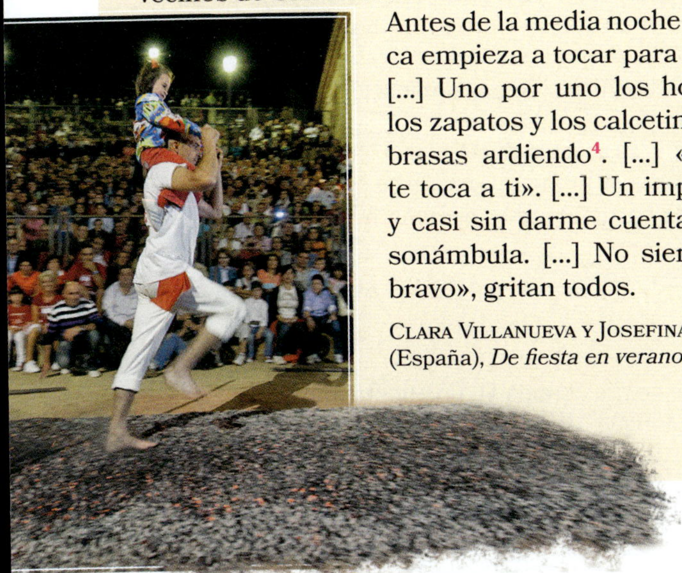

Antes de la media noche la banda de música empieza a tocar para avisar[3] a la gente. [...] Uno por uno los hombres se quitan los zapatos y los calcetines [...], cruzan las brasas ardiendo[4]. [...] «Bueno, inglesita, te toca a ti». [...] Un impulso me empuja[5] y casi sin darme cuenta estoy como una sonámbula. [...] No siento nada. «Bravo, bravo», gritan todos.

Clara Villanueva y Josefina Fernández (España), *De fiesta en verano*, 1995

1. *un bûcher* 2. *se brûler* 3. *prévenir* 4. *en train de brûler* 5. *me pousse*

Léxico → Sintetiza p.38

Sustantivos
el comienzo = el inicio
la creencia: *la croyance*

Adjetivos
(estar) descalzo(a): *pieds nus*
serio(a)
(estar) concentrado(a)

Verbos
encender (e>ie): *allumer*
doler (o>ue): *avoir mal*
caminar = andar
atreverse a: *oser*

Lengua → Lengua p.39

Les prépositions *a* et *en*

*«Los hombres del pueblo **van a** andar sobre el fuego.»*
Ir a traduit le **futur proche**.

*«La Virgen sólo protege **a** los vecinos de San Pedro.»*
A précède un **COD de personne**.

*«La banda de música **empieza a** tocar.»*
Comenzar, empezar a expriment **le commencement**.

*«**En** toda España se celebra esta noche.»*
En indique le lieu **où l'on se trouve**.

B La Tomatina: una batalla de tomates

DVD CD classe 1 10

Jóvenes bañándose en un mar de tomates en Buñol

Léxico → Sintetiza p.38

Sustantivos

el chaleco: *le gilet*
el(la) voluntario(a): *le(la) bénévole*
la barbaridad: *l'atrocité*

Adjetivos

(ser) peligroso(a): *dangereux*
(estar) disfrazado(a): *déguisé(e)*
(ser) famoso(a)
(estar) necesitado(a): *nécessiteux(euse)*

Verbos

compartir: *partager*
sujetarse: *se tenir*
despilfarrar dinero / desperdiciar algo: *gaspiller*

Lengua → Lengua p.39

Les équivalents de « de... jusqu'à » et « depuis »

*«**Desde** 1945 **hasta** hoy en día se celebra la Tomatina en Buñol.»*
La tournure ***desde... hasta*** s'utilise pour parler **d'un lieu** ou **d'un moment**. **Le départ** est marqué par ***desde***, **l'arrivée** par ***hasta***.

*«**Desde hace** 63 años Buñol organiza la Tomatina.»*
Desde hace exprime **la durée**.

Fonética MP3

Los números

Escucha atentamente cómo se pronuncian los números siguientes y repítelos:
40.000 - 120 - 63 - 1945

OBSERVA

1. Describe a los dos jóvenes teniendo en cuenta el título del documento.
Los dos jóvenes de la foto participan en...
Me imagino que son amigos porque...
Parecen...

2. Fíjate en las personas que hay al fondo de la foto con chalecos amarillos. ¿Cuál es su función?
Al fondo, a la derecha, vemos...
También al fondo, a la izquierda de la foto, se ve a... / Así que me imagino que...

PALABRAS DEL AUDIO

mezclarse: se mélanger
el pistoletazo: ici, le coup d'envoi
las pelucas: les perruques
el buzo: le plongeur
las cáscaras de sandía: les écorces de pastèque
el gorro: le bonnet
la pelea: la bagarre
a tomatazo limpio: à (coup de) jets de tomates

ESCUCHA

3. Apunta en un cuadro el sitio donde se celebra la Tomatina, cuándo tiene lugar y los accesorios que llevan los participantes para protegerse.
La Tomatina se celebra en..., que se sitúa en... / Tiene lugar...
La fiesta empieza... / Para protegerse, los participantes utilizan...

4. ¿Verdadero o falso? Justifica citando la grabación.
a. Es una fiesta reciente.
b. El Ayuntamiento está de acuerdo en celebrar la Tomatina.
c. Desde 2002 esta fiesta es reconocida en el país.

5. Apunta el número de participantes y el número de tomates que se lanzan, y da tu opinión al respecto.
Participan... y se gastan... / Creo que... / Me parece increíble que...

INTERPRETA

6. ¿Te parece bien que se tire comida en una fiesta tradicional?
Creo que... porque... / Aunque es una fiesta tradicional, pienso que... ya que...

MÉTHODO

Répondre par écrit à des consignes de compréhension

Consignes générales sur le texte

1 Lis chaque consigne et comprends-la avant d'y répondre.

2 Reprends des éléments de la consigne afin de construire tes réponses à la question posée.

3 Si une question te semble difficile, passe à la suivante, tu pourras y répondre ensuite.

4 Relis tes réponses afin qu'il ne reste pas de fautes (grammaire, langue, etc.).

Consignes de relevés d'informations

1 *Apunta/saca/cita la frase del texto* signifient que tu dois recopier des éléments pertinents du texte.
Está escrito que... / En el texto vemos...

2 *Explica* demande à développer un mot, une expression ou une phrase pour en expliquer le sens.
Creo que... / Significa que...

3 *Analiza* invite à dégager l'essentiel d'un texte.

4 *Justifica* consiste à apporter des preuves et à les justifier en citant le texte.
Lo sé porque está escrito que...
Citation = guillemets + n° de ligne entre parenthèses.

HAZLO TÚ

Por escrito, explica en qué ambiente se desarrolla el siguiente texto, de qué tipo de reunión se trata, y analiza la actitud de la narradora. Justifica tus ideas citando el texto.

Una fiesta botellón

Comenzaba a bajar la cuesta del Hotel Ramiro cuando escuché el típico estruendo de un botellón[1]. [...] La fiesta, nada improvisada, estaba de lo más concurrida. Nadie se fijó en mí[2], así que pude colarme[3] como si fuera una más. [...] Por suerte, todos parecían estar muy a gusto en el lugar, gritaban, se llamaban, coreaban[4] la música que yo trataba de identificar. Vagamente, y gracias a mi hermana pequeña, lograba reconocer alguna: Lady Gaga, Tokio Hotel, Winehouse... Me senté en el suelo, apoyada contra uno de los muros. [...] Bebí del vaso de plástico. [...] Mi garganta[5] y mi estómago protestaron. Pronto lo hizo el resto del cuerpo.

BLANCA ÁLVAREZ (España), *La partitura rota*, 2011

1. reunión de grupos de jóvenes
2. *personne ne me remarqua*
3. *me faufiler*
4. *reprenaient en chœur*
5. *ma gorge*

Léxico → Sintetiza p. 38

Sustantivos
el alcohol
la acera: *le trottoir*
el ruido / el estruendo
el ambiente

Adjetivos
(estar) borracho(a)
(estar) concurrido(a) / (ser) popular
(ser) festivo(a)

Verbos
sentar (e>ie) bien = *ici*, soportar
estar (irr.) a gusto = sentirse (e>ie/i) cómodo
pasarlo en grande: *s'amuser beaucoup*
gritar: *crier*

Lengua → Lengua p. 39

Les adjectifs possessifs

*«**Mi** garganta y **mi** estómago protestaron.»*

Les **adjectifs possessifs s'accordent** en genre et en nombre **avec le nom** qu'ils introduisent.

Proyecto Describo en un blog una fiesta española

Elige la fiesta española que más te gusta.
Preséntala para animar a tus lectores a conocerla.
Dar su opinión • Expresar preferencias pp. 238, 239

escala 2

A Esta noche salgo

El narrador, Sebastián, es un joven madrileño de 16 años que vive solo con su madre.

No era muy tarde cuando acabó[1] el cine, así que decidimos ir a una pizzería a cenar en la que tardaron demasiado en atendernos[2]. [...] Yo empecé a ponerme nervioso. Mi intención era tomar el último cercanías[3], que pasaba a las doce.

–¿Qué te pasa? –preguntó Andrés tras comprobar que yo miraba varias veces el reloj.

–Nada –respondí, tratando de sonreír. [...]

–Tío, es sábado –replicó Marta–, ¿es que todavía sigues con el rollo[4] de volver temprano con tu madre? [...]

La cena, la conversación y todo lo demás estuvieron bien, pero yo no dejaba de pensar en mi madre. [...] En varias ocasiones consideré pedir el móvil a cualquiera de mis amigos y hacer una llamada, pero me dije que no era necesario, que ya la había avisado[5] de que llegaría un poco tarde. [...] Volvimos a casa en el búho[6] de la una y media. Una hora más tarde, entraba en casa. Abrí sin hacer ruido[7]. Mi madre [...] estaba esperándome.

RICARDO GÓMEZ (España), *Juegos, inocentes juegos*, 2013

1. se terminó 2. *nous servir* 3. *le train de banlieue* 4. *le bobard (fam.)* 5. *je l'avais déjà prévenue* 6. bus de noche 7. *sans faire de bruit*

Léxico → Sintetiza p.38

Sustantivos
el(la) chaval(a) / el(la) adolescente
el retraso: *le retard*

Adjetivos
(estar) preocupado(a) / inquieto(a)
(estar) despierto(a): *réveillé(e)*

Verbos
regresar = volver (o>ue)
tener (irr.) miedo
llamar (por teléfono)
ganarse la confianza
mantener (irr.) su palabra: *tenir parole*

Lengua → Lengua p.39

Les adverbes quantitatifs

*«No era **muy** tarde.»*
Muy permet d'**intensifier**.
*«Tardaron **demasiado** en atendernos.»*
Demasiado exprime **la quantité en excès**.
*«una hora **más** tarde»*
Más traduit **une augmentation**.

OBSERVA

1. A partir de la foto y del título, deduce el tema del texto.
En la foto veo a... / Si vinculo esos elementos con el título, puedo deducir que...

LEE

2. Explica en qué consistió la noche de Sebastián. Justifica citando el texto.
Primero, Sebastián... / Lo sé porque en la línea... / Luego..., como pone en la línea... / Y al final..., lo deduzco porque en la línea...

3. Apunta aquello que demuestra que Sebastián no se siente tranquilo.
Se nota que Sebastián no se siente tranquilo porque en la línea... se lee que...

4. Verdadero o falso. Justifica cada respuesta con una frase sacada del texto.
a. El protagonista piensa volver después de medianoche, cogiendo el tren.
b. Marta comprende la inquietud de su amigo.
Es..., porque está escrito...

5. ¿Qué decide Sebastián?, ¿llamar a su madre, o no? Justifica tu respuesta.
Al final, Sebastián..., porque...

6. Apoyándote en el texto, di a qué hora regresa Sebastián a casa.
Cuando regresa a casa, ya son..., porque en la línea... veo...

INTERPRETA

7. ¿Por qué está la madre esperando a su hijo a esa hora de la noche?
Creo que la madre lo está esperando porque... / Como ya es más de medianoche, seguramente empieza a... y se imagina que...

MÉTHODO

Comprendre un texte en détail

1 Repère le(s) registre(s) de langue utilisé(s) : familier, courant ou soutenu.

2 Entoure les connecteurs logiques (*para empezar, luego, después, además, sin embargo, así, por fin...*) qui aident à comprendre la chronologie de l'histoire ainsi que les indicateurs temporels (*ayer, hoy, mañana, por la tarde...*).

3 Résume chaque paragraphe. Si possible donne un titre qui en reprend le sens.

4 Repère tous les mots d'un même champs lexical: *la escuela, la fiesta, el deporte...*

5 Établis une liste des adjectifs qui te permettra de définir chaque personnage, chaque situation du texte.

6 Souligne les verbes d'action (*ir a, organizar, buscar...*), ainsi que les temps auxquels ils sont utilisés.

HAZLO TÚ

Explica el texto siguiente aplicando los consejos anteriores.

Una conducción peligrosa

Ángel tiene 22 años y vive en Barcelona. Ha dejado los estudios y trabaja.

El sábado por la mañana fui a Automóviles Aparicio [...] para que me reservaran el Ford Fiesta, mi primer coche. Hasta entonces había tenido que arreglármelas[1] con el Seat Ritmo de mi padre, que solía dejármelo cada vez que se lo pedía, aunque yo sabía que no le hacía mucha gracia[2] que metiese en él a mis amigos los sábados por la noche. [...]

El hombre tenía plena confianza en mí pero no era tan tonto como para creer que yo no conducía jamás bebido ni rebasaba[3] los límites de velocidad. Supongo que sufría lo suyo[4] imaginándoselo, y yo a veces sufría imaginando que se lo imaginaba, sobre todo cuando arriesgaba[5] el Seat Ritmo haciendo esas cosas que se hacían por los amigos. [...] Como aquella vez que se lo presté a Sadurní [...] y a una chica llamada Susana. [...] Les dejé las llaves y esperé dos horas [...] a que regresaran, bebiendo [...], rezando para que me devolviera el coche de una pieza.

Carlos Peramo (España), *Media vuelta de vida*, 2010

1. *me débrouiller*
2. *il n'aimait pas*
3. *je ne dépassais pas*
4. *il avait sa part de souffrance*
5. *ici, je mettais en danger*

Léxico → Sintetiza p.38

Sustantivos

la compra: *l'achat*
la independencia
el permiso de conducir
el accidente

Adjetivos

consciente ≠ inconsciente
(ser) imprudente
(ser) peligroso(a) / arriesgado(a)

Verbos

comprarse
ir (irr.) de marcha = salir (irr.) de fiesta
respetar
arriesgar (ort.)
estropear: *abîmer*

Lengua → Lengua p.39

La préposition *por*

*«El sábado **por** la mañana.»*
Por introduit une **notion de temps**.
*«Haciendo esas cosas que se hacían **por** los amigos.»*
Por traduit **la cause**.

B Divertirse sin pasarse

Campaña «El alcohol puede esperar», Consellería de Sanidad/Controla Club, 2011

1. *(fam.)* me gustaba 2. *(fam.)* me puse malo(a) 3. *(fam.)* vomitando 4. *si tu dépasses les limites*

Léxico → Sintetiza p.38

Sustantivos
el cartel: *l'affiche*
la campaña de sensibilización
el(la) promotor(a)
el lema = el eslogan
el daño
el testimonio: *le témoignage*

Adjetivos
(ser) juvenil
(ser) vergonzoso(a): *honteux(euse)*
(estar) cómodo(a): *ici, à l'aise*

Verbos
sensibilizar (ort.)
tomar conciencia de
firmar: *signer*
pasarlo mal: *passer un mauvais quart d'heure*
perder (e>ie) una oportunidad
avergonzarse (ort.): *avoir honte*
emborracharse = beber mucho

Lengua → Lengua p.39

Les tournures affectives

*«En el botellón había un chico que **me molaba**.»*

Les verbes tels que ***gustar***, ***encantar***, ***molar*** (fam.) **expriment l'affection** et **s'emploient à la 3e personne, du singulier ou du pluriel**, selon le sujet qui se place après le verbe.

OBSERVA

1. Describe los diferentes elementos de este documento para definir de qué se trata y cuál es su objetivo.
A la derecha hay... / A la izquierda se ve... / Abajo figuran..., y en el medio... Me imagino que este documento es... para...

2. Di a quién se dirige el mensaje. Justifica tu opinión.
Creo que este anuncio se dirige a... porque la protagonista es... Lo sé porque... / También destaca el uso de...

LEE

3. Resume qué le pasó al final a la chica.
La chica explica que...

INTERPRETA

4. Analiza la actitud que tiene la adolescente en la foto y escribe algunas hipótesis sobre los sentimientos que experimenta.
Después de lo que le ha pasado... / Por su expresión... / Debe sentirse...

5. Explica el mensaje difundido por esta campaña, «Si te pasas, te lo pierdes».
La frase significa que... / Vemos otro eslogan en forma de ticket, indica que...

MÁS ALLÁ

¿Piensas que este tipo de campañas puede sensibilizar a los jóvenes? Justifica tu opinión.
Creo que este tipo de campañas (no) puede..., porque...

Dar su opinión p. 238

MÉTHODO Écrire un paragraphe argumentatif

1 Lis attentivement l'énoncé plusieurs fois pour savoir s'il te faut convaincre et qui. *Para mí, esta campaña de sensibilización es eficaz porque…*
Il peut aussi s'agir de réaliser une argumentation pour ou contre. *Por un lado creo que… / Pero, por otro lado, me parece que…*

2 Organise tes idées en introduisant des connecteurs temporels (*para empezar, luego, después, por fin*) ainsi que des connecteurs logiques (*sin embargo, en efecto, por lo tanto…*).
Para empezar, pienso que…

3 Rédige clairement un argument convaincant qui soit en relation avec le sujet.
Esta campaña funciona con los jóvenes porque prefieren leer testimonios auténticos.

4 Illustre-le d'un exemple précis que tu pourras tirer de ton expérience personnelle, de l'actualité ou du cours.
La verdad es que creo que hago más caso a lo que me dicen mis amigos que a lo que me dicen mis padres.

HAZLO TÚ

Di si estás de acuerdo con la declaración «Cada vez que te emborrachas te vuelves un poco más tonto», y argumenta tu opinión.

¿Te parece normal?

1. bebes mucho alcohol
2. *tu deviens*
3. *bête*

Fundación de Ayuda contra la Drogadicción (FAD), 2013

Léxico → Sintetiza p.38

Sustantivos
la salud: *la santé*
el coma etílico
el cerebro
el efecto
el voluntariado: *le bénévolat*

Adjetivos
(ser) precoz
(ser) intenso(a)
(ser) agresivo(a)
(ser) violento(a)
(ser) perjudicial = dañino(a): *nocif(ve)*

Verbos
darse (irr.) cuenta de: *se rendre compte de*
pelearse: *se bagarrer*
afectar
dedicarse (ort.) a: *se consacrer à*
comprometerse: *s'engager*

Lengua → Lengua p.39

Traduction de « devenir »

«***Te vuelves*** *un poco más tonto.*»

Volverse est l'un des équivalents du verbe « **devenir** ». Il exprime **l'idée d'une transformation rapide**.

Sintetiza

DIVERTIRSE EN UNA FIESTA

MP 3

Sustantivos

- la celebración
- las costumbres / la tradición / el ritual
- el atuendo: *la tenue*
- los(las) aficionados(as): *les amateurs*
- la alegría: *la joie*
- el entusiasmo
- la sorpresa = el asombro
- la agitación / la excitación

Adjetivos

- (estar) acostumbrado(a)
- festivo(a)
- popular
- (estar) agitado(a)
- veraniego(a)
- famoso(a)
- tradicional
- típico(a)
- (ser) turístico(a)
- alegre = (estar) contento(a)
- (ser) entusiasta
- (ser) apasionado(a)
- impaciente

Verbos

- celebrar
- asistir a / participar en
- llevar: *porter (un vêtement)*
- s**o**ler (o>ue) = tener (irr.) la costumbre de
- compartir
- pasarlo bien = div**e**rtirse (e>ie/i)
- alegrarse: *se réjouir*

LOS LÍMITES DE LA FIESTA

MP 3

Sustantivos

- el alcohol / las bebidas alcohólicas
- la salud
- el botellón
- la campaña de concienciación / de prevención
- el cartel / el anuncio
- el eslogan = el lema
- el(la) promotor(a) = el(la) patrocinador(a)
- la firma: *la signature*

Adjetivos

- mayor
- borracho (a) = (estar) ebrio(a)
- (ser) auténtico(a)
- precoz
- perjudicial = dañino(a)

Verbos

- beber = *ici*, consumir alcohol
- ponerse (irr.) malo(a)
- vomitar
- emborracharse = embria**g**arse (ort.)
- hacer (irr.) el ridículo
- pasar de (fam.): *n'en avoir rien à faire de*
- dejar de: *arrêter de*
- pasarse: *dépasser les limites*
- concienciar = sensibilizar
- tomar conciencia de
- prevenir (irr.) / evitar

Manejo el vocabulario

1 Apunta el antónimo de las palabras siguientes:

descontento → ... triste → ... quieto → ...
excepcional → ... paciente → ...

2 Construye dos palabras a partir de cada uno de los sustantivos siguientes:

turismo · alegría · conciencia · fiesta

3 Subraya el intruso y justifica tu elección:

pasarse · hartar · exagerar · limitarse

4 Completa el texto con las palabras siguientes:
botellón ▪ beber ▪ quedar con ▪ borrachos ▪ pasarlo bien

Cuando salen de ... , los jóvenes ... sus amigos para ... . Compran alcohol para ... , pero el problema es que al final acaban ... .

Lengua

escala 1

Les verbes *ser* et *estar* → p. 213

1. Complète les phrases avec le verbe *ser* ou *estar* aux temps qui conviennent.

a. Los sanfermines ... una celebración famosa en Pamplona, que ... en Navarra. Los encierros ... del 7 al 14 de julio.

b. Los participantes de la Tomatina ... del pueblo de Buñol. ... una tradición que remonta al año 1945.

Les prépositions *a* et *en* → p. 209

2. Complète les phrases avec la préposition *a* ou *en*. Justifie ton choix.

a. A/En España, las fiestas populares son muchas.

b. Amy está escribiendo un correo electrónico a/en su amigo español Pablo.

c. El botellón empieza a/en las 11 de la noche.

d. Los aficionados van a/en correr en los encierros.

Les équivalents de «de... jusqu'à » et « depuis » → p. 208

3. Forme des phrases avec *desde... hasta* ou *desde hace*...

a. El botellón se desarrolla ... las 11 de la noche ... las 4 de la mañana.

b. Los toros de los encierros corren ... el centro de la ciudad ... la plaza de toros.

c. Cloé toca el violonchelo ... 10 años.

d. Vive en España ... poco tiempo.

4. Mets les phrases dans l'ordre.

a. existe – siglos – Es – desde – rito – hace – un – que

b. van – la cuesta de Santo Domingo – hasta – toros – la Plaza de Toros – Los – desde –

c. casi – hace – La – existe – Tomatina – 70 – desde – años

Les adjectifs possessifs → p. 204

5. Complète les phrases avec l'adjectif possessif qui convient.

a. Pablo explica los encierros a ... amiga inglesa, Amy.

b. Queremos ir a un botellón, pero ... padres no están de acuerdo.

c. Me imagino que os alegráis de celebrar ... fiesta de cumpleaños este fin de semana.

d. Te gusta mucho bailar sevillanas en la Feria, ponte ... vestido preferido.

e. Dígame, señor Pérez, ¿cuál es ... fiesta española preferida?

escala 2

Les adverbes quantitatifs → p. 206

6. Complète les phrases avec l'adverbe qui convient (*demasiado, muy, más*).

a. Sebastián está ... preocupado porque sabe que su madre le espera.

b. Los amigos de Ángel no tienen ... prisa por comprarse un coche.

c. Cristina ha bebido ... y no se da cuenta de que está haciendo el ridículo.

d. Sebastián no suele volver a casa ... tarde.

e. Son ... de las dos cuando Sebastián vuelve a casa.

La préposition *por* → p. 209

7. Exprime la cause en suivant l'exemple :

Lo ha pasado mal a causa del alcohol.
→ Lo ha pasado mal por el alcohol.

a. El padre de Ángel tiene miedo a causa del comportamiento de su hijo.

b. Los adolescentes se vuelven cada vez más adictos al alcohol a causa de un consumo excesivo.

c. A causa de esta práctica, los jóvenes no se dan cuenta de los riesgos que corren.

Les tournures affectives → p. 221

8. Rédige les phrases au présent (n'oublie pas le pronom qui convient).

a. A ella – gustar – un chico de mi grupo.

b. A nosotros – no gustar – quedarnos en casa el fin de semana.

c. A mis amigas – encantar – las canciones de Pablo Alborán.

d. A ti – no gustar – beber mucho alcohol en el botellón.

9. Choisis la forme correcte du verbe. Justifie ton choix.

a. Me gusta/gustan las fiestas populares de España.

b. Les encanta/encantan los encierros.

c. Le mola/molan el botellón.

d. Os gusta/gustan estos cantantes.

Traduction de « devenir » → p. 211

10. Complète les phrases suivantes avec le verbe *volverse* au présent de l'indicatif.

a. Yo ... demasiado desinhibida cuando bebo alcohol.

b. Alejandra pasa de beber tanto como sus amigos, ... cada vez más responsable.

c. Con este cartel, (nosotros) ... más conscientes de los efectos del alcohol.

d. (tú) ... agresivo cuando bebes alcohol.

Mundo hispánico

Jóvenes y tradición

La quinceañera: está cambiando el festejo

En América Latina es costumbre festejar los 15 años de las niñas con una fiesta especial, ya que se considera que es el paso al comienzo de la madurez[1]. La fiesta da comienzo con el baile del vals, que la joven baila primero con su padre. [...] Posteriormente se realiza un baile sorpresa con los chambelanes (nombre que se le da al cortejo de jóvenes que la acompañan), la comida y el pastel de cumpleaños. Si bien es tradición la fiesta de quince, en muchos casos se les da la opción de elegir a las quinceañeras entre la fiesta o un viaje [...], y los principales destinos son Miami, Orlando y Europa, entre otros.

bellezaslatinas.com, 19/10/2012

1. la edad adulta

Una joven celebrando sus 15 años

Jóvenes hispanos mantienen su tradición

Jóvenes mariachis en Santa Fe (California)

Jóvenes hispanos nacidos en Estados Unidos mantienen sus tradiciones a través de la música del mariachi, presente en todas las fiestas latinas, especialmente las celebraciones del 5 de mayo. «Desde muy pequeña me gusta la música del mariachi, es una parte importante de mi vida», dijo a Efe Jessica Quintero, de 14 años y quien forma parte del mariachi de su escuela, donde toca el violín. Más de 900 estudiantes se dieron cita este fin de semana durante el evento, que este año celebró su 29 aniversario, para aprender más sobre la historia del mariachi, afinar técnicas y participar en varias presentaciones para la comunidad.

laestrella.com.pa, 5/3/2011

Barriletes[1] para celebrar el Día de Muertos

Guatemala es el escenario en el que, desde las calles de Sumpango, se vive un espectáculo único durante las fechas que rodean al Día de los Santos. Es el momento del Festival de Barriletes Gigantes, una suerte de cometas gigantescas que se elevan por los cielos para espantar[2] a los espíritus diabólicos que vienen a perturbar el descanso de las ánimas buenas.

El lanzamiento de estas enormes cometas, los barriletes, se remonta a una tradición que, con casi 400 años de antigüedad, ha sido declarada Patrimonio Cultural de Guatemala.

El primer día de noviembre, los sumpangueros se trasladan a los aledaños[3] del Campo Santo y allí se esfuerzan por elevar sus barriletes, algunos de dimensiones tan descomunales que sobrepasan los 15 metros. El colorido espectacular y el impacto del viento contra las cometas mantienen alejados a los malos espíritus del inframundo. [...]

Vivos y muertos se unen en la tradición de Sumpango para, una vez al año, estar todos juntos y disfrutar de la «comida mágica». Por un día, los alimentos traspasan las fronteras entre la vida y la muerte para reunir a todos los seres queridos de uno y otro lado de la frontera de la vida.

serturista.com, 2/11/2013

1. = cometa *(Esp.)*: *cerf volant* 2. *effrayer* 3. *alentours*

Echando a volar barriletes en Sumpango

Infórmate con la web

Escribo un artículo informativo en Wikipedia.

B2i *Participer à une production numérique collective.*

Prepárate con los documentos de la página

1. ¿Crees que es importante para estos jóvenes hispanos tocar música tradicional de su país de origen?
2. En tu opinión, ¿por qué hoy las quinceañeras prefieren viajar?
3. ¿En qué se nota que la fiesta de los barriletes es ancestral e intergeneracional?

Debate

¿Los jóvenes de hoy prefieren salir de marcha o celebrar fiestas tradicionales? Justifica tu opinión.

Préparer le débat

1. Liste les premiers arguments que tu trouves dans les documents étudiés en classe. Puis inspire-toi également de l'actualité, tes lectures ou fais de nouvelles recherches sur Internet en veillant que tes sources soient exactes.
2. Pense aux arguments de l'autre équipe afin de préparer tes réponses.
3. Justifie toujours ton point de vue.
4. Écoute attentivement les arguments de l'équipe adverse afin de pouvoir y répondre.

Proyecto FINAL

Escribo un correo electrónico a los padres de mi amigo español

PREPARACIÓN

Vais a escribir un correo electrónico a los padres de vuestro(a) amigo(a) español(a), que está pasando unos días con vosotros(as). Tenéis que explicarles que hay una fiesta a la que os gustaría llevarlo(a) y les pedís permiso.

En grupos de 3

ETAPA 1

Elegid la temática, el lugar y el horario de la fiesta.

Imaginad un lugar que pueda acoger a un grupo de jóvenes. Precisad a qué hora comienza y se termina la fiesta.

La fiesta celebra... / Es en... / Iremos desde... hasta...

ETAPA 2

Para convencer a los padres de vuestro(a) amigo(a), hay que explicarles por qué esta fiesta es importante. Que cada uno aporte por lo menos dos argumentos.

Esta fiesta nos parece importante porque, para empezar... / Además... / Y, finalmente...

ETAPA 3

Indicad cuatro reglas que los participantes deben respetar para que todo el mundo lo pase bien.

Para pasarlo bien, (no) vamos a...

ACCIÓN

ETAPA 4

Individual

Redacta el correo abordando los puntos siguientes:

– presentar la fiesta, el lugar donde se desarrolla y el horario,
– explicar los motivos de interés con argumentos,
– dar unas normas de conducta para los participantes.

facultativo

B2i **Envía tu correo a un(a) compañero(a) y discutidlo.**

Hago balance

→**Respect de la consigne** (fond et forme)	2 puntos	→**Rédaction du code de conduite**	4 puntos
→**Informations sur la fête**	4 puntos	→**Richesse et correction de la langue**	4 puntos
→**Recevabilité des cinq arguments**	4 puntos	→**Investissement dans le travail de groupe**	2 puntos

Total: .../20 puntos

¡Hoy teatro!

TRABAJO EN GRUPO

CD classe 1 MP 3 11

Esteban está en el recreo cuando ve llegar a su amiga María del Mar.

Esteban [gritando]: ¡María del Mar!
María del Mar: ¡Hola, Esteban! ¿Qué tal?
Esteban: Bien, gracias. Oye, ¿qué haces este sábado?
María del Mar: De momento no tengo planes, ¿por qué?
Esteban: Porque mis padres se van este fin de semana a Madrid y están de acuerdo: puedo organizar una fiesta en mi casa. ¿Qué te parece?
María del Mar [alegre]: ¡Qué guay! ¡Es una idea muy chula!
Esteban: Pensaba escribir un mensaje en mi muro de Tuenti para avisar de que organizo la fiesta este sábado a las nueve.
María del Mar [preocupada]: ¡Qué dices, hombre! ¿Pero tú no sabes que es peligroso? Si lo anuncias así, puede acudir un montón de gente que no conoces.
Esteban [pensándoselo]: Tienes razón, es mejor enviar un mensaje privado. No quiero líos con los vecinos.
María del Mar [entusiasta]: Yo me encargo de la bebida, el sábado voy al súper y compro alcohol. ¡Vamos a pasarlo bomba!
Esteban [un poco enfadado]: ¡Ni pensarlo! No es un botellón, sino una fiesta en plan tranquilo. Mis padres confían en mí y quiero cumplir con mi palabra. Además, así podemos charlar mejor, más tranquilos, yo lo prefiero.
María del Mar [avergonzada]: Sí, lo comprendo. Bueno, avisa al resto del grupo y nos vemos este sábado. ¡Y suerte para el examen de Mates!
Esteban: Ay, el examen de Mates... ¡Qué estrés! Gracias...

Expresa los sentimientos de los personajes

Analiza la expresión de los sentimientos

1. Haz una lista de los sentimientos expresados por ambos personajes.

2. Saca del diálogo una expresión que traduzca: la preocupación ▪ el enfado ▪ la alegría.

3. Explica por qué se enfada Esteban cuando María del Mar le dice que ella se encarga de comprar alcohol.

4. ¿Cómo se sentirá Esteban al final del diálogo? ¿por qué?

Ensayad

En grupos

▸ ***Interpretad***
Leed expresivamente esta escena insistiendo en los sentimientos de preocupación, enfado y alegría.

▸ ***Redactad***
Ayudándoos del diálogo, imaginad el día de la fiesta. Llega un invitado con alcohol, los demás no aceptan las botellas y argumentan a favor de una tarde sobria. Utilizad expresiones para marcar que uno de los invitados está alegre, otro preocupado y el último enfadado.

▸ ***Actuad***
Representad esta escena insistiendo en la emociones de los personajes.

SENTIMENT D'APPARTENANCE : SINGULARITÉS ET SOLIDARITÉS

NOTION

VIAJE 3

El deporte: ¿placer o tortura?

escala 1

Proyecto **Presento mi deporte favorito** A2

Mi pasión, mi escapatoria p. 46 > Le passé simple

El deporte no tiene sexo p. 47 > *Ser / Estar*

El deporte educativo p. 48 > L'expression de la durée

Sintetiza p. 49 > *La convivencia* > *La pasión*

escala 2

Proyecto **Defino mis compromisos** A2+

Lo importante es ganar p. 50 > *Lo* + adjectif / p. passé / adverbe

Enganchado al deporte p. 51 > Le subjonctif présent

Había sobrepasado los límites p. 52 > *No sólo... sino (que)/también*

Sintetiza p. 53 > *La competición* > *El sufrimiento*

Lengua p. 54

Rumbo al bac p. 55

Mundo hispánico pp. 56-57
En deportes, ¿está de moda la tradición?

Proyecto final **Creo una campaña para una práctica sana** p. 58

Hoy teatro p. 59

Nadar para desahogarse

En directo MP 3 ou CD classe 1 • 12

Escucha el diálogo y explica en qué medida lo ilustran estas fotos.

El desafío de la montaña

Exprésate

SUSTANTIVOS
el placer – el desafío – el entrenamiento – el esfuerzo – el dolor

VERBOS
hacer (irr.) ejercicio – cuidarse – desahogarse – aprovechar – superarse – sufrir – ponerse (irr.) en peligro

escala 1

Proyecto

Presento mi deporte favorito

→ p. 49

A Mi pasión, mi escapatoria

En la pared, junto al póster de Naomi Campbell, tengo pegado otro de Iker, y desde que empecé a jugar de guardameta[1] siempre he querido parecerme en cuerpo y alma al mejor portero del mundo. [...] En aquella época me pasaba los días y las noches con la bola atada al empeine[2]. Y era feliz con tan poco. Ser feliz significaba esquivar al maestro en la escuela, desayunar un par de mangos, tirar de un cucurucho de cacahuetes para almorzar, y arrimarse a la almohada[3] con el sudor mezclado con el vaho de sopa de pescado de la escasa cena, después de haber enhebrado[4] un partido tras otro y logrado, en una sola tarde, más goles que Samuel Eto'o y Didier Drogba en un año [...]. Mi padre, [...] una tarde que se le ocurrió pasar por casa, me trajo unas botas, de verdad, unas Nike auténticas, aunque me hizo prometer que sólo las utilizaría los domingos y fiestas de guardar. De modo que el resto de los partidos los jugaba descalzo[5].

FRANCISCO ZAMORA LOBOCH (Guinea Ecuatorial), *El caimán de Kaduna*, 2012

1. = portero: *guardien de but* 2. *le dessus du pied* 3. *l'oreiller* 4. *ici, enchaîné* 5. *pieds nus*

Léxico → Sintetiza *p. 49*

Sustantivos
las condiciones de vida
el(la) jugador(a)
el(la) deportista
el deporte
la pasión
la pelota

Adjetivos
(ser) aficionado(a) a: *amateur(trice) de*
(ser) apasionado(a): *passionné(e)*
(ser) soñador(a): *rêveur(euse)*

Verbos
vivir
p**e**nsar (e>ie) en
practi**c**ar (ort.)
imitar
permitir
conv**e**rtirse (e>ie et e>i) en / llegar a ser: *devenir*
s**o**ler (o>ue) + inf. *(expression de l'habitude)*

Lengua → Lengua *p. 54*

Le passé simple

*«Aunque **me hizo prometer** que sólo las utilizaría los domingos.»*

Le passé simple présente **un événement passé, accompli et révolu**, complètement coupé du présent.

OBSERVA

1. ¿Qué te inspira el título del documento sobre su contenido?

LEE

2. Presenta al protagonista y explica cuál es su pasión. Justifica tu respuesta con elementos del texto.
3. ¿Quién es el ídolo del protagonista? Explica lo que representa para él.
4. Busca una frase del texto que explique lo que significa para el protagonista «ser feliz» en la vida. Reformula esta idea con tus propias palabras.
5. ¿Cómo completa el retrato de este protagonista el episodio de las botas?

INTERPRETA

6. ¿Qué representa para el protagonista este regalo que le hace su padre? ¿Por qué?

MÁS ALLÁ

¿Qué piensas de la pasión de este personaje? ¿Tienes tú una pasión? ¿Sabes qué o quién te la inspiró? ¿Qué experiencias te permite vivir?
Para mí, su pasión representa... / Sí, tengo una pasión que me procura/ permite... / Esta pasión me vino cuando...

■■■ ***Expresar entusiasmo*** p. 239

B El deporte no tiene sexo

Bernardo Vergara (España), 2009

OBSERVA

1. Fíjate en los personajes e imagina quiénes son.

2. Apunta las emociones que se desprenden de este dibujo y justifica tu respuesta.

INTERPRETA

3. Explica por qué está enfadada la chica.

4. Di lo que piensas de la reivindicación de esta jugadora.

5. ¿Qué opinas de la actitud del hombre?

6. ¿Qué habrá querido denunciar el dibujante?

7. Di si te parece justo el título «El deporte no tiene sexo».

8. Haz una lista de cinco argumentos a favor de una práctica mixta del fútbol y explica en qué puede ser enriquecedora.

MÁS ALLÁ

Imagina lo que podría contestar la jugadora al oír la frase «Eh... ¡porque el fútbol es así!»

Pues las mujeres futbolistas...
Estoy harta de escuchar...
¿Pero qué me estás diciendo? ¿Lo dices en serio?
Es intolerable que... (+ subj.)
No me lo puedo creer, estás insinuando que...

Denunciar • Expresar enfado pp. 238, 239

Léxico → Sintetiza p. 49

Sustantivos
el(la) entrenador(a)
el entrenamiento
el(la) famoso(a): *la célébrité*
la camiseta: *le maillot de joueur*
el traje: *le costume*
las gafas de sol: *les lunettes de soleil*
los prejuicios: *les préjugés*
el desprecio: *le mépris*

Adjetivos
(estar) enfadado(a): *en colère*
(estar) relajado(a): *détendu(e)*
(ser) arrogante: *arrogant(e)*
(ser) despectivo(a): *méprisant(e)*
(ser) machista

Verbos
ruborizarse (ort.) = ponerse (irr.) rojo
andar (irr.): *marcher*
preocuparse por: *s'inquiéter*
reconocer (c>zc)
tener (irr.) derecho a + infinitivo: *avoir le droit de*
quedar: *ici, rester*

Lengua → Lengua p. 54

Ser / Estar

*«No podemos **ser** profesionales.»*
Ser s'utilise toujours **devant un nom ou un pronom**.

***Está** enfadada.*
***Estar* + adjectif** décrit une **caractéristique circonstancielle**.

C El deporte educativo

CD classe 1 13

Programa «Deportes multiétnicos» de la ONG Braval, Barcelona

Léxico → Sintetiza p.49

Sustantivos
la competición
la solidaridad
la complicidad
el respeto
el compromiso: *l'engagement*

Adjetivos
(ser) mutuo(a)
(ser) sociable
(ser) formador(a): *formateur(trice)*

Verbos
compartir: *partager*
perjudi**c**ar (ort.): *faire du tort*

Lengua → Lengua p.54

L'expression de la durée

«Llegó ***hace*** *10 años.»*
*«****Llevan*** *casi 15 años desarrollando este programa.»*

Pour exprimer une durée, on peut utiliser:
– ***hace*** + indication de temps + ***que*** + verbe à l'indicatif,
– ***llevar*** conjugué + indication de temps + verbe au gérondif.

Fonética MP 3

El ritmo de la frase

Escucha la frase siguiente e indica los acentos tónicos.

«Lo que está consiguiendo es trabajar en equipo, que unos aprendan de otros, que aprendan a respetarse.»

PALABRAS DEL AUDIO

cancha: terrain de sport
consiguiendo: en obtenant
fomentar: encourager, développer
devolver (o>ue): rendre
comprometerse con: s'impliquer
un reto: un défi

OBSERVA

1. Basándote en la imagen, di en qué es educativo el deporte.

ESCUCHA

2. Escucha prestando atención a las voces y a los ruidos para determinar el tipo de documento, el tema y los locutores.
3. Indica lo que promueve la ONG Braval.
4. Completa: *Esta acción les permite a los jóvenes...*
5. Apunta toda la información posible sobre el joven entrevistado. Después, preséntalo a tus compañeros.
6. ¿Verdadero o falso? Justifica tu respuesta.
a. Este programa es nuevo.
b. Este programa se realiza únicamente con el fútbol.
c. Sólo acuden a este programa niños españoles o latinoamericanos.
d. No hay ninguna condición para participar en este programa.

INTERPRETA

7. ¿Te parece que la práctica de un deporte perjudica los estudios de estos alumnos? Contesta apoyándote primero en el audio y dando luego tu propia opinión.

MÁS ALLÁ

¿Crees que el deporte es educativo? ¿Por qué?
Yo creo que el deporte es educativo, puesto que...
Yo no veo el aspecto educativo del deporte, ya que...

■■■ *Expresar convicción • Hacer balance* pp. 238, 239

Sintetiza

LA CONVIVENCIA

MP3

Sustantivos

- el(la) jugador(a)
- el(la) deportista
- el deporte
- el juego
- el pasatiempo
- la complicidad
- la solidaridad
- la amistad
- los lazos: *les liens*
- los valores

Adjetivos

- (ser) flipante *(angl. fam.)*
- divertido(a)
- (ser) guay *(fam.)*
- (ser) enriquecedor(a)
- (ser) saludable = sano(a)

Verbos

- entretenerse (irr.) = div**e**rtirse (e>ie/i) = pasarlo pipa/fenomenal *(fam.)*
- compartir
- fortale**c**er (c>zc)
- quedar
- jugar (irr.)
- mola(n)+ *substantif, infinitif ou adverbe(fam.)*

LA PASIÓN

MP3

Sustantivos

- el(la) entrenador(a)
- el entrenamiento
- la camiseta
- un hincha de: *un supporter de*

Adjetivos

- apasionado(a)
- (ser) apasionante
- aficionado(a)
- (ser) intenso(a)
- (ser) extenuante
- (ser) agotador(a): *épuisant(e)*
- soñador(a)
- (ser) estimulante
- formador(a)

Verbos

- vivir
- p**e**nsar (e>ie) en
- practi**c**ar (ort.)
- imitar
- permitir algo *(sans préposition)*
- conv**e**rtirse (e>ie/i) en = llegar a ser
- formarse
- s**o**ñar (o>ue) con: *rêver de*
- vibrar

Manejo el vocabulario

1 Busca otras tres palabras que se construyan como «agotador», «soñador», «formador».

2 ¿El sufijo «-ador» sirve solamente para formar adjetivos? ¿Qué sentido puede tener este sufijo?

3 Señala cuáles de los siguientes verbos se construyen como «permitir»:
obligar ▪ decidir ▪ autorizar ▪ ayudar ▪ impedir

4 Utilizando palabras de este «Sintetiza», explica qué tipo de deportista eres.

Proyecto **Presento mi deporte favorito**

Presenta el deporte que más te gusta, que practicas o que te gustaría practicar.
Explica por qué lo elegiste.
Desde que soy pequeño(a) tengo ganas de... / La verdad es que no me gusta para nada el deporte, así que...
Expresar entusiasmo ▪ *Expresar motivación* p. 239

Proyecto

Defino mis compromisos

→ p. 53

A Lo importante es ganar

CD classe 1 14

Marcelo Vieira en el equipo del Real Madrid

PALABRAS DEL AUDIO

florituras: enjolivements
filas merengues: nom populaire du Real Madrid
rueda de prensa: conférence de presse

Léxico → Sintetiza *p.53*

Sustantivos

la rueda de prensa
el objetivo
el(la) futbolista

Adjetivos

determinado(a)
inconsciente

Verbos

dejarse de: *arrêter de*
obtener (irr.)
hacer trampas: *tricher*
estar listo(a) para: *être prêt(e)*
ser capaz de
ir (irr.) adelante
llevar razón
estar de acuerdo
participar en

Lengua → Lengua *p.54*

Lo + adjectif / participe passé / adverbe

*«**Lo importante** es ganar.»*

Lo permet de **substantiver l'adjectif, participe passé ou adverbe**. C'est l'équivalent de « **Ce qui est**… ».

Fonética MP3

Pronunciar la «g» y la «j»

Repite la frase cuidando la pronunciación.

«Yo prefiero ganar y no jugar bien, que intentar hacer las dos cosas.»

ESCUCHA

1. Indica las voces y los ruidos que oyes y determina de qué documento se trata y quiénes son los protagonistas.
2. Explica lo que prefiere la persona entrevistada.
3. ¿Te parece que la fotografía ilustra la opinión de esta persona? Justifica tu respuesta.
4. ¿Qué otra visión del deporte propone Jaime Fillol en el documento aquí a la derecha?

E = Esfuerzo
T = Transparencia
I = Inteligencia
C = Compromiso
A = Autenticidad

Jaime Fillol, Ética y Deporte, 2010

MÁS ALLÁ

Cuando practicáis un deporte o participáis en un partido, ¿qué es lo más importante para vosotros? ¿Ganar cueste lo que cueste?

He comprendido que lo verdaderamente importante en el deporte es/no es...
Lo que pasa es que existe mucha presión por parte de...

Denunciar • Tomar conciencia pp. 238, 239

B

Enganchado al deporte

El culturismo, mi vida

OBSERVA

1. Describe la imagen y los elementos que la componen.
2. Basándote en la descripción del aspecto físico y la postura del hombre, di qué impresión se desprende de esta fotografía y lo que el fotógrafo quiso poner de relieve.
3. Explica si para este fotógrafo el deporte es un placer o una tortura.

INTERPRETA

4. Comenta cuáles podrían ser las motivaciones de este deportista.
5. Explica qué quiere transmitir el fotógrafo con esta imagen.
6. Di si te parece que esta foto es una buena representación del deporte.

MÁS ALLÁ

Para tí, ¿cuáles son las consecuencias posibles de esta práctica?
Un deporte así podría... / Para mí, lo mejor sería...
Parece como si... / Yo no aconsejo...

Dar su opinion* • *Hacer hipótesis pp. 238, 239

Léxico → **Sintetiza** *p.53*

Sustantivos

las pesas: *les haltères*
las venas
los músculos
la competición
el culturismo
el(la) atleta
la hazaña: *l'exploit*

Adjetivos

(estar) marcado: *sailllant (muscle)*
(ser) extremo(a)
(ser) antiestético(a) ≠ estético(a)
feo(a)
(ser) desagradable
(ser) impresionante
(ser) admirable

Verbos

sufrir
superarse: *se surpasser*
entrenarse

Lengua → **Lengua** *p.54*

Le subjonctif présent

Le subjonctif est le mode qui traduit qu'une action est irréalisée ou irréalisable. Ainsi il peut **exprimer l'hypothèse** après des expressions telles que : ***Puede que...***

C Había sobrepasado los límites

www.zaragoza.es

Sentirse despierto, enérgico, vivo, forma parte de las sensaciones que da el deporte. Pero todo en exceso es perjudicial[1]. Muchas personas cuando enfrentan situaciones difíciles se refugian en cualquier tendencia deportiva, con tal de mantener la mente[2] ocupada o hacer el duelo a un lado. Pero aferrarse[3] al deporte también es un trastorno[4] que puede dejar grandes secuelas[5]. Cada vez que sentía una tristeza infinita en su corazón, Carolina evitaba llorar y tomaba sus tenis, los ajustaba y buscaba el lugar más lejano[6] a su casa para correr sin detenerse. De esa forma se escapaba de su realidad, tras el luto[7] que atravesaba después de la muerte de su esposo. Esta técnica se había convertido en una terapia para ella. Y era razonable, teniendo en cuenta que el ejercicio la ayudaba a activar cantidad de hormonas para sentirse mucho mejor después de correr sin parar por más de media hora. Pero lo que ella no sabía era que no sólo estaba evadiendo un duelo que tenía que vivir como fuera, sino que estaba cayendo[8] en una verdadera adicción.

Aunque muchos profesionales le habían recomendado hacer ejercicio para sentirse mucho más vital y alejarse de la depresión, ella había sobrepasado los límites, hasta el punto de levantarse a media noche, a las dos de la mañana, a la hora que fuera, y correr sin parar.

Paola Bernal León, vanguardia.com (Colombia), 27/05/2012

1. *préjudiciable* 2. *l'esprit* 3. *s'accrocher* 4. *bouleversement* 5. *séquelles* 6. *éloigné* 7. *le deuil* 8. *était en train de tomber*

Léxico → Sintetiza p.53

Sustantivos

la escapatoria: *l'échappatoire*
el trastorno: *le trouble, le souci*

Adjetivos

(estar) desesperado(a)
(estar) desorientado(a)

Verbos

sumirse en: *se plonger dans*
olvidar: *oublier*
estar en busca de: *être à la recherche de*
aferrarse: *s'accrocher*

Lengua → Lengua p.54

No sólo ... sino (que)/ también

*«**No sólo** estaba evadiendo [...], **sino que** estaba cayendo en una verdadera adicción.»*

Dans une phrase négative la locution adversative ***pero*** devient ***sino***.

OBSERVA

1. Relaciona la foto con el título del texto y formula distintas hipótesis sobre el tema del documento.

LEE

2. Indica de qué problema nos alerta la periodista.

3. ¿En qué medida se puede decir que el deporte representa un «refugio», «una terapia»? Justifica tu respuesta con elementos del texto.

4. Apunta indicios que muestran que Carolina vive una verdadera adicción al deporte.

5. Para tí, ¿son similares los ejemplos del culturista y de Carolina?

MÁS ALLÁ

En grupos, comentad esta afirmación : *«Aferrarse al deporte también es un trastorno que puede dejar grandes secuelas».*

Puede ser peligroso/grave que... / Puede dar lugar a... / Puede causar...

Dar su opinión • Expresar duda p. 238

Sintetiza

LA COMPETICIÓN

MP 3

Sustantivos

- el(la) concursante
- el(la) ganador(a) ≠ el(la) perdedor(a)
- la capacidad
- el potencial
- el objetivo
- el ánimo / el valor
- la trampa
- la hazaña
- el(la) atleta

Adjetivos

- (ser) preciso(a)
- determinado(a)
- (ser) voluntario(a)
- (ser) capaz
- (ser) valiente
- admirable

Verbos

- ganar ≠ p**e**rder (e>ie)
- comp**e**tir (e>i)
- ap**o**star (o>ue)
- triunfar
- ven**c**er (ort.)

EL SUFRIMIENTO

MP 3

Sustantivos

- el dolor
- el sufrimiento
- el sacrificio
- el dopaje
- los anabolizantes
- el perjuicio

Adjetivos

- (ser) físico(a)
- insoportable = inaguantable
- (ser) peligroso(a) / (ser) arriesgado(a)
- (ser) abusivo(a)
- desproporcionado(a)

Verbos

- preocuparse por
- cuidar de
- afli**g**irse (ort.)
- perjudi**c**ar (ort.)
- dañar
- sumirse en

Manejo el vocabulario

1 Traduce los verbos siguientes y las preposiciones correspondientes:
preocuparse por ▪ cuidar de ▪ sumirse en
¿Qué notas?

2 El prefijo «-in» sirve para construir la forma negativa de algunos adjetivos. Elije tres de la categoria relacionada con la competición y transfórmalos en formas negativas:
determinado → indeterminado

3 En la categoría «El sufrimiento» busca tres consecuencias de una práctica extrema del deporte.

4 A partir del vocabulario, presenta la mejor virtud del deporte y su peor problema.

Proyecto **Defino mis compromisos**

Escribe cinco compromisos de los alumnos en clase de Educación física.
Cuando llego a clase de Educación física...
Me obligo a (+ infinitif) / *Nos fijamos como objetivo* (+ infinitif)
■■■ *Expresar motivación* p. 239

Lengua

escala 1

Le passé simple → p. 215

1. Transpose les phrases suivantes au passé simple et introduis pour chacune un élément qui justifie l'emploi du passé simple. Attention aux irrégularités de certains verbes.

a. Martín quiere venir a celebrar la victoria del equipo.
b. La determinación de este chico es impresionante.
c. Su padre le compra un regalo simbólico.
d. Esos recuerdos representan un momento clave.

Le passé simple / Le passé composé → p. 215

2. Aide-toi du contexte de chaque phrase pour choisir entre le passé simple et le passé composé et conjugue les verbes.

a. La Copa Mundial de Fútbol (celebrarse) por primera vez en un país del continente africano el 13 de julio de 1930.
b. Cerca de 6.000 jugadores (participar) en la Copa Mundial y muchos de ellos (venir) aquí hoy.
c. El proceso de selección (ser/criticar) en las últimas ediciones y lo sigue siendo.
d. La Copa Mundial de Fútbol (ser) uno de los eventos deportivos más vistos en todo el mundo e incluso (superar) a los Juegos Olímpicos.

Ser / Estar → p. 213

3. Complète les phrases avec *ser* ou *estar*.

a. Yo ... en el campo de rugby para entrenarme.
b. Felipe ... el más fuerte de la clase en gimnasia.
c. Hoy ... muy contento porque jugamos todos juntos.
d. Esta chica que ... a la derecha ... mi compañera de equipo.

4. Complète les phrases avec *ser* ou *estar*.

a. Me gusta ... el mejor.
b. Nos gusta ... en el Camp Nou para ver un partido en el estadio.
c. Me encantaría ... aplaudido por millones de espectadores.
d. El ciclista que ... gritando es Alberto Contador.

L'expression de la durée → p. 213

5. Forme des phrases qui expriment une durée (2 possibilités à chaque fois que possible).

a. Lola / dos meses / marcar goles
b. tu suegra / veinte años / comenzar a correr todas las mañanas
c. mis padres / cuatro meses / matricularme en un gimnasio
d. yo / meses / leer revistas de fútbol

escala 2

Lo + adjectif = valeur de nom → p. 204

6. Transforme les phrases selon le modèle.

Lo que es bueno para la salud es comer cinco verduras al día y hacer ejercicio.
→ Lo bueno para la salud es comer cinco verduras al día y hacer ejercicio.

a. Lo que es importante para mi entrenador es la atención.
b. Lo que parece indispensable es la cohesión del grupo.
c. Lo que es extraño es que logramos marcar a pesar de nuestra falta de técnica.
d. Lo que le resultó difícil fue integrarse en el equipo.

Le subjonctif présent → p. 217

7. Retrouve l'intrus dans ces listes de verbes conjugués :

a. no pague ▪ me convenga ▪ nos entrenamos ▪ cueste lo que cueste
b. tenga ▪ conozca ▪ te preparas ▪ impida
c. pueda ▪ queréis ▪ sufra ▪ sepa

8. Conjugue les verbes entre parenthèses au mode et temps qui conviennent :

a. Quiero que (mejorar/tu) tu juego.
b. Está muy bien que (intentar/ella) hacer esfuerzos.
c. Es cierto que (no/poder/nosotros) ganar todos los partidos.
d. No es seguro que (encontrar/vosotros) un nuevo entrenador que (ser) tan competente.
e. (estar/nosotros) aquí para aprovechar.

9. Conjugue le verbe entre parenthèses au subjonctif présent.

a. Es probable que su padre (venir) para asistir al partido.
b. Dice que es posible que (ganar) el equipo contrario.
c. Puede que (tomar/ellos) medidas para mejorar su juego.
d. Posiblemente usted (tener) que pagar la entrada.

No sólo ... sino (que)/también → p. 211

10. Utilise la structure pour reformuler les phrases suivantes:

a. Practica dos deportes a la vez: ciclismo y natación.
b. Considera el deporte como una escapatoria y una diversión.
c. María es lista y trabajadora, eso le permite obtener muy buenos resultados.
d. Practico deporte y quiero ser profesional.

Comprensión oral

CD classe 1 15 — 0'52"

El deporte es convivencia

– Primera escucha: precisa qué tipo de documento es y dónde se sitúa la escena.

– Segunda escucha: indica lo que permite el deporte educativo.

– Tercera escucha: después de oír la grabación, di cuáles son los valores fomentados por esta práctica.

▶ **Redacta tu resumen. Puedes dar tu punto de vista sobre esta manera de practicar deporte para concluir.**

Expresión oral

Más que un deporte

– Expresa lo que simboliza para tí esta publicidad y explica el lema.

– Ayudándote de este documento, explica cómo puede ser el deporte un factor de socialización e integración.

▶ **A partir de este documento sintetiza tu visión de lo que es el deporte y de lo que debería ser.**

Ver Ficha evaluación VIAJE 3

Mundo hispánico

En deportes, ¿está de moda la tradición?

Los castellers (España)

Pirámides humanas que han logrado[1] el récord de ocho pisos[2]. Estos castillos o *collas* son equipos formados ¡por hasta 250 personas!, amigos y colaboradores, atletas fuertes que se sitúan en la base del castillo uniéndose como una piña, como ellos lo denominan, para sostener a los integrantes más ligeros[3] que van a ir subiendo[4]. La finalidad es sobre todo amortiguar las caídas[5] que irremediablemente se van a producir, muchas veces antes de terminar la dificilísima pirámide. Tras el tronco del castillo sube un niño o una niña; son los *enxanetes* que, con el brazo alzado al aire, son los que solos o cogidos de la mano culminan el éxito de un castillo por fin cargado.

Eva Maria Corbella Pérez, corbella.de (España)

1. *ont réussi* 2. *étages* 3. *légers* 4. *en montant* 5. *les chutes*

Las traineras (España)

El hombre de litoral precisó durante toda su historia de la fuerza de sus brazos, complementando la del viento, para acercarse[1] a los caladeros[2]. Y de aquí surgió la pugna entre las lanchas de pesca, origen de este deporte lleno de emoción que son las regatas de traineras. La tripulación[3] de una trainera está formada por trece remeros[4] y un patrón que dirige el rumbo[5]. [...] En las regatas del pasado siglo la tripulación base de la trainera era la misma que habitualmente salía a la pesca. [...] Las más famosas regatas de traineras son las de La Concha de San Sebastián, organizadas en los dos primeros domingos de septiembre. Celebradas por primera vez en 1879, han tenido continuidad desde entonces.

Gobierno vasco, Departamento de Educación, Política Lingüística y Cultura

1. *s'approcher* 2. *lieux de pêche* 3. *l'équipage* 4. *rameurs* 5. *le cap*

La Charrería (México)

En su elegante traje, el jinete[1] comienza a realizar, junto con su caballo, una serie de suertes con gran destreza[2].

La escena se desarrolla en una hacienda: los gritos de los vaqueros, arreando el ganado[3], se confunden con los mugidos[4] de las reses. [...] El charro mexicano tiene su origen en España. [...] Los conquistadores trajeron los primeros caballos, de origen arábigo, a América y llegaron a ser indispensable para el hombre de campo. [...] A medida que los terratenientes fueron criando sus ganados en estado de libertad, fue imponiéndose la necesidad de coger a las bestias y los charros se valieron de la reata[5], en cuyo manejo se volvieron expertos.

México Desconocido, 2010

1. cavalier 2. adresse dans le geste 3. en stimulant le bétail 4. les meuglements 5. le lasso

Prepárate con los documentos de la página

1 Explica lo que diferencia estos deportes de los deportes más conocidos a nivel mundial (por ejemplo el fútbol).

2 Encuentra un motivo que explique la menor popularidad de estos deportes «tradicionales» utilizando los ejemplos propuestos.

Debate

Argumentad a favor o en contra de la mediatización de estos deportes tradicionales.

Infórmate con la web

Busca en la web otro deporte que sea característico del mundo hispánico.

Palabras clave: «deporte + tradicional»

B2i *Mettre en œuvre sur un moteur de recherche, les filtres nécessaires pour que la requête soit pertinente.*

Proyecto FINAL

Creo una campaña para una práctica sana

PREPARACIÓN

En grupos de 2

ETAPA 1

Listad y redactad cinco argumentos para promover la práctica deportiva.

El ejercicio físico te permite... / Tu cuerpo necesita...
Practicar un deporte favorece...
Formar parte de un equipo fomenta...
No se necesita ser profesional para...

ETAPA 2

Elegid cinco fotos para ilustrar estos argumentos y redactad un pie de foto explicativo.

Para cada foto, además del pie, inventad un eslogan.

Consejos

- El **pie de foto** debe ser **corto** y **redactado** en presente del indicativo.
- Busca **palabras o expresiones relevantes** que susciten el interés del lector.

Ejemplo: *Ganar o perder, poco importa, ¡te lo pasas bomba!*

ACCIÓN

ETAPA 3

Cread un lema que resuma las ideas que queréis transmitir.

Inspírate en el modelo acróstico de Jaime Fillol (p. 50) a partir de la palabra «valores».

V = ...
A = ...
L = ...
O = ...
R = ...
E = ...
S = ...

ETAPA 4

Realizad un cartel siguiendo estos pasos:

a. Define el argumento.
b. Elige la foto e inventa el pie.
c. Crea un eslogan.
d. Repite las consignas de una a tres para cada foto.
e. Después de trabajar cada foto, revela tu lema.

facultativo

B2*i* Realiza el montaje con Movie Maker o PowerPoint

Hago balance

→ Respect de la consigne (fond et forme)	2 puntos	→ Rédaction des légendes et slogan	5 puntos
→ Formulation et impact des slogans choisis	4 puntos	→ Richesse de la langue	2 puntos
→ Recevabilité des cinq arguments	5 puntos	→ Investissement dans le travail de groupe	2 puntos

Total: .../20 puntos

¡Hoy teatro!

TRABAJO EN GRUPO

CD classe 1 16 MP 3

Los alumnos del Instituto San Jordi están haciendo calentamientos en la clase de Educación física.

PROFESOR [GRITANDO]: ¡Anda! ¡Banda de flojos! ¡Corred! ¡El deporte es buenísimo! ¡Repetid conmigo!
ALUMNOS (AS) [FASTIDIADOS]: ¡El deporte es buenísimo!
PROFESOR: Pero, por favor, ¡más convicción, más energía!
ESTEBAN [SOFOCADO]: ¿Profe?
PROFESOR: ¿Qué?
ESTEBAN [ENFADADO]: ¿Por qué nos obligas a correr?, ¿para qué sirve? ¿Quieres matarnos o qué? ¡Yo no aguanto más! ¡Tengo mis límites!
PROFESOR [SORPRENDIDO]: ¡Pero, por favor, chicos! El deporte es lo más sano que hay, y además os viene bien desarrollar un poco vuestro compañerismo.
MARÍA DEL MAR [IRÓNICA]: ¡Claro, claro!... Pues yo, la verdad, prefiero salir a bailar con mis amigas.
PROFESOR [SONRIENTE]: ¡Razón de más!, si bailar es lo que te interesa, no te pierdas estos ejercicios que te ayudarán a brillar en la pista sin cansarte. ¡Anda, ánimo!

Interpreta las emociones de los personajes

Acércate a los personajes

1. ¿Cómo calificarías el ambiente de esta clase de Educación física? Justifica tu respuesta con expresiones sacadas del diálogo o de las acotaciones.

2. Di lo que piensas de la actitud de los alumnos con su profesor.

3. Repite la segunda réplica de Esteban respetando la entonación.

4. Relaciona cada emoticón con una emoción y una expresión del texto que la ilustre.

Actuad con expresión

En grupos de cuatro interpretad la escena.

▸ ***Preparad***

– Asociad a cada anotación del texto (las indicaciones al lado del nombre de los personajes) un tono y un ritmo de elocución.

Tonos: agudo, grave, fuerte, suave

Ritmos: lento, rápido, entrecortado

– Imaginad una actitud física para cada uno de los personajes en función de sus réplicas.

– Atribuid un lugar a cada uno en el escenario.

▸ ***Actuad***

Interpretad el diálogo, asociando a cada réplica los gestos que correspondan con la emoción dominante.

VIAJE 4

¿Arte para todos?

NOTION VISIONS D'AVENIR : CRÉATIONS ET ADAPTATIONS

escala 1

Proyecto **Presento una obra de arte** A2

Entrar en un cuadro p. 62 — > *Estar* + gérondif

Arte en la calle p. 63 — > La répétition de l'action

Videojuegos en el museo p. 64 — > Les participes passés irréguliers

Sintetiza p. 65 — > *El arte*
> *El placer*

escala 2

Proyecto **Participo en una campaña** A2

Esculturas en la ciudad p. 66 — > La tournure affective avec *gustar*

La música cambia vidas p. 67 — > Traduction de « devenir »

Aprendiz de artista p. 68 — > L'expression de l'envie (*me gustaría*)

Sintetiza p. 69 — > *Las dificultades cotidianas*
> *Una vida mejor*

Lengua p. 70

Rumbo al bac p. 71

Mundo hispánico pp. 72-73
Del muralismo hasta hoy

Proyecto final **Escribo una carta al director de mi instituto** p. 74

Hoy teatro p. 75

En directo

MP 3 ou CD classe 1 • 17

Tras escuchar la grabación, imagina otro título para cada foto, a modo de eslogan.

En el Museo del Prado, Madrid

Los artistas peruanos Entes y Pésimo ante una de sus obras

Exprésate

SUSTANTIVOS
el museo – la estatua – la gente – la calle – el muro = la pared

ADJETIVOS
desnudo(a) – serio(a)

VERBOS
observar – admirar – pintar

Proyecto

Presento una obra de arte

→ p. 65

A Entrar en un cuadro

Sergio García y Lola Moral (España), 2011

Léxico → *Sintetiza p. 65*

Sustantivos

el cuadro
la obra maestra: *le chef-d'œuvre*
la sorpresa

Adjetivos

(ser) temeroso(a): *craintif(ve)*
(ser) curioso(a)
(ser) real ≠ (ser) irreal

Verbos

mirar
esconderse: *se cacher*
soñar (o>ue) con

Lengua → *Lengua p. 70*

***Estar* + gérondif**

*La chica **está mirando** un cuadro.*

Estar + gérondif décrit **une action en train de se dérouler.**

OBSERVA

1. Observa las imágenes y di en qué lugar se desarrolla la escena.

2. Relaciona los adjetivos siguientes con los diferentes dibujos.
irreal – realista

3. Describe lo que está pasando en los dibujos n° 1, 13 y 17.
En el dibujo n°1, la chica está...
En el dibujo n°13, la mujer...
En el dibujo n°17, la chica...

4. Haz una frase con los adjetivos siguientes para calificar la actitud de la chica a lo largo de la historia:
asombrada – curiosa – asustada.
Al principio,... luego/después,...
Al final,...

5. Di de qué famoso cuadro español sale la chica rubia con el vestido azul.

INTERPRETA

6. Imagina el mensaje que deja la chica asustada en el contestador de una amiga antes de salir del cuadro en el cual se esconde. Emplea estar + adjetivo y estar + gerundio.

MÁS ALLÁ

Imagina lo que podría ocurrir si la chica pasara delante de un cuadro que conoces.
A lo mejor si la chica pasara delante de...

Hacer hipótesis p. 239

B Arte en la calle

DVD — CD classe 1 — 18

© Urban Knitting Zaragoza

Una obra del Festival de Arte Urbano de Zaragoza

PALABRAS DEL AUDIO

séptima: septième
a la luz del día: à la lumière du jour
una máxima: une maxime

OBSERVA

1. A partir de la foto define el tipo y el tema del documento.

ESCUCHA

2. Di cuántas personas intervienen y quiénes son.
3. Apunta la expresión que significa «*ne pas être hors la loi*» y empléala en una frase a propósito de los artistas citados.
4. Di cuál es el verbo que utiliza el artista que piensa que su acción es positiva.
5. Según la segunda artista, trabajar en la calle tiene ventajas. Apunta dos de ellas.
6. Utiliza la expresión de la periodista «muchos muros en blanco» para describir la ciudad antes y después del festival.

INTERPRETA

7. Apunta la última frase de la periodista y coméntala.

MÁS ALLÁ

Di si te gustaría tener un festival como éste en tu ciudad y por qué.

El primer punto que me interesa es... Luego,...
Además puede ser...
Por otro lado...
Sin embargo...

Expresar preferencias p. 239

Léxico → Sintetiza p.65

Sustantivos
el(la) artista
la libertad
la ley: *la loi*
el muro
la pared
la exposición

Adjetivos
(ser) callejero(a): *de la rue*
(ser) original
coloreado(a)
(ser) moderno(a)

Verbos
crear
exponer (irr.)
embellecer (c>zc): *embellir*
estar de moda

Lengua → Lengua p.70

La répétition de l'action

volver a + infinitif

*«La ciudad no **volverá a ser** la misma.»*

Pour traduire le « re » français, l'espagnol utilise le verbe ***volver*** suivi de la préposition ***a***.

Fonética MP 3

Le rythme de la phrase

Repite estas frases con fluidez y respetando las pausas, como si fueras la periodista.

«Son artistas que participan en el festival Asalto de Zaragoza. En esta séptima edición intervienen con sus obras en doce espacios de la ciudad, y lo hacen de manera legal y a la luz del día, algo que no siempre ha sido así.»

C Videojuegos en el museo

Los talleres educativos del Museo Thyssen Bornemisza[1] se han propuesto dar a conocer, en colegios en toda España, los grandes hitos[2] de la historia del arte y hacerlo despertando la creatividad y la curiosidad de los alumnos a través de un medio tan popular entre los más jóvenes como son los videojuegos. [...] «La aceptación de los alumnos ha sido espectacular, trabajan y se lo pasan bien», explicó la profesora Ana Cristina Martínez. [...] Pero, ¿qué 'pintan' las consolas de Nintendo en un proyecto que trata de acercar los museos a los colegios? [...] El colegio Agustinos no sólo ha implicado a la asignatura de Plástica en esta actividad, sino también a la Música. «Quería dar a los alumnos la libertad para que pintaran lo que les inspirara una obra mientras escuchaban una canción, no que se dedicaran sólo a copiar el cuadro», afirmó Ana Cristina Martínez. [...]
Hoy a las 11:00 horas en el propio colegio, [...] alumnos y organizadores de la iniciativa presentarán algunos de los trabajos realizados durante estos días en los que videojuegos, arte y educación han hecho mejores migas[3] que nunca.

diariodeleon.es, 19/12/2012

1. *important musée de peinture qui se trouve à Madrid*
2. *événements marquants*
3. *ont fait bon ménage*

Léxico → Sintetiza p.65

Sustantivos

el taller: *l'atelier (le stage)*
la práctica
la creación
las nuevas tecnologías
el progreso

Adjetivos

(ser) creativo(a)
(ser) divertido(a): *amusant(e)*
entretenido(a): *distrayant(e)*
(ser) novedoso(a): *novateur(trice)*

Verbos

estudiar
interpretar
crear
div**e**rtirse (e>ie/i): *s'amuser*
entret**e**nerse (irr.): *se distraire*

Lengua → Lengua p.70

Les participes passés irréguliers dans le passé composé

*«Arte y educación **han hecho** mejores migas que nunca.»*

OBSERVA

1. Con el título del documento y la foto que lo ilustra di qué elemento tecnológico está puesto de relieve aquí.

LEE

2. Indica las dos cualidades que pretenden desarrollar los talleres.
3. Cita la frase del texto que muestra que los jóvenes han aceptado el proyecto.
4. Corrige la frase siguiente apoyándote en el texto:
«En este proyecto, los alumnos salen al encuentro de los museos.»
5. Además de la educación plástica, di qué otra asignatura desarrolla esta iniciativa.

INTERPRETA

6. Explica el interés de este proyecto.
Este proyecto permite...

Sintetiza

EL ARTE

MP 3

Sustantivos
- el cuadro
- el museo
- el(la) artista
- el(la) grafista
- el(la) pintor(a)
- el(la) escultor(a)
- la exposición
- la escultura
- la galería
- el taller
- la creación

Adjetivos
- original
- (ser) lindo(a)
- coloreado(a)
- moderno(a)
- creativo(a)
- (ser) famoso(a)

Verbos
- mirar
- observar
- exponer (irr.)
- crear
- interpretar
- pintar
- esculpir: *sculpter*
- dibujar

EL PLACER

MP 3

Sustantivos
- la sorpresa
- el descubrimiento
- la libertad
- el progreso
- el gusto

Adjetivos
- (estar) asustado(a): *effrayé(e)*
- divertido(a)
- novedoso(a)
- aburrido(a): *ennuyeux(euse)*

Verbos
- embellecer (c>zco)
- estar de moda
- hacer migas
- divertirse
- distraer (irr.)
- entret**e**nerse (i>ie)

Manejo el vocabulario

1 A partir del vocabulario que conoces, completa este razonamiento.

un pintor → ... → un cuadro
un ... → esculpir → una ...

2 Busca en la lista los contrarios de:

aburrirse — anticuado — el disgusto

3 Completa las frases con verbos de este «Sintetiza».

Me parece que el arte es una buena forma de ... . Cuando entras en un museo puedes ... , ... , e ... obras diferentes.

4 Apoyándote en este vocabulario encuentra dos nuevos títulos para el documento «Videojuegos en el museo».

Proyecto **Presento una obra de arte**

Elige una obra que crees que pueda gustarles a jóvenes como tú.

Puede ser la más extraña, la más divertida, la más realista... Para ello, visita la página web del Centro de Arte Reina Sofía de Madrid. Presenta la obra a la clase justificando tu elección.

Este cuadro fue pintado por... en... / Se titula... / En el primer plano,... En el segundo,... Podemos notar... / Los colores simbolizan... / Me gusta porque...

Expresar entusiasmo p. 239

escala 2

Proyecto

Participo en una campaña

→ p. 69

A Esculturas en la ciudad

CD classe 1 19

Estatuas del escultor colombiano Fernando Botero en Medellín, su ciudad de nacimiento

OBSERVA

1. Describe la foto.

ESCUCHA

PALABRAS DEL AUDIO

estropear: abîmer
se mezcla: se mélange

2. Indica dónde se desarrolla la acción.
3. ¿A qué artista se refiere el documental?
4. Apunta lo que les gusta de este artista a la ciudadana y al pueblo de la ciudad.
5. Cita el verbo que se emplea tres veces en el reportaje y explica a qué se aplica.
6. Di de qué tenía miedo la gente que criticaba a la directora del museo.
7. Apunta el verbo que emplea la directora del museo para definir el papel del arte sobre la gente.
8. Completa esta frase: *El pueblo tiene derecho a... y al...*

INTERPRETA

9. En unas frases, di en qué reside el poder del arte según este reportaje.

MÁS ALLÁ

Comenta la última frase de la directora del museo: «Tocar las obras es, sobre todo, un acto de amor».

Cuando la directora habla de acto de amor, significa... / Pero también...

Expresar duda p. 238

Léxico → Sintetiza p.69

Sustantivos

la escultura
el(la) escultor(a)
la crítica
la polémica

Adjetivos

(ser) responsable
(ser) digno(a)
(estar) contento(a)
(estar) orgulloso(a): *fier(ère)*

Verbos

concientizar (Am.)
= concienciar (Esp.)
exponer (irr.)
tener (irr.) derecho a
admirar
maltratar
tocar
conmover (o>ue): *émouvoir*
impactar

Lengua → Lengua p.70

La tournure affective avec *gustar*

*«**A mí** lo que **me gusta** de Botero es que él no pinta gordos.»*

Le verbe ***gustar*** se construit comme le verbe « plaire » en français.

Fonética MP3

Le ton

Repite esta frase de la directora del museo insistiendo en el tono enfático.

«Yo creo que el arte dignifica. Cuando la gente siente que tiene derecho a lo mejor del arte, que tiene derecho al placer estético, los comportamientos se transforman completamente.»

B La música cambia vidas

Entrevista a Gustavo Dudamel, joven director de orquesta venezolano.

Yo he visto jóvenes al borde de la muerte y no por una enfermedad, sino por el mayor padecimiento[1] que es el ocio, flagelo[2] de nuestros tiempos. Porque el joven está expuesto a las drogas, a la delincuencia, a la mala vida... y qué pasa con la música: cuando el joven ingresa a la orquesta entra a una familia y forma parte de su familia genética, una familia con sensibilidad, se puede decir culta, porque al hacer música estás haciendo cultura. Se convierten en otras personas. Yo me siento parte de un cambio, porque yo vengo de una familia de medianos recursos[3], baja, no de medianos recursos alta, y vivíamos en una zona donde había mucha gente pobre y donde muchos jóvenes y muchos amigos terminaron en las drogas, muchos terminaron muertos. Yo descubrí nuevos caminos con la música. Y no es una historia del niño pobre, no, es una realidad. Mi familia me dio todo, me dio unos valores importantísimos que complementados con mi formación musical y elemental hicieron de mí una persona firme[4]. Hubo una convicción, yo tenía un sueño: yo quiero dirigir orquestas. Quiero llegar a dirigir las orquestas más grandes del mundo, hacer música siempre al más alto nivel, tener una orquesta para poder desarrollarme [...].

La música es mi vida. [...] La música cura. Absolutamente.

jornada.unam.mx, 29/10/2007

Gustavo Dudamel dirigiendo a la Orquesta Sinfónica de la Juventud Venezolana «Simón Bolívar».

1. *épreuve* 2. *fléau*
3. *famille aux revenus moyens*
4. *solide*

OBSERVA

1. Describe la foto insistiendo en la actitud del personaje central.

LEE

2. Cita los peligros con los cuales algunos jóvenes tienen que enfrentarse.

3. ¿Verdadero o falso? Justifica citando el texto.
- a. Entrar en una orquesta es como tener una nueva familia.
- b. Tocar música puede cambiar a una persona.
- c. El narrador viene de una familia rica.

4. Indica qué factores hicieron posible que Gustavo Dudamel sea ahora una «persona firme».

INTERPRETA

5. Imagina tres preguntas que podrías hacerle a Dudamel sobre su adolescencia y su elección profesional, si fueras periodista.

MÁS ALLÁ

Da tu opinión sobre esta afirmación: «La música cura.»
Dudamel habla de... / Yo pienso que... / Para él...

Expresar convicción p. 238

Léxico → Sintetiza p.69

Sustantivos
la esperanza
el sueño
el barrio: *le quartier*
el futuro

Adjetivos
bueno(a)
malo(a)
(ser) culto(a): *cultivé(e)*
feliz
infeliz: *malheureux(euse)*
(ser) pobre

Verbos
enfrentarse con: *faire face à*
soñar (o>ue) con: *rêver de*
realizarse (ort.)
mejorar: *améliorer*
esperar
elegir (ort.): *choisir*

Lengua → Lengua p.70

Traduction de « devenir »

*«**Se convierten en** otras personas.»*

***Convertirse** (e>ie)* est l'un des équivalents du verbe « **devenir** ».

C Aprendiz de artista

Léxico → Sintetiza p.69

Sustantivos
el deporte
el pasatiempo
la cultura
la literatura
el aprendiz: *l'apprenti*

Adjetivos
(ser) literario(a)
(ser) desconocido(a): *inconnu(e)*
difícil

Verbos
descubrir
implicarse (ort.)
participar en

Lengua → Lengua p.70

L'expression de l'envie

Me gustaría *participar en un festival de arte ubano.*

Gustar au **conditionnel** + verbe à l'infinitif.

Cartel del Festival de Cultura Adolescente de Madrid

OBSERVA

1. Sin leer, sólo observando la imagen, imagina lo que este cartel podría promocionar.

2. Describe a los dos personajes. ¿Notas algo raro?

LEE

3. ¿Conoces todas las actividades mencionadas? Cita las que no conoces.

INTERPRETA

4. Di cuáles de estas actividades te gustaría hacer y por qué.

MÁS ALLÁ

Imagina que trabajas en el festival y redacta tres o cuatro frases para explicar el cartel y promocionar la iniciativa, basándote en el lema de Gustavo Dudamel: el arte cura.

Para empezar, diré que una iniciativa como ésta puede permitir a... Además, añadiré que se dirige a... / Para concluir,...

Convencer a alguien p. 238

Sintetiza

LAS DIFICULTADES COTIDIANAS

MP 3

Sustantivos
- la polémica
- el barrio
- la pobreza
- la violencia
- la tontería
- el aburrimiento: *l'ennui*

Adjetivos
- infeliz
- marginado(a): *marginalisé(e)*
- pobre
- (ser) inútil
- difícil
- (estar) desesperado

Verbos
- maltratar
- enfrentarse con
- robar: *voler*
- sufrir
- deprimirse: *déprimer*
- desesperarse: *désespérer*

UNA VIDA MEJOR

MP 3

Sustantivos
- la crítica
- la esperanza
- el sueño
- el futuro
- la lucha: *la lutte*
- el aprendiz

Adjetivos
- responsable
- (ser) ambicioso(a)
- digno(a)
- culto(a)
- orgulloso(a)
- mejor
- (ser) diferente
- feliz

Verbos
- s**o**ñar con (o>ue)
- reali**z**arse (ort.)
- mejorar
- esperar
- concienciar
- conm**o**ver (o>ue)
- impactar
- t**e**ner (irr.) derecho a
- descubrir
- impli**c**arse (ort.)
- participar en

Manejo el vocabulario

1 Encuentra las preposiciones que acompañan los verbos siguientes.

soñar | participar | enfrentarse

2 Busca en las listas los adjetivos que corresponden a estos sustantivos.

la dignidad → ... la felicidad → ...
la responsabilidad → ... la marginalidad → ...

3 Copia los adjetivos invariables de las listas y deduce una regla.

4 A partir del vocabulario de las dos listas, inventa un lema para una campaña titulada «El arte contra la violencia».

Proyecto **Participo en una campaña**

Tu ciudad organiza una gran exposición en sus calles.
Imagina tres eslóganes para incitar a los alumnos del instituto a participar en ella. Deberás convencerlos de la influencia positiva del arte en la vida cotidiana.
¡Ven...! / Si te aburres,... / ¿No sabes qué hacer? ¡Pues...!
Expresar motivación p. 239

Lengua

escala 1

Estar + gérondif → p. 214

1. **Résume le document «Videojuegos en el museo» (p. 64) en utilisant ces verbes à la forme progressive.**
observar ▪ describir ▪ ver ▪ ser ▪ divertirse

2. **Traduis les phrases suivantes.**
a. Je suis en train de commenter une œuvre d'art.
b. L'artiste est en train de sculpter sa dernière œuvre.
c. Les peintres sont en train de décorer les murs de la ville.

La répétition de l'action → p. 221

3. **Transforme ces phrases en changeant le sujet.**
a. Esteban vuelve a visitar el museo de arte contemporáneo. → Nosotros ...
b. Vuelves a entrar en un mundo imaginario. → Yo ...
c. Tu pintor favorito vuelve a exponer en esta galería. → Tus fotógrafos favoritos ...
d. El instituto vuelve a participar en este concurso. → Los institutos de la ciudad ...

4. **Complète les phrases suivantes en y incluant la notion de répétition.**
a. La vida en esta ciudad no (ser) la misma.
b. Los artistas (pintar) los muros del centro.
c. Seguro que (visitar – yo) este museo.
d. El año que viene, (aprender – nosotros) nuevas técnicas artísticas.

Les participes passés irréguliers dans le passé composé → p. 214

5. **Replace le participe passé de ces verbes dans les phrases.**
decir ▪ exponer ▪ entretener ▪ descubrir ▪ hacer ▪ ir ▪ ver
a. El artista ha ... las motivaciones de su creación.
b. Los alumnos se han ... mucho cuando han ... al Museo Reina Sofía.
c. Les hemos ... que la actividad que hemos ... esta mañana nos ha gustado mucho.
d. Gracias a este escultor, he ... un estilo que no había ... antes.

6. **Mets le verbe au passé composé.**
a. El artista (exponer) muchas obras en esta galería.
b. Los alumnos del instituto (ir) tres veces al museo este año.
c. (decir – nosotras) lo que pensábamos de esta canción.
d. ¿Ya (ver – tú) alguna escultura de Botero?

escala 2

La tournure affective avec *gustar* → p. 221

7. **Emploie *gustar* dans les phrases suivantes.**
a. (yo) Dalí por ser surrealista.
b. (los habitantes de Medellín) las estatuas de Botero.
c. (nosotros) la música clásica.
d. (Ana) la pintura pero no va mucho a los museos.

8. **Imagine les questions qui ont induit ces réponses.**
a. Sí, me gustan las obras de Picasso.
b. No, a mí me gusta más el arte figurativo.
c. No, no nos gustan las actividades plásticas.
d. Sí, a mis hermanos les gusta tocar el violín.

Traduction de « devenir » → p. 212

9. **Complète les phrases avec le verbe *convertirse*.**
a. (yo) ... en aprendiz de músico.
b. Gracias a esta iniciativa, (nosotros) ... en artistas.
c. Los museos ... en lugares de interés para los adolescentes.
d. ¿Piensas que gracias al arte (tú) ... en alguien mejor?

10. **Complète les phrases suivantes en utilisant la traduction de devenir.**
a. Medellín ... ciudad hermosa.
b. Gustavo y sus músicos ... estrellas.
c. Nosotros, los jóvenes del barrio, ... artistas.
d. Los muros de la ciudad ... obras de arte.

L'expression de l'envie (*me gustaría*) → p. 221

11. **Emploie *gustar* au conditionnel dans les phrases suivantes.**
a. Me ... mostrar mis obras a mis amigos.
b. ¿Qué (tú) ... practicar como actividad artística?
c. (Miguel) ... crear más.
d. (nosotros) ... ver a este artista en vivo.
e. (ellos) ... participar en una obra de teatro.

12. **Des erreurs se sont glissées dans ces phrases. Retrouve-les et corrige-les.**
a. A mí me gustarías mucho conocer a un artista.
b. A Pablo te gustaría saber tocar un instrumento.
c. ¿No te gustaría practicas una actividad artística?
d. A los alumnos le gustaría ir al museo.

13. **Rédige quatre phrases dans lesquelles tu exprimes ton envie et celle de tes camarades de pratiquer les activités proposées dans le document «Aprendiz de artista» (p. 68).**

Invitamos a los lectores de El País a que nos manden sus muestras de creatividad. Las mejores aparecerán en la sección de Cultura del diario.[…]

Si te gusta escribir, si tu tiempo libre lo dedicas a diseñar, a componer canciones o cualquier forma de creación artística, este puede ser tu momento. Seas de donde seas, nos interesa descubrir tu talento y compartir tus creaciones. Porque muchas veces, las formas de creatividad están escondidas y es lo que buscamos descubrir y divulgar […].

Por eso queremos conocer a esos nuevos creadores, de cualquier disciplina, que tengan algo nuevo que contar al mundo. Ya sea un poema, un cortometraje, una canción, una fotografía… Cualquier muestra, de cualquier arte, será bienvenida. Buscamos creadores de literatura, cine, vídeos, música, arquitectura, pintura, moda, ilustración. […]

Solo tienes que enviarnos una breve biografía tuya y tu muestra de talento por correo electrónico. […] Nosotros la valoraremos y, durante el verano, escogeremos las más interesantes, que tendrán su reflejo en la edición digital de *El País*. Porque, quién sabe, quizá tu talento es uno de los que estamos buscando.

El País, 21/05/2013

Comprensión escrita

Si te gusta…

Indica el tipo de documento y di a quién se dirige.

Explica qué pide el periódico que le envíen los lectores.

– Apunta siete formas de arte que interesan al periódico.

– Corrige esta frase apoyándote en el texto: «Todo el mundo conoce su propio talento artístico».

– Cita las dos cosas que tiene que hacer el lector interesado en el artículo.

– Di dónde aparecerán las obras elegidas por la redacción.

▸ **Di cuál es el principal campo léxico presente en este texto y deduce su propósito.**

Expresión escrita

Nuevos talentos: ¿cuál es el tuyo?

Te decides a contestar a este artículo con:

– una breve biografía en la que explicas por qué te parece original esta iniciativa,

– una muestra de tu talento, explicando en qué consiste tu creación.

▸ **Redacta tu respuesta a modo de correo electrónico. El texto no constará de más de diez frases.**

Mundo hispánico

Del muralismo hasta hoy

Diego Rivera (1886-1957), mural en el Museo Nacional del Palacio de México

El muralismo mexicano

La pintura mural en México tiene tradición desde los tiempos remotos del pasado indígena, continúa en las primeras épocas de la Nueva España y luego en el movimiento neoclásico. Durante la primera mitad del siglo XX la aparición de grandes pintores cuya obra fundamental se encuentra realizada en escala heroica sobre los muros de los edificios públicos es hoy por hoy uno de los mayores acontecimientos culturales de México. [...] Entre todas las artes mexicanas contemporáneas, el muralismo libró desde su inicio la más abierta, valiente y fructífera batalla por[1] la libertad de expresión, que es al fin de cuentas, la libertad de creación.

elportaldemexico.com

1. librar batalla por: *livrer bataille pour*

El Grupo Presente (Argentina)

Santiago y Pedro Panichelli

“Los lugares tienen una estrecha relación con lo que va a ser pintado. Casi siempre vemos primero el lugar y a raíz de[1] eso pensamos una idea que se pueda adaptar bien al formato de la pared y que pueda convivir en armonía con el entorno que la rodea. Cuando elegimos una pared, intentamos que sea en un lugar visible como para que mucha gente pueda verla.”

lamonomagazine.com

1. *à la suite de*

Grupo Presente (Santiago y Pedro Panichelli, Argentina): *Presente Melódico*, 2013

Stinkfish (Colombia)

Stinkfish (Omar Delgado Garcés, nacido en México en 1981 de padres colombianos), pintura mural en Ámsterdam, 2013

Stinkfish es un reconocido artista de *street art* que vive en Bogotá. Empezó a actuar a principios del año 2000 haciendo algunos *stencils*[1], para después, en 2003, producir su primera obra realizada íntegramente en la calle. Trabaja también con otros alias como el Hate, Quetzal, Qkul, Gukumatz o Knits. Reconoce que siempre lleva una cámara fotográfica consigo[2] y que retrata[3] con ella a gente que le llama la atención. Posteriormente convierte a sus personajes en *stencils* y los representa en la calle. Prefiere realizar sus actuaciones en lugares de gran visibilidad, aunque opta por los barrios con vida antes que el centro de las ciudades donde la gente suele estar únicamente de paso o por trabajo.

lamonomagazine.com

1. *pochoirs* 2. *ici, avec lui* 3. *fait des portraits*

Prepárate con los documentos de la página

1 Apoyándote en el primer documento, di qué valor esencial representa el muralismo.

2 Di cómo eligen los muros en los que van a pintar los artistas de los documentos 2 y 3.

Debate

Desde el muralismo mexicano hasta el arte urbano, las obras presentadas aquí forman parte del paisaje artístico latinoamericano.
¿Te parece que pintar en la calle es una verdadera forma de arte? ¿Qué diferencia encuentras entre una obra pintada en un muro y un cuadro en un museo?

Infórmate con la web

Busca en la web otras obras de arte urbano, utilizando las palabras:
asalto – festival – Zaragoza

B2i *Connaître les critères de tri des moteurs de recherche.*

Proyecto FINAL

Escribo una carta al director de mi instituto

PREPARACIÓN

Queréis que se os otorgue un espacio para crear o colgar vuestras creaciones personales en un muro del instituto y escribís una carta al director explicando vuestra iniciativa.

En grupos de 3

ETAPA 1

Listad las ventajas que representa una iniciativa como ésta.

Pensad en la vida cotidiana de los alumnos, en la valorización del instituto, etc.

ETAPA 2

Cuidad la argumentación exponiendo claramente vuestra motivación y vuestros objetivos.

No olvidéis dar ejemplos concretos de lo que les gusta y de lo que les gustaría a los alumnos del instituto.

ETAPA 3

No olvidéis ser respetuoso en vuestras formulaciones y pensad en utilizar el tratamiento de usted.

Estimado... / Le escribimos esta carta para... / Cordialmente,...

ACCIÓN

ETAPA 4

Ilustrad vuestra carta con ejemplos de institutos donde ya se haya realizado la experiencia, o con ejemplos de creaciones vuestras o de compañeros.

facultativo

B2i Insertad en la carta elementos sacados de Internet (fotos, documentos...)

Hago balance

→Respect des consignes	3 puntos	→Choix pertinent des illustrations	3 puntos
→Variété des thèmes argumentatifs	5 puntos	→Montage et réalisation finale	2 puntos
→Réemploi des structures grammaticales	5 puntos	→Investissement dans le travail de groupe	2 puntos

Total: .../20 puntos

¡Hoy teatro!

TRABAJO EN GRUPO

CD classe 1 21 | MP 3

Se acerca el espectáculo de fin de curso.

Lucas: ¡Hola! ¡Bienvenidos al lugar de representación de nuestra obra de arte!

Cristina y Esteban: ¡Qué guay! ¡Felicidades!

Esteban: La sala es chula, ¿eh? ¡Lo vamos a pasar bomba!

María del Mar [de pie, en medio del escenario, con los brazos levantados]: Sí, pero, ¿sabéis qué? La representación tendrá lugar dentro de dos semanas y todavía no tenemos ni decorado, ni trajes, ¡ni nada! «Bodas de sangre» en vaqueros y sin accesorios… ¡será un desastre!

Cristina: Es verdad, aquí hay un montón de sillas para el público, pero las paredes están blanquísimas, y no hay luces para una representación teatral… A ver, ¿qué más necesitamos?

Lucas [reflexionando]: Pues… un decorado de fondo, y otros decorados móviles que se puedan cambiar de una escena a otra.

Esteban: ¡Y también trajes, claro! A lo mejor os parece raro, pero yo sé coser, me ha enseñado mi abuela y me gusta mucho. Podría hacerlos yo.

Cristina: Y si queréis, mi grupo y yo podemos tocar música. No sé… por ejemplo, al principio y al final de la obra.¿Os gustaría?

Lucas: ¡Genial! Y también un poco entre dos escenas, mientras cambiamos el decorado. Así la gente no se aburrirá.

María del Mar [con prisa]: ¡Pues, venga, manos a la obra! ¡Voy a hablar con los de la clase de Plástica para que nos ayuden a crear los decorados!

Imagina los decorados

Describe la situación

1. Esteban y sus compañeros no están listos para su espectáculo. Cita una frase del texto que lo muestre.
2. Di quién se ocupará de qué y por qué razón.
3. Haz una lista de todo lo que se necesita para representar una obra de teatro (además del texto y de los actores).

Inventad los decorados

En grupos de tres escribid el encuentro con los alumnos de la clase de Plástica.

▸ ***Preparad***
Imaginad si la obra que van a representar va a ser de interior, de exterior, su fecha de creación…

▸ ***Escribid***
Redactad el diálogo sin olvidar las acotaciones escénicas que explican el decorado, el lugar de los objetos, la luz…

▸ ***Actuad***
Una vez finalizado, podéis interpretar el diálogo delante de vuestra clase.
No olvidéis cuidar la entonación y el acento.

VIAJE 5

Diferencias, ¿barrera o riqueza?

NOTION MÉMOIRE : HÉRITAGES ET RUPTURE

escala 1

Proyecto — **Escribo una invitación para una jornada solidaria** A2

- ¿Un amor imposible? p. 78 — > La concession
- El novio p. 79 — > La tournure emphatique
- Combatir los rumores p. 80 — > L'expression du but
- ***Sintetiza*** p. 81 — > *La discriminación* > *La tolerancia*

escala 2

Proyecto — **Presento a un joven de origen extranjero** B1

- ¿Integrarse o asimilarse? p. 82 — > L'hypothèse
- Inmigrantes de segunda generación, ciudadanos de primera p. 83 — > La forme progressive
- Cruces fascinantes p. 84 — > Le futur des verbes irréguliers
- ***Sintetiza*** p. 85 — > *El origen étnico* > *La integración*

Lengua p. 86

Rumbo al bac p. 87

Mundo hispánico pp. 88-89

La España medieval, entre guerras y convivencia

Proyecto final — **Realizo una fotonovela sobre la exclusión** p. 90

Hoy teatro p. 91

Diversidad cultural en clase de Ciencias

En directo

MP 3 ou CD classe 1 • 22

Escucha el diálogo y di en qué medida estas fotos lo ilustran.

Exprésate

SUSTANTIVOS
el origen – la cultura – la fuerza

ADJETIVOS
feliz – sonriente – mixto(a)

VERBOS
convivir – colaborar – estar enamorado(a) – mezclarse

Nuevas parejas españolas

Proyecto Escribo una invitación para una jornada solidaria → p. 81

A ¿Un amor imposible?

España, siglo XII. El narrador, Akil, llega a Toledo, donde conviven tres religiones en relativa armonía. Allí conoce a dos jóvenes, Diego y Sahar, que tienen un problema.

–Esa paz... Nunca he conocido ningún sitio donde se sienta esa paz. [...]
Diego asintió. Le vi meterse la mano entre el cuello y la ropa y sacar un pequeño colgante en forma de crucifijo. [...]

–Era de mi padre –explicó, contemplando ensimismado la pequeña joya[1]–. Tiene mucho valor, según me han dicho, pero aunque me muera de hambre no pienso desprenderme[2] de él. Sabes lo que significa, ¿verdad?

Asentí, muy serio. El crucifijo es el emblema de los cristianos. Gentes del libro, igual que los musulmanes, entre los cuales he vivido la mayor parte de mi existencia. Tanto unos como otros creen en un solo Dios, aunque no se ponen de acuerdo en los detalles. No parecen darse cuenta de lo mucho que tienen en común sus creencias.

–Ahora estoy aquí, con Sahar, y los dos estamos solos, y nos sentimos abandonados de todos, en peligro... Pero en realidad, Akil, es como si existiese una barrera invisible entre nosotros. Pertenecemos a dos mundos diferentes. Tú no te das cuenta[3], pero hasta nuestra forma de hablar es distinta. Y, sobre todo, la religión. [...] Entre Sahar y yo no puede haber nada. Su padre me mataría, ¿es que no lo entiendes?

–Porque eres un cristiano...

–Porque soy un cristiano. [...]

–Te equivocas si crees que ese amor es imposible. No es imposible, sólo difícil.

ANA ALONSO Y JAVIER PELEGRÍN (España), *Fuego azul*, 2011

1. *le bijou*
2. *me détacher de*
3. darse cuenta de: *se rendre compte de*

Léxico → Sintetiza p. 81

Sustantivos
la paz
la convivencia
la barrera

Adjetivos
(ser) tolerante
(ser) intransigente

Verbos
convivir
aceptar
luchar por/contra

Lengua → Lengua p. 86

La concession

*«**Aunque** me **muera** de hambre.»*
*«**Aunque** no **se ponen** de acuerdo en los detalles.»*

Aunque peut être **suivi de l'indicatif ou du subjonctif** suivant s'il exprime un fait réalisé ou non.

OBSERVA

1. Di en qué época transcurre el texto y observa la foto. ¿Te parece que las preocupaciones de los siglos XII y XXI pueden ser las mismas?

LEE

2. ¿Qué caracteriza a la ciudad de Toledo en el siglo XII? Justifi ca.
3. Determina la religión de los personajes y justifica citando el texto.
4. ¿Verdadero o falso? Justifica.
a. Diego quiere vender su crucifijo para comprar comida.
b. Akil piensa que los cristianos y los musulmanes están de acuerdo en todo lo que concierne la religión.
c. Akil piensa que ambas religiones son muy parecidas.
5. Completa la frase: *Diego piensa que su relación con Sahar es imposible porque...*
6. Explica la opinión de Akil a propósito de la relación de Diego y Sahar.

MÁS ALLÁ

¿Piensas que el amor entre personas de culturas diferentes es posible?
Antes que nada, diré que..., puesto que... / Sin embargo... / Por otro lado...

Hacer balance p. 239

B El novio

¿RACISTA YO? (Cómic publicado por la Comisión Europea para luchar contra el racismo.)

1. *handicapé* 2. *chômeur*

OBSERVA

1. A partir de la actitud y las emociones de las mujeres en las dos primeras viñetas formula hipótesis sobre la situación.
La mujer anciana primero parece..., después..., mientras que la mujer joven expresa... / Podemos deducir que...

LEE

2. Completa:
La madre tiene miedo de que su hija...
3. ¿Verdadero o falso? En la cuarta viñeta la hija comprende la reacción de su madre. Explica por qué.
4. ¿Por qué tomaba la chica precauciones para presentar su novio a su madre?
5. Comenta la reacción final de la madre y la intención del dibujante.

MÁS ALLÁ

¿Te parece que a menudo la gente tiene actitudes racistas sin darse cuenta?
Se puede decir que... ya que, por ejemplo...
Además, esto se nota cuando...
El mejor ejemplo de esto sigue siendo...

Citar ejemplos p. 238

Léxico → Sintetiza p. 81

Sustantivos
el racismo
el prejuicio: *le préjugé*
el miedo
el rechazo: *le rejet*

Adjetivos
(ser) racista (inv.)
(ser) desconfiado(a): *méfiant(e)*
(ser) miedoso(a)

Verbos
recha**z**ar (ort.)
estigmati**z**ar (ort.)
tener (irr.) prejuicios

Lengua → Lengua p. 86

La tournure emphatique

*«Ahora **es ella la que**...»*

ser + **nom** ou **pronom** + ***quien/quienes*** ou ***el que/la que/los que/las que*** + **verbe principal**.

Attention à la concordance et à l'accord de ***ser***.

C Combatir los rumores

CD classe 1 24

Difundiendo rumores

Léxico → Sintetiza p.81

Sustantivos
el inmigrante
la cohesión social
la mezcla: *le mélange*
la diversidad

Adjetivos
complicado(a)
desconocido(a): *inconnu(e)*
(ser) chocante

Verbos
quitar
vestir (e>i)
mezclarse
conocerse (c>zc)
fomentar: *encourager*

Lengua → Lengua p.86

L'expression du but

*«Estamos trabajando en que la gente **se conozca**.» / «Para que las cosas **vayan funcionando**.»*

Le but étant une action qui n'est pas encore réalisée, il **s'exprime au subjonctif**.

Fonética MP3

Diérèse ou diphtongue ?

Escucha y repite las expresiones, prestando atención a las dos últimas sílabas.

*Eso es mut**uo**.*
*Los ciudadanos que lo des**ee**n.*

PALABRAS DEL AUDIO

falsedades: choses fausses
vecina de este barrio: habitante de ce quartier
visten: ils s'habillent
quitarme algo: m'enlever quelque chose
fomentamos: nous encourageons

OBSERVA

1. A partir del título y del cuadro haz hipótesis sobre el tema del documento audio.

ESCUCHA

2. Completa la frase:
Esta iniciativa invita a los ciudadanos a...

3. Apunta datos para presentar a la mujer que habla.
Según esta mujer, ¿a qué se deben los rumores sobre los inmigrantes? Contesta citando el documento.

4. Explica cómo considera la gente al inmigrante.

5. ¿Qué es lo que caracteriza al barrio de Pilar?

6. Di quién es el hombre que habla y lo que piensa de su barrio.

7. Finalmente, para superar las diferencias y los prejuicios, ¿cuál es el principal trabajo de los agentes antirumores?

MÁS ALLÁ

¿Piensas que esta iniciativa puede ser eficaz?
¡Hombre, claro! / ¡Desde luego que sí! / ¡Por supuesto! ¡No cabe la menor duda!

Expresar aprobación p. 238

Sintetiza

LA DISCRIMINACIÓN

MP 3

Sustantivos
- la barrera
- el racismo
- el prejuicio
- el miedo
- el rumor
- el rechazo
- la xenofobia
- el obstáculo
- el freno

Adjetivos
- intransigente
- racista
- desconfiado(a)
- miedoso(a)
- complicado(a)
- chocante
- apartado(a)
- aislado(a)
- estigmatizado(a)

Verbos
- luchar por/contra
- recha**z**ar (ort.)
- estigmatizar
- quitar
- prohibir: *interdire*
- apartar: *isoler*
- aislar
- imp**e**dir (e>i): *empêcher*

LA TOLERANCIA

MP 3

Sustantivos
- la paz
- la convivencia
- el inmigrante
- la cohesión social
- la mezcla
- la diversidad
- el enriquecimiento
- el respeto

Adjetivos
- tolerante
- mutuo(a): *mutuel(le)*
- apacible: *paisible*
- enriquecedor(a): *enrichissant(e)*
- respetuoso(a)

Verbos
- convivir
- aceptar
- colaborar
- mezclarse
- cono**c**erse (c>zc)
- fomentar
- apaci**gu**ar (ort.)
- enrique**c**er (c>zc)
- respetar

Manejo el vocabulario

1 Completa esta lista siguiendo el modelo.

El enriquecimiento → enriquecedor → enriquecer
... → descubridor → ...
El aislamiento → ... → ...

2 Encuentra a qué palabras corresponden las definiciones siguientes.

No aceptar | Poner de lado | Una persona que acepta las diferencias

3 Completa la frase con palabras de este «Sintetiza».

Me parece ... que la gente no ... .
Yo creo que es importante aprender a ... para que todo el mundo pueda ... .

4 Inventa otros títulos para los documentos estudiados utilizando las palabras de esta página.

Proyecto — Escribo una invitación para una jornada solidaria

Para la jornada de solidaridad intercultural de tu instituto invitas a tus compañeros a compartir un almuerzo multicultural. Les mandas un e-mail de invitación donde explicas las razones que te motivaron, y el objetivo de tu actividad.

Yo he elegido organizar..., para que... / En efecto, me parece que...
Yo creo que los alumnos tienen que..., aunque...

Expresar motivación p. 239

escala 2

Proyecto

Presento a un joven de origen extranjero

→ p. 85

A ¿Integrarse o asimilarse?

Nuevas ciudadanas españolas

Léxico → Sintetiza p.85

Sustantivos

el origen
el ciudadano
la ropa
el atuendo
el abanico: *l'éventail*
el traje de flamenca
el mantón: *le châle*

Adjetivos

(ser) originario(a) (de)
= (ser) oriundo(a) (de)
(ser) étnico(a)

Verbos

posar
disfrazarse de: *se déguiser en*
desfilar
integrarse
asimilarse

Lengua → Lengua p.86

L'hypothèse

***Deben de ser** extranjeras.*
***Quizás sean** extranjeras.*

Il existe plusieurs manières d'exprimer l'hypothèse suivant le degré de certitude qu'on exprime.

OBSERVA

1. ¿Qué te llama la atención en esta foto?

DESCRIBE

2. Describe el atuendo de estas mujeres.
3. ¿Te parece que es una fotografía improvisada? Justifica tu respuesta.

INTERPRETA

4. Completa la frase:
Lo original de esta foto es que hay un claro contraste entre... y...
5. Fijándote en la leyenda de la foto, haz hipótesis en cuanto a la intención del fotógrafo.

MÁS ALLÁ

¿Te parece que un inmigrante debe olvidar su cultura para integrarse en un nuevo país?

¡De ninguna manera! / ¡Claro que no! / ¡Faltaba más! / ¡Qué barbaridad!

Rechazar algo p. 239

B Inmigrantes de segunda generación, ciudadanos de primera

DVD CD classe 1 25

PALABRAS DEL AUDIO

risueña: souriante
uno tiene roces: on a des frictions
tonterías: bêtises
ni siquiera les hacía caso: je ne les écoutais même pas
yo doy por hecho: ici, c'est évident pour moi
mitad: moitié
ciudadano: citoyen
la punta de lanza: le fer de lance

OBSERVA

1. A partir de la foto comenta el título del documento.

ESCUCHA

2. Apunta el punto en común entre las personas que hablan en la presentación.
3. ¿Ha sido fácil la integración de la primera chica? Justifica con la grabación.
4. ¿Verdadero o falso? Justifica con la grabación.
La actitud de los españoles con los inmigrantes no ha evolucionado.
5. Apunta la reacción del chico cuando le decían «Vuélvete a tu país».
6. Completa la frase de la segunda chica.
Las personas que llegamos en los 90 o demás, nos..., que no quiere decir que..., que hay que...
7. Apunta la definición que da la chica del verbo «asimilarse».

INTERPRETA

8. ¿Cómo se consideran estos inmigrantes de segunda generación?
9. Según el hombre que habla al final, ¿qué es lo más importante para la integración de estos jóvenes?

MÁS ALLÁ

Redacta en cinco frases lo que te parece más importante para la integración de los inmigrantes.
Ante todo... / Es sumamente importante que...
Cabe recordar... / La mejor manera de...

Expresar prioridades p. 239

Léxico → Sintetiza p.85

Sustantivos
la asimilación
la integración
las raíces
el país de acogida: *le pays d'accueil*

Adjetivos
peor/mejor
(ser) extranjero(a)
(estar) integrado(a)

Verbos
aco**g**er (ort.)
pasarlo mal/bien
tomárselo mal/bien
hacer caso a: *prêter attention*
s**e**ntirse (e>ie/i)

Lengua → Lengua p.86

La forme progressive
*«Han ido **tomándoselo** mejor.»*
*«Vengo por aquí **diciendo**.»*
Le **gérondif** exprime une **action qui se déroule progressivement**.

Fonética MP 3

Le son θ
Escucha y repite la frase prestando atención a la diferencia de pronunciación entre la ***s*** y la ***c***.
«Hay que diferenciar entre integración y asimilación, asimilarse quiere decir que tú olvidas tus raíces.»

C Cruces fascinantes

De compras. Me atiende una señora con acento eslavo, [...] llama a dos empleados, y éstos se ocupan del resto de la operación. Uno es un rumano eficiente que se ocupa de mí con diligencia, y hablando un español casi perfecto. Integrado total. El otro empleado es un joven azteca, o maya, o lo que sea. Uno de allí, con un magnífico pelo negro, la piel cobriza y unos ojos oscuros e inteligentes. El caso es que salgo de la tienda satisfecho, porque además de eficientes son gente amable.

En la puerta me paro a dejar pasar a tres niños que vienen del cole con mochilas a la espalda[1], hablando de sus cosas. Deben de andar por los ocho o diez años. Dos son chinos totales, y uno de ellos lleva una felpa del Real Madrid[2] y les está diciendo a los otros algo que acaba con la frase «os lo juro, tíos[3]». Me digo: ahí los tienes, chaval. En los últimos veinte minutos has visto a seis personas, y sólo los padres de dos nacieron aquí.

Y acaba de pasar un chino de Lavapiés[4], hincha[5] del Madrid, con un acento castizo[6] que te vas de vareta[7]. Ésta es la España que hay, concluyo. Y la que viene. La que va siendo. Y a lo mejor por ahí nos salvamos, al final. De esos fascinantes cruces de caminos del azar y la vida, saldrán españoles nuevos: jóvenes gloriosamente mestizos.

Arturo Pérez Reverte (España), *XLSemanal*, 28/5/2012

1. *le sac sur le dos* 2. *ici, maillot du Real Madrid* 3. *je vous jure, les gars* 4. *quartier populaire et multiculturel de Madrid* 5. *supporter* 6. *ici, de pure souche* 7. *(fam.) impressionnant*

Léxico → Sintetiza p.85

Sustantivos
el pelo
la piel
el acento
el cruce: *le croisement*

Adjetivos
(ser) mestizo(a)
amable
eficiente

Verbos
at**e**nder (e>ie) / ocuparse de
acabar con/de
andar por
llevar

Lengua → Lengua p.86

Le futur des verbes irréguliers

«***Saldrán*** *españoles nuevos.*»

Certains verbes modifient leur radical au futur et au conditionnel : ***salir*** → ***saldrán***

OBSERVA

1. A partir del título y de la foto, haz hipótesis sobre el tema del texto.

LEE

2. ¿Verdadero o falso? Justifica tu respuesta.
  a. La escena tiene lugar en una tienda.
  b. Los empleados son españoles.

3. Explica por qué está satisfecho el narrador.

4. Apunta tres expresiones que utiliza el narrador al observar a los niños.

5. ¿Qué actitud de los niños sorprende al narrador?

6. Completa la frase: *El autor se da cuenta de que hoy en día en España los extranjeros son...*

INTERPRETA

7. Al final del artículo, ¿el autor es optimista o pesimista? Justifica con el texto.

MÁS ALLÁ

Describe a una persona que sería para ti un ejemplo de mestizaje cultural y de integración en Francia.

Para mí, sería alguien que...

Expresar admiración p. 238

Sintetiza

EL ORIGEN ÉTNICO

MP 3

Sustantivos
- el origen
- las raíces
- el atuendo
- el pelo
- la piel
- el acento
- el cruce
- el forastero
- la proveniencia

Adjetivos
- originario(a)
- oriundo(a)
- étnico(a)
- extranjero(a)
- foráneo(a)
- (ser) típico(a)
- mestizo(a)
- mezclado(a)

Verbos
- llevar
- disfra**z**arse (ort.) de
- s**e**ntirse [e>ie/i]
- mezclarse
- ser (irr.) de / venir (irr.) de

LA INTEGRACIÓN

MP 3

Sustantivos
- el ciudadano
- la asimilación
- la integración
- el país de acogida
- la ayuda
- la aculturación
- la aceptación

Adjetivos
- peor/mejor
- amable
- eficiente
- aceptado(a)
- integrado(a)
- adaptado(a)

Verbos
- integrarse
- pasarlo mal/bien
- tomárselo mal/bien
- hacer (irr.) caso [-go]
- acabar con
- recono**c**er (c>zc)
- acoger
- adoptar
- copiar

Manejo el vocabulario

1 Busca en la lista sinónimos de:
extranjero ▪ originario ▪ asimilación

2 Encuentra los contrarios de las palabras siguientes.

mestizo | apartado | inútil | el país de origen

3 Completa las frases con estas palabras:
disfrazarse ▪ hacer caso ▪ la proveniencia ▪ copiar ▪ la aculturación ▪ el origen

Los ciudadanos extranjeros muchas veces tratan de ... las costumbres de los españoles, lo que se llama la ... .
Hacen eso porque piensan que su ... es una barrera para la integración. Sin embargo, no es necesario ... para ser aceptado, porque muchos españoles no ... de su ... .

4 Utilizando las palabras de este «Sintetiza», explica con ejemplos la diferencia entre «**integración**» y «**asimilación**».

Proyecto **Presento a un joven de origen extranjero**

Elige a una persona que conoces que ha tenido que adaptarse a otro país.
Preséntalo(a), con su trayectoria vital, las dificultades que conoció y explica cómo logró superarlas.
Hoy voy a hablaros de una persona muy especial... / Su trayectoria me parece admirable puesto que... / Al principio, lo pasó mal porque..., sin embargo, a pesar de todo...

Evocar un recuerdo p. 238

Lengua

escala 1

La concession → p. 218

1. Mets le verbe au mode qui convient.

a. Las cosas han mejorado aunque todavía (existir) muchas discriminaciones.
b. Yo iré de todos modos, aunque ellos no (querer).
c. En la vida hay que hacerse respetar aunque la mayoría del tiempo (ocasionar) conflictos.
d. Tengo muchas ganas, pero aunque lo (desear), no puedo aceptarlo.

La tournure emphatique → p. 211

2. Transforme la phrase selon le modèle.
María lo hizo. → Fue María quien lo hizo.

a. Mis amigos lo conocen.
b. Lo haré yo.
c. Empezaste tú a insultarme.
d. Las mujeres tienen menos dificultades de integración.

3. Complète avec le pronom relatif qui convient.

a. Son las personas más inseguras ... tienen más problemas a la hora de integrarse.
b. ¡Te he dicho que eres tú ... debe comenzar, Isabel!
c. Fueron los musulmanes ... invadieron la Península Ibérica.
d. Será este chico ... os explicará su trayectoria.

L'expression du but → p. 219

4. Choisis la forme correcte.

a. El objetivo de este programa es que las familias *pueden/puedan* conocerse.
b. Veo que haces esfuerzos para que la gente te *acepte/acepta*.
c. Trabajamos para que los rumores *desaparezcan/desaparecen*.
d. Con el fin de que te *sientes/sientas* bien, estas personas te van a ayudar.

5. Complète les phrases en utilisant les verbes suivants.

mejorar – conocerse – integrarse – tener respeto

Me parece hay que trabajar en que los habitantes de un mismo barrio ... entre ellos para que ... las relaciones entre la gente. El principal objetivo de esta iniciativa es que todos los vecinos del barrio ... mejor. Sólo así lograremos que la gente ... para con los inmigrantes.

escala 2

L'hypothèse → p. 217

6. Cherche les erreurs et corrige-les.

a. Debe ser muy difícil integrarse en un nuevo país.
b. Quizás viene pero no es nada seguro.
c. Puede que esas chicas tienen problemas.
d. Quizás es lo mejor para ti aunque lo dudo.

7. Fais des hypothèses avec les éléments suivants comme sur le modèle (deux possibilités).
Mujer/española. → Quizás esa mujer sea española.

a. Ese chico/rechazado.
b. Aquel hombre/tener prisa.
c. Esos niños/no conocerse.
d. Estas familias/estar integradas.

La forme progressive → p. 214

8. Transforme les phrases comme sur le modèle.
Poco a poco aprendo. → Poco a poco (cada vez; a medida que) voy aprendiendo.

a. La gente cambia poco a poco su forma de pensar.
b. Los prejuicios desaparecen a medida que las personas se conocen.
c. Me siento cada vez mejor.
d. Este hombre se confía poco a poco.

9. Crée des phrases avec les éléments suivants en utilisant la forme progressive.

a. Las cosas/mejorar/desde hace poco tiempo.
b. El racismo/perder fuerza en España.
c. Los suramericanos/asimilar/la cultura española.
d. Los gitanos/integrarse mejor/en la sociedad.

Le futur des verbes irréguliers → p. 216

10. Trouve l'intrus et explique pourquoi.

seguirá – dirá – hará – querrá – podrá

11. Mets le verbe au futur.

a. La gente nunca (saber) lo mal que se porta a veces.
b. Yo sé que tú (poner) mucho empeño en que te acepten tal como eres.
c. Nosotros (salir) antes de que lleguéis.
d. Ellos piensan que yo no (tener) suficiente paciencia para terminarlo.

12. Réécris ce texte au futur.

Yo no sé nunca si se ríen de mí o si quieren bromear, pero no puedo tolerar este comportamiento.

Comprensión oral

CD classe 1 26 1'29"

Un proyecto pionero

Haz un resumen del audio presentando los puntos siguientes:

– en qué consiste el proyecto «Familias hospitalarias»,

– la particularidad de la pareja Enrique y Ángela,

– las etapas del proyecto,

– el objetivo del proyecto.

▶ Durante la primera escucha anota las personas que intervienen y las palabras claves que oyes.

Expresión oral

¡Basta de prejuicios!

A partir de este documento, contesta a la pregunta de esta unidad: «Diferencias, ¿barrera o riqueza?»

Primero, relaciona lo que ves en la foto con lo que está escrito.

Después, explica por qué los prejuicios constituyen una barrera entre los individuos.

Para acabar, explica cómo se pueden superar las barreras para hacer de nuestras diferencias una riqueza.

▶ Para cada etapa de la síntesis, parte del documento de esta página y ponlo en relación con un ejemplo sacado de otro documento de la unidad.

Mundo hispánico

La España medieval, entre guerras y convivencia

La conquista de Al-Ándalus

Al-Ándalus, tierra de los vándalos, en árabe. Así se conoce la zona de ocupación musulmana en la Península Ibérica, que abarcó[1] desde el siglo VIII hasta finales del XV y llegó a comprender gran parte del territorio español. [...] Durante el siglo VIII, y a través del norte de África, penetraron en la península una serie de grupos y familias nobles árabes venidas del este, y grupos bereberes procedentes del Magreb. Ello no significó una ruptura total con la cultura entonces imperante, la hispanogoda. Antes bien, ambas se entroncaron[2] dando un resultado muy peculiar[3] y autóctono [...]. La fusión entre árabo-bereberes e hispano-godos se produjo en un principio sin grandes traumatismos y con la naturalidad que sólo el tiempo y la cotidianeidad a veces procuran.

legadoandalusi.es

1. englobó 2. *se croisèrent* 3. *particulier*

Mapa de Al-Ándalus

La Escuela de Traductores de Toledo

La Escuela de Traductores de Toledo

Después de que Alfonso VI tomara Toledo en el año 1085 frente a los árabes, durante dos siglos, la ciudad castellano-manchega iluminó el mundo intelectual con la creación de la Escuela de Traductores. [...]

La diversidad cultural y lingüística que convivía en Toledo durante la Edad Media [...] facilitó durante los siglos XII y XIII el funcionamiento de la Escuela de Traductores, gracias al impulso del monarca Alfonso X el Sabio. Se traducían obras del árabe o del hebreo a la lengua latina sirviéndose del romance castellano o español como lengua intermedia. Bajo su reinado[1] se inició la etapa de las traducciones de tratados de astronomía, física, alquimia y matemática. [...] La lengua castellana se enriqueció[2] de un nuevo y nutrido léxico.

lugaresconhistoria.com

1. *sous son règne*
2. *s'enrichit*

La catedral de Córdoba, símbolo de sincretismo arquitectural

Una tierra de convivencia

Con la llegada de los musulmanes [...] existió un importante grado de convivencia, siempre bajo dominio[1] político musulmán por supuesto, entre judíos, musulmanes y cristianos.
No se quemaron[2] ni iglesias ni sinagogas, incluso se construyeron algunas, judíos y cristianos pudieron practicar libremente su religión y vivir según sus costumbres.

abc.es

1. *sous domination* 2. *brulèrent*

La Reconquista

En el año 711 los musulmanes ocupan casi toda España. Sólo la región montañosa del Norte quedó en manos de los españoles. Desde allí los reinos cristianos[1] se lanzaron a reconquistar su territorio. A partir del triunfo de Covadonga, en el año 722, se iniciará un lento pero persistente avance hacia el sur. Surgieron los reinos de Asturias, Leon, Navarra, Portugal, Castilla y Aragón. Finalmente, en 1492, en tiempos de los reyes católicos, la toma de Granada, último bastión musulmán, pondrá fin a la reconquista.

elhistoriador.com

La rendición de Granada, cuadro del pintor Francisco Pradilla y Ortiz (1882)

1. *royaumes chrétiens*

Prepárate con los documentos de la página

1 Lee los textos y explica su relación con los documentos iconográficos.

2 Prepara una pregunta sobre cada documento en cuatro hojas distintas. Detrás de cada pregunta escribe con otro color la respuesta esperada. Da los papeles a tu profesor.

Juego de sociedad

¡Y ahora a jugar! Formad equipos de cuatro. El equipo que acierta una pregunta saca otra. Con este juego, mejoraréis vuestros conocimientos sobre Al-Ándalus.

Infórmate con la web

Visita la Alhambra y conoce la historia del palacio de Boabdil, el último rey musulmán.
www.fundacion.telefonica.com/media/arte_cultura/arsvirtual/Alhambra/index.html

B2i *Distinguer une simulation ou une modélisation de la réalité.*

Proyecto FINAL

Realizo una fotonovela sobre la exclusión

PREPARACIÓN

Pensad en una escena de la vida cotidiana en la que una persona sufre de exclusión y de los prejuicios de los otros.

En grupos de 4

ETAPA 1

Escribid los diálogos de los personajes (o lo que piensan) **en pocas frases** (dos o tres réplicas).

Para hablar de los prejuicios de los personajes, utilizad la expresión de la hipótesis.

He oído decir que... / Quizás tú...
Yo no quiero que tú..., pero si yo... / No seas mentiroso, yo sé que...

ETAPA 2

Una persona interviene para ayudar a esta persona en dificultad y combatir los prejuicios que la conciernen. Imaginad y escribid sus argumentos (dos réplicas).

Para defender a la persona discriminada y ser convincentes, utilizad la restricción y la obligación personal.

¡Debería daros vergüenza! Pobrecillo,... / No puedo tolerar que...
Aunque..., tenéis que...

ETAPA 3

Imaginad una última escena que tenga lugar poco tiempo después con la misma persona que al principio, pero esta vez en una situación de integración total. Escribid el diálogo (dos réplicas).

ACCIÓN

para realizar fuera de la clase

ETAPA 4

Para cada escena, sacad una o dos fotos que ilustren vuestra intención y añadid en los globos las frases de lo que piensan o dicen los personajes.

Para describir la acción podéis añadir didascalías utilizando la forma progresiva.

facultativo

B2i Realizad el montaje con PowerPoint.

Podéis publicarlo en la página web de vuestra clase.

Hago balance

→**Respect de la consigne** (fond et forme)	3 puntos
→**Choix pertinent des situations décrites**	3 puntos
→**Bonne utilisation linguistique des temps et des modes**	5 puntos

→**Réutilisation du vocabulaire de l'unité**	4 puntos
→**Montage et réalisation finale**	3 puntos
→**Investissement dans le travail collectif**	2 puntos

Total: .../20 puntos

¡Hoy teatro!

TRABAJO EN GRUPO

CD classe 1 MP 3 27

El grupo de amigos está charlando.

MARÍA DEL MAR: Entonces, ¿hoy qué vamos a hacer después de vuestro partido?
LUCAS: Pues vamos a tomar algo, por supuesto...
ANDRÉS: Pero no se lo digáis a Eduardo, no sabe hablar bien y va vestido muy raro, es sudaca...
MARÍA DEL MAR: No seas bruto, Andrés, sólo tiene un acento diferente; además, dicen que juega muy bien, quizás os podría ayudar a ganar...
ANDRÉS: ¡No, aunque juegue bien, yo no juego con sudacas!
MARÍA DEL MAR: No seas cerrado, es un chico muy majo. En clase de historia estuvimos hablando. Y no le llames sudaca...
[EDUARDO, QUE VA CAMINANDO, SALUDA A LO LEJOS.]
MARÍA DEL MAR: ¡Eduardo! ¡Ven!
ANDRÉS: ¡Qué tonta! ¿Por qué lo llamas?
MARÍA DEL MAR: Para que veas que es buena gente.
LUCAS: ¡Qué pesados! A mí me da igual de dónde sea la gente, lo importante es si son de fiar!
MARÍA DEL MAR: ¡Hola!
ANDRÉS: ¿Sabes que a mí no me gustan los sudacas?
MARÍA DEL MAR: No le hagas caso. Sabes jugar al fútbol, ¿verdad?
EDUARDO: Claro, era del equipo de mi barrio.
ANDRÉS: Eso no es ninguna garantía, ¡habrá que probarlo en el campo de batalla!
LUCAS: ¿Quieres jugar con nosotros?
ANDRÉS: Si perdemos por tu culpa, te va a ir muy mal.
MARÍA DEL MAR: No seas bruto, Andrés, no enredes.
EDUARDO: Y si ganamos vas a tener que empezar a respetarme.
LUCAS: Hala, vamos a jugar.
[SE VAN LOS CUATRO AL CAMPO DE FÚTBOL.]

Escribe la sinopsis de una escena

Resume la situación

1. Resume la situación de los personajes en la primera parte de la escena y el motivo de su discusión.

2. Apunta los argumentos de Andrés en contra de Eduardo.

3. ¿Quién parece defender a Eduardo? Justifica tu respuesta.

4. Resume el final de la escena en cuatro frases a partir de «Eduardo, que va caminando, saluda a lo lejos».
María del Mar...

Imaginad la continuación de la escena

Después del partido, los cuatro chicos deciden ir a tomar algo. En grupos de cuatro redactad esta escena.

▸ ***Preparad***
Escribid la sinopsis de esta escena (no olvidéis detalles sobre la actitud y argumentos de los personajes).

▸ ***Escribid***
Cada uno escribe réplicas de un personaje (respetad el guión de la sinopsis).

▸ ***Actuad***
Representad la escena (cuando sea necesario, adaptad vuestras réplicas a las de los compañeros).

NOTION MÉMOIRE : HÉRITAGE ET RUPTURE

VIAJE 6 Mujer, hombre, ¿hay tópicos?

escala 1

Proyecto **Presento a una heroína para una sinopsis** A2

Las ventajas del matrimonio p. 94 > La négation avec *sino*

El concurso de la mujer ideal p. 95 > Les superlatifs absolus

Otros tiempos p. 96 > Formation de l'imparfait

Sintetiza p. 97 > *La vida cotidiana* > *Relaciones difíciles*

escala 2

Proyecto **Participo en una campaña contra los tópicos** B1

¿Un sueño imposible? p. 98 > Le vouvoiement

Los tópicos con lupa p. 99 > L'opposition avec *mientras que*

Igual que tú p. 100 > L'expression du souhait

Sintetiza p. 101 > *La comunicación* > *La realidad y el deseo*

Lengua p. 102

Rumbo al bac p. 103

Mundo hispánico pp. 104-105
Mujeres de hoy, poderosas e influyentes

Proyecto final **Preparo una encuesta sobre el papel de la mujer** p. 106

Hoy teatro p. 107

Directiva de empresa durante una reunión

En directo
MP 3 ou CD classe 2 • 01

Escucha la grabación y clasifica las palabras en función de las imágenes. Justifica tu elección.

Anuncio televisivo de los sesenta

Exprésate

SUSTANTIVOS
el equipo – el poder – el(la) jefe(a) – las tareas/faenas domésticas – la empresa –

VERBOS
decidir – reflexionar – dirigir (ort.) – limpiar

escala 1

Proyecto

Presento a una heroína para una sinopsis

→ p. 97

A Las ventajas del matrimonio

Cuando estéis casadas, pondréis en la tarjeta[1] vuestro nombre propio, vuestro primer apellido y después la partícula «de», seguida del apellido de vuestro marido. [...] Esta fórmula es agradable, puesto que no perdemos la personalidad, sino que somos Carmen García, que pertenece al señor Marín, o sea, Carmen García de Marín.

Economía doméstica para Bachillerato, Comercio y Magisterio, Sección Femenina, 1968

Una mujer que tenga que atender a[2] las faenas domésticas con toda regularidad, tiene ocasión de hacer tanta gimnasia como no lo hará nunca, verdaderamente, si trabajase fuera de su casa. Solamente la limpieza y abrillantado de los pavimentos[3] constituye un ejemplo eficacísimo, y si se piensa en los movimientos que son necesarios para quitar el polvo de los sitios altos, limpiar los cristales, sacudir los trajes, se darán cuenta [de] que se realizan tantos movimientos de cultura física que, aun cuando no tienen como finalidad la estética del cuerpo, son igualmente eficacísimos precisamente para este fin.

Teresa (revista de la Sección Femenina), 03/1961

1. *tarjeta de visita*
2. *ocuparse de*
3. *el suelo*

Léxico → Sintetiza *p. 97*

Sustantivos
el trabajo / la profesión / el oficio
el deporte
las faenas/tareas domésticas
el ama de casa

Adjetivos
(ser) independiente
(estar) sometido(a)

Verbos
casarse: *se marier*
ocuparse de
pasarse el día *(+ gérondif)*

Lengua → Lengua *p. 102*

La négation avec *sino*

*«**No** perdemos la personalidad, **sino** que somos Carmen García.»*

No... sino oppose deux idées dans une **phrase négative**.

Dans les **phrases affirmatives** on utilise ***pero***.

OBSERVA

1. A partir de la fotografía, el título y la fuente de los textos, formula una hipótesis sobre el contenido de los artículos.

LEE

2. ¿Afirma el texto que la mujer que añade el apellido de su marido al suyo no tiene personalidad? Justifica tu respuesta con una cita.

3. Apoyándote en el texto, explica por qué cuidar de una casa es trabajar.

4. Según la Sección Femenina, ¿es la limpieza de la casa una actividad física? ¿Por qué?

INTERPRETA

5. Redacta tres frases utilizando el verbo «pertenecer» en diversos contextos.
A continuación, di si te parece justificado el empleo de este verbo al final del primer artículo.

6. Resume las ventajas que, según la Sección Femenina, el matrimonio ofrecía a la mujer española de la época.
La mujer al casarse no perdía... sino que se... de su... y de su...

MÁS ALLÁ

En unas cinco frases, compara la situación de una mujer casada en los años sesenta y ahora.
Puedes servirte de los comparativos «más... que», «menos... que» y «tanto... como», y de las expresiones adversativas «pero» «no... sino (que)» y «mientras que».

Evocar un recuerdo p. 238

B El concurso de la mujer ideal

CD classe 2 02

Museo Nacional Centro de Arte Reina Sofía, Madrid

Equipo Realidad: Jorge Ballester y Joan Cardells (España), *86 misses en traje de baño*, 1968

OBSERVA

1. Imagina cuáles podrían ser las cualidades de la mujer ideal en este concurso. Ayúdate del cuadro.

PALABRAS DEL AUDIO

satisfechísima: très satisfaite
superó: a surpassé
apenas: à peine
mercado laboral: marché du travail

ESCUCHA

2. Di cuántas voces oyes y cuántas personas hablan.

3. Presenta a la ganadora: nombre y apellido, edad, origen, su oficio y su situación familiar.

4. Anota la cualidad más importante de una mujer según María Luisa.

5. Elige la(s) repuesta(s) correcta(s). María Luisa ganó gracias a:

a. su cultura general
b. su belleza
c. su cocina
d. su carrera profesional

6. ¿Las otras concursantes eran también amas de casa? Justifica tu respuesta.

INTERPRETA

7. ¿Este tipo de concurso te parece posible hoy en día? ¿Por qué?

MÁS ALLÁ

Piensa en dos preguntas que harías a María Luisa si fueras presentador(a) de televisión y la tuvieras que entrevistar, e imagina su respuesta.

Presentador: Cuando la vimos, lo que nos vino a la mente…
María Luisa: En mi época, la que se casaba… / Antes, nosotras no… Cuando yo era joven, lo normal…

Evocar un recuerdo p. 238

Léxico → Sintetiza p. 97

Sustantivos
la virtud
el(la) concursante
la responsabilidad

Adjetivos
(ser) famoso(a)
(estar) orgulloso(a): *fier(fière)*

Verbos
estudiar
compe**t**ir (e>i): *concourir*
lamentar: *regretter*
so**ñ**ar (o>ue) con: *rêver de*

Lengua → Lengua p. 102

Les superlatifs absolus

*«María Luisa está **satisfechísima**, cosa muy natural.»*

Le superlatif absolu se forme en faisant **précéder l'adjectif de *muy*** ou **en** lui **ajoutant le suffixe *-ísimo(s, a, as)***.

Il traduit « très », « extrêmement ».

C Otros tiempos

Maitena (Argentina), *Superadas 2*, 2003

1. *poupées*
2. *en train d'enfourner*
3. *pâtes à gâteaux*
4. *dentelles*

Léxico → Sintetiza p. 97

Sustantivos
la generación
el(la) abuelo(a)
el(la) nieto(a)
el conflicto
la incomprensión

Adjetivos
(ser) distinto(a)
(ser) moderno(a)
anticuado(a) = (estar) pasado de moda

Verbos
expresarse/opinar
coser
reprochar
comparar
criti**c**ar (ort.)

Lengua → Lengua p. 102

Formation de l'imparfait

*«No **opinaban**, no **trabajaban**, no **tenían** responsabilidades.»*

Radical du verbe + ***-aba*** pour les verbes en ***-ar***.

Radical du verbe + ***-ía*** pour les verbes en ***-er/-ir***.

OBSERVA

1. Explica qué parentesco tienen los dos personajes apoyándote en su descripción.

2. Observando la actitud de la abuela, elige la(s) afirmación(es) correcta(s). Al ver a la joven ocuparse de la electricidad de la casa, la abuela:

a. la compadece
b. está fascinada
c. está celosa
d. se muestra irónica
e. no lo entiende
f. quiere ayudarla

LEE

3. Según la viñeta, ¿qué actividades ignoraban las mujeres de la época de la abuela? Justifica tu respuesta citando las palabras de la nieta.
opinar – hacer deporte – trabajar fuera de casa – ocuparse de los niños – decidir – interesarse por la psicología

4. Relaciona los tres verbos siguientes con las actividades practicadas por las mujeres de dicha generación según el documento.
coser – cocinar – charlar

5. Completa la frase de la abuela:
Vivíamos en el paraíso porque antes...

MÁS ALLÁ

Tomando como modelo las palabras de la nieta, imagina cinco reproches que podría hacerle a ella su abuela (negativos y afirmativos).

Pero, nena, ahora sois...
Si comparamos con mi época, vosotras...
Vosotras siempre/nunca... mientras que yo...
A mí me parece que...

■■■ *Expresar incomprensión* p. 239

Sintetiza

LA VIDA COTIDIANA

MP3

Sustantivos
- el trabajo
- la profesión
- el oficio
- el mercado laboral
- el deporte
- las faenas/tareas domésticas
- el ama de casa
- el matrimonio
- la responsabilidad
- la educación

Adjetivos
- casado(a)
- soltero(a)
- aburrido(a)
- ambicioso(a)
- ordenado(a)
- desordenado(a)
- perezoso(a)

Verbos
- casarse
- ocuparse de
- asumir
- dedi**c**arse (ort.) a
- pasarse el día
- criar: *élèver*
- cocinar
- coser
- s**o**ñar (o>ue) con
- estudiar

RELACIONES DIFÍCILES

MP3

Sustantivos
- el conflicto
- la incomprensión
- la generación
- la independencia

Adjetivos
- independiente
- libre
- distinto(a)
- moderno(a)
- anticuado(a)
- sometido(a)
- orgulloso(a)

Verbos
- lamentar
- expresarse
- opinar
- enfadarse
- obede**c**er (c>zc)
- someterse a

Manejo el vocabulario

1 Busca tres expresiones que se construyan como «pasarse el día» (la vida, las vacaciones...) y empléalas en tres frases.

2 Asocia cada expresión con su contrario.

1. estar casado	a. estar sometido
2. ser independiente	b. estar anticuado
3. ser moderno	c. estar enfadado
4. estar contento	d. estar soltero

3 Clasifica los adjetivos de este «Sintetiza» según se empleen con «ser» o con «estar». Explica tu elección.

4 Utilizando las palabras de este «Sintetiza», propón otro título para los documentos «Las ventajas del matrimonio» (p. 94) y «Otros tiempos» (p. 96) de esta «Escala».

Proyecto **Presento a una heroína para una sinopsis**

En unas siete frases, describe a un personaje femenino de una película.
Tiene que retratar la vida cotidiana en España durante los años cincuenta y sesenta.
Se trata de... / Es una mujer que... / Se gana la vida...

Expresar continuidad p. 238

Proyecto

Participo en una campaña contra los tópicos

→ p. 101

A ¿Un sueño imposible?

Javier Olivares (España), Campaña Cruz Roja, 2013

Léxico → Sintetiza *p. 101*

Sustantivos

el(la) jefe(a)
el(la) empleado(a)
la realidad
el sueño: *le rêve*
la oficina: *le bureau*
el dinero

Adjetivos

(ser) poderoso(a)
laboral
(ser) burlón(ona): *moqueur(euse)*
(ser) despectivo(a): *méprisant(e)*

Verbos

soñar (o>ue) con
cobrar: *toucher (au sens financier)*
imponer (irr.)
dominar

Lengua → Lengua *p. 102*

Le vouvoiement

*«Por qué **su** compañero gana más que **usted**.»*

La **troisième personne** s'emploie pour vouvoyer. Au singulier le sujet est ***usted*** ; au pluriel, ***ustedes***.

OBSERVA

1. ¿Qué es lo que más llama la atención del dibujo? Observa el tamaño de cada personaje y la utilización de los colores.

LEE

2. Busca en el globo el equivalente de la expresión «*ce n'est pas à ma portée*».

3. ¿Transmiten el mismo mensaje la imagen y el texto?

INTERPRETA

4. ¿Cómo relacionarías las últimas palabras con el dibujo?

5. Define el tipo de documento y explica su mensaje.

MÁS ALLÁ

¿Con qué crees que soñará el personaje femenino?
Escribe cinco posibles hipótesis utilizando el vocabulario del apartado «Léxico».

En mi opinión... / También...
Puede que esté pensando: «Me gustaría tanto... »

Hacer hipótesis p. 239

B Los tópicos con lupa

¿Es verdad que las mujeres hablan más de sentimientos? ¿Escuchan los chicos lo que dicen las chicas? ¿Dicen los hombres más tacos[1] y cuentan más chistes?

Ellas, más íntimas. Los estudios científicos muestran que las mujeres hablan más de sentimientos y personas, mientras que los hombres centran sus conversaciones en objetos y actividades.

Tacos e insultos. Según un estudio hecho en América, el 72% de los hombres dice tacos en público, frente a un 58% de [las] mujeres.

Pero si se les insulta, ellas responden con la lengua más afilada.

Chicos chistosos. Ellos cuentan más chistes, sobre todo en grupos grandes. Las mujeres evitan las bromas en presencia masculina y prefieren contar chistes *en petit comité*, a dos o tres amigas, según la experta en folclore Carl Mitchell.

«Sí o sí». Según han comprobado los investigadores Maltz y Broker, cuando las mujeres dicen «sí» suele significar «te estoy escuchando», mientras que los hombres tienden a decirlo sólo cuando están de acuerdo.

Elena Sanz, *Muy interesante* (España), 31/10/2012

1. palabrotas

OBSERVA

1. A partir de la ilustración, encuentra una definición para la palabra «tópico».

LEE

2. Relaciona las tres preguntas de la introducción con los distintos títulos de párrafo.

3. ¿Verdadero o falso? Justifica tu respuesta con el texto.
- a. Las mujeres hablan más de cosas concretas que de sentimientos.
- b. Los hombres se expresan de manera más correcta que las mujeres.
- c. Los hombres sólo cuentan chistes cuando están en un grupo pequeño de amigos.
- d. Los hombres dicen «sí» cuando aprueban lo que se les dice.

INTERPRETA

4. Anota el vocabulario científico del documento. Explica cómo están empleadas estas palabras y cuál es el efecto que producen en el lector.

5. Siguiendo el estilo del documento, escribe un pequeño párrafo que hable de la relación hombre-mujer con el cine y el deporte. Utiliza la fórmula «mientras que» e intenta invertir los estereotipos.

MÁS ALLÁ

Según tu punto de vista, ¿responde el artículo a lo anunciado en el título?

Podrían haber explicado... / Puede que estén exagerando, porque... Quizás se pueda matizar...

Expresar dudas p. 238

Léxico → Sintetiza p. 101

Sustantivos
- el estereotipo
- la investigación: *la recherche*
- la sensibilidad
- la timidez
- la prueba

Adjetivos
- sensible
- (ser) pragmático(a)
- (ser) vulgar
- (ser) divertido(a): *drôle*
- (ser) discreto(a)

Verbos
- oponerse (irr.)
- investi**g**ar (ort.)
- afirmar

Lengua → Lengua p. 102

L'opposition avec *mientras que*

*«Las mujeres hablan más de sentimientos y personas, **mientras que** los hombres centran sus conversaciones en...»*

La locution conjonctive ***mientras que*** **oppose deux idées dans une même phrase.**

C Igual que tú

DVD CD classe 2 04

IES Miguel Servet de Zaragoza (España), Servetus studio, 2009

Léxico → Sintetiza p. 101

Sustantivos

la pareja: *le couple*
la sala de estar = el salón
la riña = la disputa
la igualdad
el(la) holgazán(ana): *le(la) fainéant(e)*

Adjetivos

(estar) cansado(a): *fatigué(e)*
(estar) enfadado(a)

Verbos

ver la tele
cocinar
reñir (e>i) con: *se fâcher avec*

Lengua → Lengua p. 102

L'expression du souhait

*«**Necesito** que me **quieran**, que me **miren**...»*

Les verbes qui expriment un **souhait**, un **besoin**, une **demande** sont **suivis du subjonctif**.

Fonética MP3

Les sons /k/ et /g/

Repite el estribillo con la misma entonación que en el vídeo:

«Porque vivo igual que tú y también trabajo fuera. Quiero ser igual que tú.»

OBSERVA

1. Mira el vídeo sin el sonido y comenta lo que te sorprende (tipo de película, papel de cada personaje...).

ESCUCHA

2. Compara el comportamiento de los personajes y su forma de hablar en cada parte del vídeo.
3. En el dibujo animado, di cuáles son las cuatro actividades diarias del chico.
4. En la segunda parte del vídeo, apunta las seis exigencias del chico, completando la frase siguiente:
El chico quiere que...
5. Copia en tu cuaderno la respuesta sistemática de la chica en el dibujo animado.

INTERPRETA

6. En el vídeo se invierten los papeles de los personajes. ¿Qué consecuencias tiene sobre ellos? ¿Qué efecto puede producir entre el público?

MÁS ALLÁ

Un domingo por la mañana, los personajes vuelven a discutir, esta vez a propósito de lo que cada uno quiere hacer ese día. Imagina el diálogo en unas ocho réplicas. Ensáyalo con un(a) compañero(a).

¡Qué día más maravilloso... !
Tengo ganas de...
Tú siempre quieres... pero a mí me apetece más...

Expresar entusiasmo p. 239

Sintetiza

LA COMUNICACIÓN
MP 3

Sustantivos
- la sensibilidad
- la timidez
- el(la) jefe(a)
- el(la) empleado(a)
- la riña
- la exasperación

Adjetivos
- sensible
- (ser) cariñoso(a): *affectueux(euse)*
- vulgar
- (mal) educado(a): *(im)poli(e)*
- divertido(a)
- discreto(a)
- (ser) sociable
- burlón(ona)
- despectivo(a)

Verbos
- imponer (irr.)
- dominar
- r**e**ñir con
- enfadarse
- discutir
- ent**e**nder (e>ie)

LA REALIDAD Y EL DESEO
MP 3

Sustantivos
- el estereotipo
- el prejuicio
- la investigación
- la prueba
- la realidad
- el sueño
- la igualdad
- la ilusión
- la leyenda

Adjetivos
- científico(a)
- (ser) verdadero(a)
- (ser) falso(a)
- poderoso(a)

Verbos
- oponerse (irr.)
- mati**z**ar (ort.): *nuancer*
- generali**z**ar (ort.)
- afirmar
- investi**g**ar (ort.)
- verifi**c**ar (ort.)
- s**o**ñar (o>ue) con

Manejo el vocabulario

1 Transforma estos sustantivos en adjetivos:
la sensibilidad → ... la timidez → ...
la igualdad → ...

2 Transforma estos adjetivos en sustantivos:
vulgar → ... discreto → ...
verdadero → ...

3 Busca el intruso y explica por qué lo es:
la ciencia | la investigación | la prueba | la leyenda

4 Inventa tres lemas para el Día Internacional de la Mujer utilizando palabras de este «Sintetiza».

Proyecto **Participo en una campaña contra los tópicos**

Elige dos tópicos contra los que luchar.
Puedes servirte de los documentos estudiados o reflexionar sobre otros que te vengan a la mente. Explícalos y propón cómo combatirlos.
Estoy cansado(a) de escuchar que... / Si escuchamos a la gente, parece que... pero, para mí...

Denunciar p. 238

Lengua

escala 1

La négation avec *sino* → p. 211

1. Forme des phrases négatives avec les éléments suivants :
a. Gabriela – ir – universidad – trabajar – casa
b. Nosotros – ser – anticuados – modernos
c. Yo – estar casado – preferir – estar soltero
d. Las mujeres de hoy – pasarse el tiempo en casa – trabajar fuera

2. Choisis le bon équivalent de « mais » dans les phrases suivantes :
a. No es bailarina ... futbolista.
b. Le gusta su trabajo ... no le gusta cocinar.
c. No está casado ... soltero.
d. Quiere tener hijos ... sólo dos.

Les superlatifs absolus → p. 220

3. Modifie les adjectifs suivants en ajoutant le suffixe *-ísimo(a)*.
muy orgulloso ▪ muy divertida ▪ muy moderna ▪ muy preparado ▪ muy celoso ▪ muy bella

4. Emploie les superlatifs créés dans l'exercice précédent dans cinq slogans pour la promotion du concours *Mujeres de hoy*.

L'imparfait → p. 215

5. Transpose les phrases suivantes à l'imparfait en les commençant par les adverbes *antes*, *antaño*, *ayer*, *en un tiempo remoto*.
a. Las familias se componen de los padres y cuatro hijos.
b. Las mujeres no van a la universidad.
c. El cabeza de familia es una figura muy importante.
d. Las mujeres no trabajan fuera de casa.

6. Emploie chacun des verbes suivants dans une phrase en relation avec le document « *Otros tiempos* » (p. 96) :
tener ▪ querer ▪ pensar ▪ soñar ▪ vivir

7. Des erreurs de conjugaison se sont glissées dans ces phrases, retrouve-les et corrige-les.
a. En los años sesenta en España, las familias se componía de muchos hijos.
b. La vecina de mi abuela estará casada desde los 16 años.
c. Antes, las mujeres no trabaja fuera de casa, no salen con amigas, pero se ocupa mucho de los niños.
d. Cuando es joven, mi padre no quiere que mi madre dejara la universidad.

escala 2

Le vouvoiement → p. 207

8. Traduis les phrases suivantes :
a. Vous alliez à l'université quand vous étiez jeune, madame ?
b. Vous avez des enfants, monsieur ?
c. Quel est votre nom de famille, madame ?
d. Je vous souhaite une bonne journée, mesdames.

9. Transforme ces phrases en utilisant le vouvoiement.
a. Conocemos tu edad.
b. ¿Puedes explicarme cómo era tu infancia?
c. ¿Entendéis lo que os digo?
d. ¿Imagináis un futuro mejor?
e. Tu hija se parece más a tu marido que a ti.

10. Imagine les questions qui induisent les réponses suivantes :
a. No, en mi escuela sólo había chicas.
b. Mi madre tiene 3 hijas y 2 hijos, pero yo sólo tengo 2 hijos.
c. Sí, estoy orgulloso(a) de mi carrera profesional.
d. Sí, mi marido y yo tenemos muchas cosas en común.
e. Quiero tener un trabajo de responsabilidad.

L'opposition avec *mientras que* → p. 219

11. Forme des phrases qui marquent l'opposition en utilisant *mientras que*.
a. Lola – gustar – cine – Elvira – prefiere – deporte
b. Yo – ser – débil – mi prima – ser – fuerte
c. Paco – leer – novelas – Ana – nunca
d. Ella – querer – ser ama de casa – su hermana – soñar con – ser abogada
e. Nosotros – tener – pequeña familia – vuestra – ser – grande

L'expression du souhait avec *necesitar que* → p. 221

12. Choisis le mode verbal adéquat.
a. Necesito que me hables/hablas.
b. Necesita que le dice/diga la verdad.
c. Necesito que me dejen/dejan mi libertad.
d. Necesitamos que nos tratan/traten bien.
e. Necesitan que su familia les proteja/protege.

13. Complète les phrases suivantes à propos du document « *Igual que tú* » (p. 100) :
a. La chica necesita que su novio...
b. Su novio necesita que...
c. Esta pareja necesita...
d. En conclusión, lo mejor sería que...

¿No es curioso que las pocas veces en que las mujeres aparecen en las telenovelas conversando entre sí el tema sea siempre el hombre? ¿Os acordáis de *Cristal*, la primera telenovela venezolana que llegó a España? Tres bellas jovencitas compartían apartamento con tres camitas individuales en la misma habitación, como si se tratara de los tres cerditos o los tres ositos del cuento. Pues bien, siempre que estaban en casa hablaban de lo mismo, de la relación de una con su «amorsote» y de la otra con Luis Alberto o Carlos Florián o como se llamara el galán. Había una que trabajaba y estudiaba, apodada cariñosamente (pero en realidad despectivamente) por sus compañeras «Cerebrito», y a la que los espectadores reconocíamos como intelectual porque llevaba gafas. Pues bien, jamás nos enteramos de qué diablos estudiaba la tal Cerebrito, pues hablaba poco o nada de su carrera. Importante mencionar que Cerebrito encontró el amor el día en que, aconsejada por Cristal, se quitó las gafas.

Lucía Etxebarria (España), *Ya no sufro por amor*, 2005

Comprensión escrita

Televisión en femenino

– A raíz del caso presentado por el texto, explica cuál es el tema recurrente de las conversaciones femeninas en este tipo de emisiones.

– Descarta las afirmaciones incorrectas y explica por qué lo son.

- Las chicas vivían en casa de sus padres.
- Se las compara con los personajes del cuento de la Bella Durmiente.
- A Luis Alberto o a Carlos Florián le dicen « Príncipe Azul ».

– Cita los dos tópicos de los que sufre la chica que estudia y trabaja.

– Al final de la telenovela, esta chica encuentra el amor gracias al consejo de una amiga. ¿Cuál?

▸ **Fíjate en qué persona están los verbos que la narradora emplea, según se dirige a los lectores o habla de los espectadores de la telenovela.**

Expresión escrita

Redacta una carta

Acabas de ver una de esas telenovelas en las que, una vez más, se ofrece una imagen tópica y simplista de la mujer. Decides redactar un correo al guionista.

– Comienza enumerando los distintos tópicos que has observado en la emisión.

– Rebate los dos que más te hayan indignado sin perder la cortesía, con elementos objetivos e irrefutables.

▸ **Termina describiendo las ventajas que podría tener para la sociedad una programación libre de telebasura.**

Ver Ficha evaluación VIAJE 6

Mundo hispánico

Mujeres de hoy,

Rosa María García-Malea, piloto de combate

Cuando era una niña y le hacían la famosa pregunta de «¿qué quieres ser de mayor?», Rosa María García-Malea siempre respondía: «Piloto de combate». Lo ha conseguido después de cuatro años en la Academia General del Aire de San Javier (Murcia) con 35 compañeros y tres compañeras, y después de haber pasado otro año más, esta vez siendo la única mujer, en el Ala 23 de Instrucción de Caza y Ataque de Talavera (Badajoz). «No me siento especial. Esto es muy duro, pero no es imposible. Se puede aguantar, ¡aunque tiene que gustarte mucho!», asegura. Rosa María se refiere a lo que le ocurre al cuerpo cuando conduce un aparato a 1.700 kilómetros por hora. [...] Rosa María ha estado sometida a la disciplina militar propia de un cuerpo de élite. Aun así, Rosa María ha encontrado en la academia a su novio[1], que está orgullosísimo[2].

1. *fiancé* 2. *très fier*

NATALIA JUNQUERA, elpais.com (España), 16/06/2007

Adelina Fernández, una mujer taxista

Fue de las primeras en conducir un taxi por Madrid. Eran ya los ochenta, y de esos primeros años recuerda anécdotas y sobre todo un número: el cinco, las veces que no quisieron su servicio por ser mujer. «Lo que más me dolió[1] es que dos fueron mujeres». [...] Aún ve actitudes machistas en los jóvenes que hablan en el asiento de atrás, por lo que «hay que seguir luchando». Al llegar a la capital trabajó en una gasolinera de Ríos Rosas, todo trabajadoras solteras menos dos encargados; también pasó la academia para policía municipal pero no pudo ser. «Esperaba mi segunda hija, y no sabían qué hacer con las embarazadas.» El taxi le dio la independencia para salir de un matrimonio marcado por malos tratos. Nunca ha ido a una manifestación feminista, para ella «la lucha es el día a día, y demostrar la valía siempre, aunque tengamos que hacerlo tres veces», o nuestros derechos «se irán al garete»[2].

ELISABET SANS, elpais.com (España), 30/05/2013

1. *ce qui m'a le plus blessée*
2. (fam.) *aller au diable*

poderosas e influyentes

Violeta Chamorro, primera presidenta de la República

En los mismos países en los que se registran las tasas más altas de asesinatos por violencia de género y las mayores proporciones de embarazos[1] adolescentes, las mujeres han logrado los más espectaculares niveles de participación política femenina del mundo. [...] Están alcanzando[2] unas cuotas de poder desconocidas incluso en la mayor parte de los países europeos, donde, por ejemplo, [los ciudadanos] aún no han conocido a una presidenta o primera ministra electa[3], algo que en esta zona del planeta quedó ya inaugurado en 1990 con Violeta Chamorro en Nicaragua y que hoy empieza a ser un hecho poco menos que ordinario.
En este momento, el 40% de la población del subcontinente americano está gobernado por mujeres. [...] El 53% de los universitarios son mujeres. Éstas están ocupando puestos de poder muy importantes, y cuando eso sucede se producen los cambios legislativos más importantes.

GABRIELA CAÑAS, elpais.com (España), 7/3/2012

1. *grossesses* 2. *ici, atteignent*
3. *élue par le peuple*

Prepárate con los documentos de la página

1 Explica esta frase, perteneciente al segundo de los textos: «Lo que más me dolió es que dos fueron mujeres.»

2 Apunta los oficios desempeñados por las mujeres citadas y di qué tienen en común.

Debate

¿Te parece que hay trabajos específicos para hombres y para mujeres?

Infórmate con la web

Busca en la web información acerca de la Ley de Igualdad:
Ley Orgánica 3/2007 - BOE.es
Lee los artículos 1 y 2.

B2i *Utiliser les ressources du Web en respectant le droit d'auteur et la propriété intellectuelle.*

Proyecto FINAL

Preparo una encuesta sobre el papel de la mujer

PREPARACIÓN

Elaborad un cuestionario para sondear la opinión de la clase sobre el papel de la mujer en la sociedad actual. Cada alumno(a) lo rellenará de forma anónima y esto os permitirá establecer el perfil de la clase: ¿conservador o moderno?

En grupos de 3

ETAPA 1

Listad los temas que queréis abordar y clasificadlos por categorías.

Vida cotidiana	Sueños
trabajo	futuro
familia	planes
ocio...	metas...

ETAPA 2

Para cada categoría, encontrad una afirmación representativa del papel de la mujer en el pasado, en el presente y en el futuro.

ETAPA 3

Redactad preguntas con respuestas múltiples.

Para usted... / Según su opinión...
¿Qué piensa de... ? /¿Qué diría de... ?

ACCIÓN

ETAPA 4

Toda la clase

Elegid las mejores preguntas de entre todas vuestras encuestas y haced un listado para componer el documento final.

facultativo

B2i Pasad la encuesta al ordenador.

ETAPA 5

Distribuid la encuesta definitiva en clase para que cada alumno(a) la complete de manera anónima. Recopilad las respuestas y deducid el perfil de la clase: ¿conservador o moderno?

Hago balance

→Variété des sujets et richesse des questions	5 puntos	→Emploi correct de l'imparfait	4 puntos
→Utilisation correcte des adverbes *sino* et *mientras que*	3 puntos	→Montage et réalisation finale	2 puntos
→Emploi correct du vouvoiement	4 puntos	→Investissement dans le travail de groupe	2 puntos

Total: .../20 puntos

¡Hoy teatro!

TRABAJO EN GRUPO

CD classe 2 05 MP3

Cristina y Lucas están discutiendo sobre la publicidad.

Lucas [PREOCUPADO, FRUNCE EL CEÑO]: Oye, ¿te parece normal que en los anuncios de la tele los protagonistas riquísimos y poderosos siempre sean hombres?

Cristina [CON CARA DE ENFADO]: ¡Es verdad! y el hombre siempre es fuerte, poderoso, listo, deportivo... No me parece normal que los anuncios no reflejen la realidad en la que vivimos.

Lucas [CONVENCIDO]: Es totalmente cierto... Ya estoy harto de ver en las revistas las mismas fotos de siempre, con chicos jugando al fútbol [FINGE SER UN FUTBOLISTA ORGULLOSO DE SÍ MISMO, EL PIE SOBRE UN BALÓN IMAGINARIO Y SACANDO PECHO] o niñas bailando [IMITA A UNA BAILARINA CORRIENDO DE PUNTILLAS Y CON LOS BRAZOS A MODO DE CORONA].

Cristina [ENFADADA]: ¡Y los tópicos! Los hombres siempre trabajan en algo que los valora, son cirujanos, científicos... mientras que las mujeres se quedan en casa planchando y fregando. [alzando los brazos al cielo] ¡Qué vergüenza!

Lucas [CON UNA SONRISA BURLONA]: Pero, dime una cosa, nena, ¿no eras tú la que quería que su novio le regalara flores, le abriera la puerta y la invitase al cine?

Cristina [RUBORIZÁNDOSE Y TAPÁNDOSE LA BOCA CON LA MANO, INCÓMODA...]: Bueno, eso tampoco es muy importante... ¡Es una cuestión de cortesía!

Lucas [APUNTÁNDOLA CON EL DEDO, IRÓNICO]: ¡Cortesía! ¡Educación! ¡Galantería! ¡Qué bellas palabras!

Analiza los gestos de los personajes

Estudia el sentido de la gestualidad

1. Utilizando las acotaciones, define los diferentes cambios de humor de los dos personajes.
2. Imagina una o varias actitudes para cada acotación, que añadan emociones al diálogo.
3. ¿Qué otras acotaciones con indicaciones gestuales podrías añadir en la intervención de Cristina, cuando habla de los tópicos que caracterizan el trabajo femenino y masculino?
4. Imagina dos acotaciones diferentes para las dos últimas intervenciones.

Escribid las acotaciones de una escena

Un(a) profesor(a) se acerca a los personajes. En grupos de tres, redactad el diálogo que se inicia.

▸ ***Preparad***
Listad los argumentos de cada uno, alumnos(as) y profersor(a). No olvidéis utilizar expresiones para la burla y el enfado.

▸ ***Escribid***
Cada uno(a) redacta sus intervenciones, pero juntos(as) decidís las acotaciones y su emplazamiento (éstas podrán expresar las emociones y los gestos de cada personaje).

▸ ***Actuad***
Interpretad la escena terminada delante de la clase. No olvidéis la entonación y los gestos.

NOTION SENTIMENT D'APPARTENANCE : SINGULARITÉS ET SOLIDARITÉS

VIAJE 7 Familias de ahora y siempre

escala 1

Proyecto **Describo a una familia tradicional** B1

Cada cual con su papel p. 110 — > L'expression de l'habitude avec *Soler*

El origen de la palabra «familia» p. 111 — > L'expression de la négation

¿Dónde estuviste? p. 112 — > L'imparfait du subjonctif

Sintetiza p. 113 — > *El poder* > *Las aspiraciones de los adolescentes*

escala 2

Proyecto **Explico lo que ha cambiado en las familias** A2

Los hijos de hoy p. 114 — > L'expression de l'ordre avec l'impératif

¡Voooy! p. 115 — > *Como si* + imparfait du subjonctif

Ni siquiera se miran p. 116 — > La traduction de *Ni siquiera*

Sintetiza p. 117 — > *Familias: lo positivo* > *Familias: lo conflictivo*

Lengua p. 118

Rumbo al bac p. 119

Mundo hispánico pp. 120-121
Nuevas tendencias en las familias

Proyecto final **Escribo y represento una escena entre padres e hijos** p. 122

Hoy teatro p. 123

Respetando tradiciones

Exprésate

SUSTANTIVOS
la tradición – las reglas – el respeto – el ejemplo

ADJETIVOS
indiferente – callado(a) – sonriente – concentrado(a)

VERBOS
(no) hacer caso – convivir – ir a su aire – participar

En directo

MP 3 ou CD classe 2 • 06

Escucha y da tu opinión acerca de los cambios apoyándote en las fotos.

Enseñando buenos hábitos

escala 1

Proyecto

Describo a una familia tradicional

→ p. 113

A Cada cual con su papel

Fernando Botero (Colombia), *Una familia, III*, 2000

Léxico → Sintetiza p.113

Sustantivos
el reparto: *la répartition*
el papel: *le rôle*
el periódico: *le journal*
los celos: *la jalousie*

Adjetivos
inexpresivo(a)
compartido(a): *partagé(e)*
frío(a)

Verbos
cobijar: *abriter*
dar (irr.) el pecho: *allaiter*
agarrarse a: *s'agripper à*
favorecer (c>zc)
tratar de: *essayer de*
aceptar

Lengua → Lengua p.118

L'expression de l'habitude avec *Soler*

*Los padres **solían** leer el periódico.*

Soler : avoir l'habitude de

***Soler*, conjugué, est suivi du verbe de l'action habituelle à l'infinitif.**

NB : Il n'y a pas de préposition entre « *soler* » et le verbe suivant en espagnol.

OBSERVA

1. Fíjate en las posturas de los personajes y di lo que te parece extraño.
2. Lee el título y observa las actividades de los personajes. ¿En qué se relacionan?

DESCRIBE

3. Formula hipótesis sobre la vida cotidiana de esta pareja.
Podemos suponer que la mujer…, mientras que el hombre…
4. Observa al hijo mayor. ¿Cuál parece ser su intención? ¿Por qué?

INTERPRETA

5. Comenta los desequilibrios en la relación de esta pareja.

MÁS ALLÁ

¿Qué te parecen los papeles de los miembros de las familias a la antigua?
Me parece que las madres… / En cambio, los padres… / Finalmente, los hijos…

Dar su opinión* • *Denunciar p. 238

B El origen de la palabra «familia»

CD classe 2 07

Familia española en los años 50

PALABRAS DEL AUDIO

criado: domestique
el derecho a: le droit de
disponía: disposait
daba cuenta : rendait des comptes
ingresos : revenus

OBSERVA

1. En la foto, fíjate en el lugar, la época y el momento del día.
Esta foto se sitúa en...

2. Describe las posturas, expresiones y miradas. Formula hipótesis sobre lo que estarán pensando algunas de las personas retratadas.

ESCUCHA

3. El documento trata del origen de la palabra «familia». Entresaca dos detalles que lo confirman.

4. La familia era posesión del padre. Apunta las palabras que lo confirman.

5. La locutora habla del papel del padre. Determina este papel.
El padre era...

6. Escucha lo que dice el padre y explica las consecuencias.
El padre dice... / Los demás tenían que... para...

INTERPRETA

7. Muestra cómo se manifiesta la autoridad del padre y sus consecuencias cuando sus hijos se hagan mayores.
La autoridad del padre se manifiesta mediante...
Cuando los hijos y las hijas sean mayores...

8. Haz el retrato moral del padre.
Para mí, es un padre..., porque...

MÁS ALLÁ

¿En qué medida te parece que este tipo de familia es cosa del pasado?
Por una parte... / Por otra parte...

Dar su opinión • Citar ejemplos p. 238

Léxico → Sintetiza p. 113

Sustantivos

el temor: *la crainte*
la autoridad
el respeto
el jefe
una familia de orden: *une famille « comme il faut »*

Adjetivos

(ser) autoritario(a)
(estar) quieto(a): *immobile*
callado(a): *silencieux(euse)*
(ser) inaceptable
(ser) increíble

Verbos

escuchar
mandar: *commander*
obede**c**er (c>zc): *obéir*
callar: *se taire*

Lengua → Lengua p. 118

L'expression de la négation

*«Y **no** daba cuenta de gastos e ingresos a **nadie**.»*

no : ne, non ; ***nadie*** : aucune personne ; ***nada*** : rien ; ***ninguno*** : aucun ; ***nunca*** : jamais

NB : **Il y a toujours un élément de négation devant le verbe**. De plus, contrairement au français, on ne répète pas la négation après ces mots.

C ¿Dónde estuviste?

Lucho, un joven chileno de 14 años, vuelve a casa a las siete de la mañana.

Cuando llegué a la casa, la familia se había reunido en una asamblea plenaria en la cocina. Me recibieron con honores[1], como quien dice. Para colmo era un día de esos luminosos, y como nunca hemos tenido dinero para comprar cortinas, las cosas brillaban, y los vidrios parecían llamaradas[2].

Mi hermano se había achicado[3] como un ratón y tenía la nariz hundida en la leche. «¿Dónde estuviste?», me chilló el viejo. La mami miraba al suelo, agarrándose con los brazos la bata de levantarse[4]. [...] Levanté la vista, y lo miré seguramente con la misma cara de degenerado que él esperaba.

–Pintando –dije.

–¿Pintando, huevón[5]?

–Sí, papi.

–¿Y qué estuviste pintando?

–Carteles para el once[6].

–¿Hasta las siete de la mañana?

–Sí, papi.

Y ahí tuve la inspiración maravillosa de mirarme las manos que parecían una acuarela. Allí estaban todas esas manchitas salvadoras. Las levanté como el jovencito de la película cuando lo apuntan los bandoleros[7]. [...]

–Está bien –dijo–. La próxima vez, avise.

Antonio Skármeta (Chile), *No pasó nada*, 1980

1. *on m'a déroulé le tapis rouge*
2. *des reflets de flambées*
3. *s'était fait tout petit*
4. *la robe de chambre*
5. *(vulgaire, Am.) imbécile*
6. el once de septiembre (aniversario del comienzo de la represión en Chile tras el golpe de Estado del General Pinochet, en 1973)
7. *bandits de grand chemin*

Léxico → Sintetiza *p. 113*

Sustantivos
el valor: *le courage*
el miedo: *la peur*

Adjetivos
(ser) atrevido(a): *audacieux(euse)*
(estar) atemorizado(a): *effrayé(e)*
(estar) precupado(a): *inquiet(ète)*
colérico(a)

Verbos
chillar: *crier*
enfurecerse (irr. zc): *devenir furieux*
atreverse a: *oser*
dar miedo: *faire peur*
serenarse: *se calmer*

Lengua → Lengua *p. 118*

Le subjontif imparfait, formation des verbes réguliers

*«Me dio miedo que **pensara**.»*

Il se forme sur la 3e personne du pluriel du passé simple, dont on change le ***o*** de la terminaison en ***a***.

pensar: pensaron → pensaran

OBSERVA

1. Reúne los detalles que muestran el estado de ánimo de los personajes de la foto.
El padre está... / Puede que haya... / El hijo...

LEE

2. Presenta el lugar, el momento del día y los personajes.
3. Entresaca las actitudes del hermano y de la madre.
El hermano parece... la madre...
4. El joven trata de justificarse. Confírmalo con detalles del texto.
5. Di si el padre cree la excusa de su hijo. Justifica tu respuesta.
El padre le contesta que... / Podemos pensar que...

INTERPRETA

6. Haz el retrato moral del joven.
7. ¿En qué medida la actitud del padre es autoritaria?
El padre adopta una actitud..., ya que... / Sin embargo,...

MÁS ALLÁ

¿Hasta qué punto se puede entender la reacción de unos padres en semejante situación?
Los padres querían que... (subj.)

Evocar un recuerdo • Hacer balance pp. 238, 239

Sintetiza

EL PODER

MP3

Sustantivos
- la autoridad
- el temor
- el miedo
- el respeto
- el(la) jefe(a)
- la sumisión
- la norma
- el honor

Adjetivos
- autoritario(a)
- sumiso(a)
- colérico(a)
- callado(a)
- atemorizado(a)
- temeroso(a)
- desconfiado(a)
- inaceptable

Verbos
- imponer
- enfurecerse
- someterse
- aceptar
- callar
- recha**z**ar (ort.)
- liberarse
- t**e**mblar (e>ie): *trembler*
- mandar: *ordonner*
- obede**c**er (c>zc): *obéir*

LAS ASPIRACIONES DE LOS ADOLESCENTES

MP3

Sustantivos
- la sed
- el ansia
- la sensación de vivir
- el anhelo
- la esperanza
- los derechos
- el valor

Adjetivos
- libre
- (ser) despreocupado(a)
- sensible
- (ser) atrevido(a)
- (ser) emprendedor(a)
- alegre
- maravilloso(a)
- confiado(a)
- preocupado(a)

Verbos
- escaparse
- aburrirse: *s'ennuyer*
- creer: *croire*
- pr**o**bar (o>ue)
- tratar de
- atreverse a
- ac**e**rtar (e>ie)
- equivo**c**arse (ort.)
- m**o**verse (o>ue)

Manejo el vocabulario

1 Apunta tres verbos con sentido contrario a los siguientes:

mandar | liberarse | rechazar

2 Indica los adjetivos que corresponden a los verbos «aburrir» y «temer». Para ello, tienes que encontrar el participio pasado de cada verbo.

3 Utilizando palabras del primer conjunto, indica cuáles son las consecuencias del exceso de poder en las relaciones familiares.

4 Con las palabras que has aprendido, explica, en cinco frases como mínimo, cómo veían antes los hijos a sus padres. Indica cuáles eran las aspiraciones de unos y otros.

Proyecto Describo a una familia tradicional

Busca en esta Escala detalles sobre el papel que tenía cada miembro de la familia.
Haz el retrato moral de cada uno y di lo que se les imponía en casa. Puedes grabarte con un mp3.

En aquel entonces, el padre..., la madre..., y los hijos...

Denunciar • Hacer balance pp. 238, 239

Proyecto

Explico lo que ha cambiado en las familias

→ p. 117

A Los hijos de hoy

DVD CD classe 2 09

Hijo, por favor, perdóname.

PALABRAS DEL AUDIO

las acelgas: les blettes
recoge: range
te pego un guantazo: je te donne une claque
tu pan Bimbo con la corteza recién pelada: ton pain de mie sans bords (Bimbo = marca española de panadería industrial)

Léxico → Sintetiza p. 117

Sustantivos
el consenso
de rodillas: *à genoux*

Adjetivos
(estar) traumatizado(a)
(ser) ridículo(a)
caprichoso(a)

Verbos
supli**c**ar (ort.)
implorar perdón
compla**c**er (c>zc): *faire plaisir*
enfadarse: *se fâcher*
pasarse de la raya: *dépasser les bornes*

Lengua → Lengua p. 118

L'expression de l'ordre avec l'impératif (2e personne du sing.)

*«**Recoge** enseguida tu habitación.»*

L'impératif exprime un ordre direct. Formation : 2e personne du sing. du présent de l'indicatif sans le « s » final.

Fonética MP 3

L'accent tonique

Si le mot a un accent écrit, prononce la syllabe où il se trouve avec plus d'intensité : ***habitación***.

Si le mot finit par *n*, *s* ou voyelle, prononce avec plus de force l'avant-dernière syllabe : ***hijo***.

S'il finit par une autre lettre, marque davantage la dernière syllabe : ***recoged***.

Escucha y repite marcando el acento tónico.
*«**Hijo**, perd**o**na por hab**e**rte d**i**cho **a**ntes que recog**ie**ras la habita**ción**.»*

OBSERVA

1. Asocia la leyenda de la foto con el título del documento. ¿Qué le pasará a esta madre?
Pienso que...

2. ¿Te parece una escena actual? ¿Por qué?

ESCUCHA

3. Precisa el lugar y los personajes.

4. Apunta lo que quiere o hace el adulto en la primera parte de cada escena.
Él ... desea que/quiere que...
Después explica lo que cambia en la segunda parte.

INTERPRETA

5. Explica la evolución de las actitudes de los padres.
En estas últimas décadas, los padres han cambiado. Se nota en que...

6. ¿Qué escena te parece más realista? Justifica tu respuesta.

MÁS ALLÁ

Debate: ¿Han cambiado tanto las cosas? En parejas, distribuid los papeles (Sí, mucho./No, no tanto.). Apuntad argumentos y utilizad vuestras respuestas a las preguntas anteriores.
No cabe duda de que las relaciones... / Esto se puede cuestionar. Me explico: ...

Expresar convicción • *Expresar duda* p. 238

B ¡VOOOY!

ESCENA 1

MIGUEL: Hola, me llamo Miguel. Y esa de ahí es mi madre. Siempre está haciendo cosas. No para[1]. No sé cómo aguanta[2]. Ahora, cuando para, se tira en el sofá y que no la molesten, que no la toquen, que no llamen por teléfono, que no pase nada de nada porque no se levanta. Dice que pasa[3].

MADRE: ¡Migueeeel!

MIGUEL: Siempre hace eso. Me llama a gritos, como si estuviera al otro lado del mundo.

MADRE: ¡Migueeel!

MIGUEL: ¿QUÉÉÉ?

MADRE: Pon la mesa.

MIGUEL: VOOOY. *(Sigue.)* Mi padre no está. Porque es taxista y vuelve más tarde, a las doce de la noche. Pero es guay[4]. Tiene un taxi enorme que es capaz de lavar con un solo cubo[5] de agua. Un día me va a enseñar cómo se lava un coche con un solo cubo de agua.

MADRE: ¡Migueeel!

MIGUEL: ¿QUÉÉÉ?

MADRE: ¿Has puesto ya la mesa?

MIGUEL: Sííí. También tengo un hermano. Mayor que yo. Tiene ya diecisiete años. Va a su bola[6]. Tampoco está, pero es normal, no está casi nunca, y también suele llegar tarde.

LUIS GARCÍA-ARAUS (España), *Adiós a todos*, 2003

1. *elle n'arrête pas*
2. *comment elle tient debout*
3. pasar de (fam.) = sentir indiferencia por algo
4. *super*
5. *un seau*
6. *il fait sa vie*

OBSERVA

1. Formula hipótesis acerca de la madre. Imagina por qué estará tumbada en el sofá.

LEE

2. Apunta elementos acerca del lugar, los protagonistas y lo que están haciendo.
3. Explica lo que suele hacer Miguel y lo que suele hacer su madre.
4. Compáralos con los demás miembros de la familia.
5. ¿Tiene Miguel una mala imagen de sus padres? Explícalo.

INTERPRETA

6. La imagen que da el autor de esta familia es a la vez positiva y negativa: busca en el texto dos ejemplos de cada aspecto.
7. ¿Te parece que en esta familia los papeles han evolucionado? ¿Cómo se comportan sus miembros? Justifica tu respuesta.
Se comportan como si...

MÁS ALLÁ

Escribe la continuación de la escena una vez que llega el padre.
Hola papá, ¿qué tal? / Hola hijo, bien. ¿Qué tal tu día? ¿Ha llegado... ?

Expresar motivación • Hacer hipótesis p. 239

Léxico → Sintetiza p. 117

Sustantivos
las tareas domésticas: *les tâches ménagères*
el grito: *le cri*
el tedio: *l'ennui*
la ausencia
la criada: *la bonne*
el esclavo

Adjetivos
servicial: *serviable*
deprimido(a)
cansado(a)

Verbos
dar (irr.) por = considerar como
descansar: *se reposer*
esperar: *attendre*
aguantar: *supporter*
hacer (irr.) de: *faire office de*
s**o**ler (o>ue): *avoir l'habitude de*

Lengua → Lengua p. 118

***Como si* + imparfait du subjonctif**

*«Me llama a gritos, como si **estuviera** al otro lado del mundo.»*

Como si exprime une comparaison. Il est **suivi par l'imparfait du subjonctif**.

C Ni siquiera se miran

Ni siquiera se miran... pero desayunan juntos

Léxico → Sintetiza p.117

Sustantivos

los valores: *les valeurs morales*
la ausencia: *l'absence*
la soledad: *la solitude*

Adjetivos

(estar) presente
(ser) indiferente
(estar) enfrascado(a)
= (estar) concentrado(a)

Verbos

mandar: *envoyer*
compensar
ir (irr.) a su bola (fam.): *vivre sa vie*
dejar de: *cesser de*
pasar de (fam.): *ignorer*
quitarse de encima: *se débarraser de*
esforzarse por (o>ue): *s'efforcer de*
socializar (ort.): *vivre en sociéte*

Lengua → Lengua p.118

La traduction de « *ni siquiera* »

«***Ni siquiera*** *se miran.*»

Ni siquiera accompagne le terme final d'une énumération négative, souvent dans un **contexte de regret ou de reproche**.
On le traduit par « même pas ».
Il apparaît aussi sous la forme ***ni tan siquiera***.

OBSERVA

1. Presenta la escena.
2. Explica lo que están haciendo unos y otros.

DESCRIBE

3. Muestra por qué es una escena moderna.
4. Explica la relación entre la foto y el título.
Se puede decir que...
5. Indica lo extraño de esta situación para una persona mayor, un abuelo, por ejemplo.
Resulta extraño porque...

INTERPRETA

6. ¿En qué medida son felices los hijos con esta clase de vida familiar?
Pienso que... en la medida en que...
7. ¿Te parece que se trata de una tendencia general o de una excepción? Explica tu punto de vista.
Me parece que...

MÁS ALLÁ

¿Qué te parece lo más importante para mantener una buena convivencia familiar?
En mi opinión, lo más importante... / Ante todo...
Creo que se puede mantener... (+ gérondif)
Resulta primordial... (+ infinitif)
Expresar prioridades p. 239

Sintetiza

FAMILIAS: LO POSITIVO

MP 3

Sustantivos
- el apoyo
- la autoestima
- la confianza
- la conversación
- el ocio
- el mensaje
- la honestidad
- los valores
- el consenso

Adjetivos
- abierto(a)
- feliz
- majo(a)
- bueno(a)
- desinteresado(a)
- honrado(a)
- agradable
- reconocido(a)
- servicial

Verbos
- conversar
- opinar
- tener (irr.) voz y voto
- respetar
- buscar el consenso
- compla**c**er (c>zc)
- recono**c**er (c>zc)
- cumplir
- esf**o**rzarse por (o>ue)

FAMILIAS: LO CONFLICTIVO

MP 3

Sustantivos
- las prohibiciones
- el dinero
- las normas
- las necesidades
- el aburrimiento
- las tareas domésticas
- la soledad
- la ausencia

Adjetivos
- infeliz
- aburrido(a)
- solo(a)
- inhibido(a)
- (estar) encerrado(a)
- traumatizado(a)
- indiferente
- injusto(a)
- arbitrario(a)
- absurdo(a)

Verbos
- ignorar
- obligar
- enfadarse
- olvidarse de
- en**c**errar (e>ie)
- pegar: *frapper*
- coaccionar
- reprimir
- pasarse de la raya
- pasar de (fam.)

Manejo el vocabulario

1. Define la palabra «respetar» con un adjetivo y un sustantivo de esta página, como mínimo.
2. Elige dos adjetivos de una de las listas y escribe sus contrarios.
3. Elige tres sustantivos del primer conjunto y escribe un verbo a partir de cada uno.
4. Explica en tres frases lo que necesitan los jóvenes de hoy.

Proyecto

Explico lo que ha cambiado en las familias

Explica los cambios en las relaciones familiares en las últimas décadas para un reportaje de la radio del instituto.

Elige uno de estos temas:
– el papel de los padres,
– el papel de los hijos,
– las relaciones entre padres e hijos.

Lengua

escala 1

L'expression de l'habitude avec *soler* → p. 214

1. Adapte les phrases suivant l'exemple.
Comían en casa. → Solían comer en casa.

a. Salían los domingos.
b. Se encerraban en casa.
c. Mis padres veían la tele.
d. Recibíamos muchas visitas.
e. No jugaba con mi hermanito.
f. Se iban de excursión.

L'expression de la négation → p. 211

2. Complète les phrases en utilisant la bonne négation. Justifie tes choix.

a. ... piensa en oponerse a él.
b. El padre ... ha regresado del trabajo.
c. ... te dejaban salir sola si eras chica.
d. Los hijos casi ... opinaban.
e. Pasadas las once, no había ... por las calles.
f. La esposa y los hijos no tenían ... voz ... voto.

L'imparfait du subjonctif → p. 217

3. Mets les verbes entre parenthèses à l'imparfait du subjonctif.

a. Quería que (obedecerle, nosotros).
b. Nos ordenaba que (regresar, nosotros) a casa pronto.
c. La norma era que (volver, nosotros) antes de medianoche.
d. Le gustaba que (pintar, yo) carteles.
e. Me pedía que (participar, yo) en las conmemoraciones.
f. Le gustaba que sus hijos (acompañarle, ellos).

4. Mets les verbes entre parenthèses au subjonctif imparfait.

a. Si (regalarle, él) pintura, haría más carteles.
b. Te autorizaría las salidas nocturnas si (confiar, yo) en ti.
c. Me encantaría que (avisar, tú).
d. Para que (llamar, él) a sus padres, podrías prestarle tu móvil.
e. Se sentirían más seguros si (conocer, ellos) a los chicos del grupo.
f. No se enfadaría si (cumplir, tú) lo que prometiste.

escala 2

L'expression de l'ordre avec l'impératif → p. 217

5. Mets cette suite d'ordres à la 2e personne singulier de l'impératif.
Una madre habla con su exmarido de la educación de su hijo.

a. Pedro, (escuchar) cuando te dice algo.
b. (Respetar) a sus héroes favoritos.
c. (Comprenderlo), es demasiado pequeño para hacerlo todo solo.
d. Si puedes, (ayudarle) a sentirse a gusto con los demás.
e. Si has cometido un error, (pedirle) perdón.
f. (Recordar) que tú también fuiste adolescente.

6. Mets ces phrases à la 2e personne du singulier de l'impératif.

a. Siéntense con ella.
b. Llévele el desayuno a su habitación.
c. Aprenda a interpretar sus actitudes.
d. Regálele un álbum de fotos suyas.
e. Apóyenlo en sus proyectos.
f. Háblenle de su adolescencia.

Como si + imparfait du subjonctif → p. 219

7. Adapte les phrases suivantes en utilisant l'imparfait du subjonctif.

a. Se comportaba como si no (gustarle, ella) nada.
b. Era como si (ignorar, ella) a todos.
c. Se comportaba como si (pasar, ella) de todo.
d. Yo la miraba como si (temerla, yo)
e. Era como si no (atreverse, yo) a decirle nada.
f. Le habla como si no la (respetar, él).

La traduction de « Ni siquiera » → p. 211

8. Adapte les phrases suivantes suivant l'exemple.
No le dice «buenos días». → Ni siquiera le dice «buenos días».

a. No le mira.
b. No se hablan.
c. No juegan juntos.
d. No da las gracias.
e. No contesta cuando le hablas.
f. No pregunta por su abuela.

Comprensión oral

CD classe 2 · 11 · 1'46"

¡Los jóvenes de antes eran mejores!

Resume el documento que oyes.

– **Primera escucha.** Apunta los detalles acerca de los ruidos, del ambiente, de las personas.

– **Segunda escucha.** Entresaca lo que se dice sobre los jóvenes.

– **Tercera escucha.** Explica si es cierto lo que afirma el título.

– Redacta tu resumen.

▶ Puedes valerte de los consejos referentes a la Comprensión oral que se encuentran en el Viaje 1.

Expresión oral

¿Autoridad?

– Describe el lugar y las posturas de los personajes.

– ¿Te parece tenso el ambiente? Justifica tu respuesta.

– Explica el problema. ¿Te parece una situación actual? Di por qué.

– Precisa si este cómic presenta a una familia de ahora o a una familia de antes.

A partir de tus apuntes expón tu visión de esta familia.

▶ Reúne tus apuntes y clasifícalos.

▶ Ordena lo que vas a decir haciendo un plan.

▶ Selecciona los argumentos más importantes y clasifícalos según su importancia.

Horacio Altuna (Argentina), 2011

Ver Ficha evaluación VIAJE 7

Mundo hispánico

Nuevas tendencias en las familias

Abuelos canguro

Los expertos hablan de un auténtico fenómeno social, el de los abuelos canguro[1]. [...] El director del colegio Pare Gumilla de Càrcer, Gaspar Llinares, también aporta su reflexión: «Son el pilar, el soporte de muchas familias, que funcionan por ellos. La situación económica que vemos a diario[2] en las familias es muy complicada y muchos padres se ven obligados a aceptar trabajos [...] que son incompatibles con el horario escolar». Las estadísticas señalan que un 60 % de los mayores participa activamente en el cuidado[3] de sus nietos.

levante-emv.com

1. *baby-sitter* 2. cada día 3. *ici, la garde*

Padres y madres hiperprotectores

Van al colegio siempre en coche, con la inseparable compañía de mamá o papá. En la mochila, todo bien preparado, sin que falte[1] de nada. Algún refresco que proporcione más vitaminas. El móvil, por si acaso[2]. [...]

La obsesión por la educación de los hijos acaba degenerando en una enfermiza[3] superprotección que entorpece[4] el desarrollo natural de su personalidad. [...]

Lo dicen los psicólogos: muchos de los adolescentes que tienen conductas violentas con sus padres y en el colegio, han sido mimados[5] de pequeños hasta la extenuación. Lógicamente, cuando son más mayores no entienden que no puedan seguir haciendo lo que les dé la real gana[6], sin asumir responsabilidades.

padresycolegios.com

1. *manque* 2. *au cas où* 3. *maladive* 4. *fait obstacle* 5. *dorlotés* 6. *ce qui bon leur semble*

Hace tanto como mamá

Desde que se quedó en paro[1] hace algo más de un año, Florencio Martín, de 39 años, se hace cargo de David, de 12, y de Isaac, de tres, mientras su mujer, Vanesa, trabaja como peluquera. [...] Aunque todavía es una tendencia minoritaria, están empezando a aparecer hombres que se toman[2] la paternidad como las mujeres la maternidad: una responsabilidad personal, y a la vez algo que proporciona una satisfacción íntima. [...]

Martín aúna[3] esta doble faceta. «La carga es de los dos», dice. Pero no sólo es una obligación. «Para mí, es una suerte poder disfrutar de los niños. Ahora que lo he probado[4], ojalá pudiera quedarme en casa».

Cecilia Jan, *El País*, 11/10/2010

1. *au chômage* 2. *consideran* 3. *reúne* 4. *j'ai essayé*

Prepárate con los documentos de la página

1. Lee estas páginas pensando en caracterizar a una familia española del siglo XXI.
2. Selecciona dos padres (o abuelos) entre los que se mencionan.
3. Descríbelos física y moralmente y justifica tus opciones.
4. Ahora imagina (en cinco frases) la primera escena de una nueva serie, que tenga a los padres o abuelos que hayas elegido como protagonistas.

Concurso

Elegid la mejor primera escena de la nueva serie «La familia Núñez, siglo XXI», entre todas las que hayáis escrito.

Infórmate con la web

Selecciona en Internet una foto libre de derechos que ilustre tu escena.

Puedes valerte de las opciones avanzadas del motor de búsqueda.

B2i *Publier un document en s'appuyant sur des ressources dont l'élève n'est pas l'auteur dans le respect des règles.*

Proyecto FINAL

Escribo y represento una escena entre padres e hijos

PREPARACIÓN

¿Cómo son las familias actuales? ¿En qué se diferencian de las familias de antes?

ETAPA 1

En clase, por escrito

Elige una situación derivada de los documentos de la primera «Escala» (s. XX).
Imagina cómo serían las relaciones hoy en día en una casa con varias personas, entre ellas, el abuelo.

1. Resume el argumento en dos frases.
Es la historia de...
2. Resume en tres frases el retrato moral y físico de los protagonistas.
El primer protagonista es el/la... se llama...
3. Explica la actitud que van a tener a lo largo de la escena.
Primero, el que se llama... va a..., luego... / El abuelo...

ETAPA 2

En casa

Añade el diálogo, en diez réplicas como mínimo, a lo que ya has escrito.

Determina el tono, los gestos, los movimientos y los ruidos que se oyen sirviéndote de las acotaciones.
Antes de escribir los diálogos, repasa las páginas «Sintetiza» de cada «Escala» y los ejercicios de la página «Lengua».

ACCIÓN

ETAPA 3

Tras haber enseñado vuestros trabajos al profesor, ensayad entre compañeros.
Recordad: la entonación, las sinalefas son importantes. Podéis grabar la escena en casa y enviársela a vuestro profesor por correo electrónico o por el ENT del instituto.

ETAPA 4

Representadla en clase.

facultativo

B2*i* Grabad la escena con un mp3

Hago balance

→**Respect de la consigne** (fond et forme)	3 puntos	→**Richesse du vocabulaire**	4 puntos
→**Choix pertinent des situations décrites**	4 puntos	→**Prononciation correcte et respect de la prosodie**	3 puntos
→**Bonne utilisation linguistique des temps et modes**	4 puntos	→**Investissement personnel dans le travail d'équipe**	2 puntos

Total: .../20 puntos

¡Hoy teatro!

TRABAJO EN GRUPO

CD classe 2 | MP 3
12

Esteban no ha podido salir este fin de semana porque sus padres le han castigado.

Lucas: ¡Hola, Esteban! ¿Por qué no has salido este fin de semana? ¿Estabas enfermo o qué?

Esteban: No, imagínate, es que mis viejos han recibido las notas…

Cristina: ¿Y qué ha pasado?

Esteban: Pues se han dado cuenta de que algunas las había falsificado…

Lucas: ¡Vaya! ¡Qué fuerte, tío! ¿Y?

Esteban: Pues, ya ves, casi nada: ¡castigado sin salir tres fines de semana! ¡Ah, y además, el móvil, confiscado!

Cristina: ¡Qué exageración! Pobre, como si fueras un delincuente…

Esteban: Sí, y encima, sermón: mi padre me ha contado que cuando era joven, no sé qué…, que si le hace eso a su padre, su padre le mata… ¡No os podéis imaginar cómo se ha puesto!

María del Mar: ¿Y tu madre? Supongo que ella te defendería, suele ocurrir…

Esteban: Pues no, para nada, mi madre igual, que vaya disgusto, que cuando ella tenía 15 años no sé qué y no sé cuantos… Vamos, que en mi casa nadie me entiende.

Cristina: Bueno, ya sabes, «¡no hay mal que por bien no venga»! Ahora, si estás castigado, mejor que estudies, así sacarás mejores notas. No hay nada más que hacer…

Lucas: Sí, eso, Cristina tiene razón, como no puedes salir, por lo menos, concéntrate en los estudios.

María del Mar: ¡Vamos, que empieza la clase!

Estudia la ocupación del escenario

Escribe las acotaciones escénicas

1. Escribe en el diálogo, a lo largo de la escena, las indicaciones que precisan los actores:
– Dónde se tienen que situar los personajes y por qué.
– Su postura (sentado, de rodillas, de pie…).
– Qué movimientos tienen que hacer, desde dónde y hasta dónde y lo que lo motiva.

2. Enséñale tu trabajo a tu compañero para que lo comente.
– Mira, pienso que cuando dices… tienes que…
– Bueno, pero yo lo veo de otra forma. ¿Qué te parece si… ?

Imagina una nueva escena

Esteban, una semana después, habla con sus padres para que le perdonen.

▸ ***Prepara***
Puedes inspirarte en situaciones que has visto en esta unidad.

▸ ***Escribe***
Escribe unas diez réplicas.
No olvides las acotaciones escénicas referentes al lugar que ocupa cada personaje y a su postura.

▸ ***Actuad***
Con un(a) compañero(a), preparad y grabad después la escena a modo de radioteatro en mp3.

VIAJE 8

¿Nos cambian las maquinitas?

NOTION VISIONS D'AVENIR : CRÉATIONS ET ADAPTATIONS

escala 1

Proyecto **Argumento para vender una tableta** B1

Antes no había maquinitas p. 126 > L'expression du souhait

La familia digital p. 127 > Valeur de l'imparfait de l'indicatif

Google, ¿me haces los deberes? p. 128 > L'imparfait du subjonctif

Sintetiza p. 129 > *La tecnología* > *Los peligros*

escala 2

Proyecto **Recomiendo un buen uso de las redes sociales** A2

Amores del siglo XXI p. 130 > La place du pronom et l'enclise

Una cita a ciegas p. 131 > L'obligation impersonnelle

¡No te enredes en la red! p. 132 > L'obligation personnelle

Sintetiza p. 133 > *Las redes sociales* > *La precaución*

Lengua p. 134

Rumbo al bac p. 135

Mundo hispánico pp. 136-137
Encuentro virtual, acción concreta

Proyecto final **Realizo una cuña informativa** p. 138

Hoy teatro p. 139

Flashmob organizado para el festival Madrid en Danza

En directo

MP **3** ou CD classe **2 • 13**

A partir del diálogo y de las fotos, explica en qué medida las tecnologías nos han cambiado.

Azafatas virtuales en Chile

Exprésate

SUSTANTIVOS

la difusión – el encuentro – la cita – el aprendizaje – la sorpresa – el holograma – las instrucciones

VERBOS

divertirse (e>ie/i) – difundir – compartir – sustituir (ort.) – prestar atención

escala 1

Proyecto

Argumento para vender una tableta

→ p. 129

A Antes no había maquinitas

Manuel Fontdevila (España), *La parejita*, en *El jueves*, 25/04/2012

1. *personnage de jeu vidéo*
2. *une hache démolisseuse*

Léxico → Sintetiza p. 129

Sustantivos
el videojuego
la maquinita
la consola
el dibujo
el boli = el bolígrafo
la adicción a

Adjetivos
(estar) obsesionado(a)
(ser) adicto(a)
(ser) divertido(a)
(ser) paciente
estupendo(a)

Verbos
jugar (irr.)
dibujar
exigir (ort.) / pedir (e>i)
lloriquear
aburrirse
chillar
acordarse (o>ue) de

Lengua → Lengua p. 134

L'expression du souhait

«¿Qué quieres que ***dibuje****?»*

Le mode **subjonctif** est obligatoire après les verbes qui expriment **un souhait**. Le temps dépend de celui de la phrase.

OBSERVA

1. Mirando solamente los dibujos, ¿cómo crees que evoluciona la actitud de los personajes a medida que avanza la historia? ¿Por qué?

LEE

2. Lee las cuatro primeras viñetas y resume la diferencia de opinión entre madre e hijo completando el texto:
Óscar quiere que ... mientras que su madre piensa que ... . Pero el niño parece ... .

3. Elige la opción correcta y justifica tu respuesta. El dibujo que quiere Óscar es:
a. grosero
b. violento
c. ingenuo

INTERPRETA

4. Explica por qué Óscar reacciona de esa manera en la última viñeta.

5. ¿Qué crees que pretende denunciar el dibujante?

MÁS ALLÁ

¿Piensas que los videojuegos ejercen una mala influencia sobre los jóvenes? Justifica tu respuesta.
Yo no diría que... / Es cierto que algunos... pero en realidad...

■■■ *Dar su opinión* p. 238

B La familia digital

DVD CD classe 2 15

Una tarde en familia

PALABRAS DEL AUDIO

ser unos carcas (fam.): être rétrograde
las batallitas: les anecdotes
entorpecer (c>zc): gêner
dominar: maîtriser

OBSERVA

1. Describe el comportamiento de los niños de la fotografía y di si este tipo de situaciones es corriente en tu vida diaria.

ESCUCHA

2. Visiona el vídeo y explica de qué tipo de documento crees que se trata.

3. ¿Verdadero o falso? Justifícalo con elementos del audio.

a. La madre utiliza las redes sociales.
b. La madre opina que las nuevas tecnologías son indispensables.
c. El padre piensa que sabe utilizar las nuevas tecnologías.

4. ¿Te parece que las imágenes del vídeo confirman lo que dicen sus protagonistas? ¿Por qué?

5. Apunta expresiones de la grabación para explicar el desfase generacional entre el padre y sus hijos.
Los hijos piensan que sus padres son… y…

INTERPRETA

6. ¿Qué quiere demostrar el documento? ¿Se confirman tus hipótesis del principio sobre el carácter del mismo? Explica por qué.

MÁS ALLÁ

¿Qué uso hace tu familia de las nuevas tecnologías? ¿Os genera problemas?

Citar ejemplos p. 238

Léxico → Sintetiza p. 129

Sustantivos
el aparatito
las nuevas tecnologías
el entretenimiento
las redes sociales
el conflicto generacional

Adjetivos
antiguo(a)
(ser) entretenido(a)
(estar) atareado(a)
(estar) pasado(a) de moda
≠ (estar) de moda

Verbos
manejar
hacer (irr.) caso / prestar atención a
aislarse

Lengua → Lengua p. 134

Valeur de l'imparfait de l'indicatif

«En mis tiempos, con una piedra y un palo me ***entretenía****.»*

L'imparfait s'utilise pour **la description**, **la répétition** ou **l'habitude dans le passé**.

Fonética MP3

La synalèphe

Repite esta frase prestando atención al encadenamiento de las sílabas:
«Hasta ahora ***me he*** *manejado bien sin ellos.»*

C Google, ¿me haces los deberes?

Clase virtual a distancia

Ni las enciclopedias ni los padres. **La Red** es la primera fuente a la que los jóvenes acuden para obtener información a la hora de hacer trabajos de clase en casa. [...] «Antes ibas a la biblioteca y si querías copiar, podías, pero necesitabas más esfuerzo y terminabas entendiendo parte del trabajo», comenta Pere Marqués, profesor de Pedagogía Aplicada. Ahora no. Y hay ejemplos grotescos. Como el que cuenta Ana, una profesora de clases de apoyo[1] particulares que, al revisar un trabajo que uno de sus alumnos entregaba al día siguiente, se encontró con que el chaval había copiado hasta el nombre de la autora original, que era una chica. [...]

Luis, de 13 años, acude a un colegio privado de Madrid. Cuando llega a casa, se conecta a Internet y lo usa para hacer los deberes. Busca palabras que no entiende, consulta la agenda de actividades[2] que tiene que hacer para el día siguiente en el blog de su centro. Usa el Messenger para los trabajos en grupo. Cuenta que él no copia, pero que en su curso hay quienes «de vez en cuando» se pasan las soluciones de los deberes haciéndoles fotos con el móvil. [...] Si Luis y sus compañeros estuvieran juntos en una biblioteca, es probable que hicieran algo similar: se consultarían, charlarían de sus cosas y, si hay que copiar, se copia del cuaderno del de al lado. Pero su madre, María Hidalgo, no ve Internet con tanta naturalidad como su hijo. [...] Cree que más que estudiar, lo que hace su hijo es «ver vídeos absurdos y chatear».

SILVIA BLANCO, elpais.com, 29/04/2009

1. *cours de soutien* 2. *cahier de texte*

Léxico → Sintetiza p. 129

Sustantivos
la fuente de información
la herramienta
el corta-pega
los deberes / las tareas

Adjetivos
(ser) absurdo(a)
(ser) útil
(ser) fácil
(ser) rápido(a)
cómodo(a)

Verbos
chatear
intercambiar
ver (irr.) vídeos
copiar
cortar
pe**g**ar (ort.)
falsifi**c**ar (ort.)

Lengua → Lengua p. 134

L'imparfait du subjonctif dans la phrase conditionnelle

*«si [...] **estuvieran** juntos...»*

Dans une phrase au conditionnel, **le verbe de la subordonnée de condition est au subjonctif** imparfait en espagnol.
(En français il est à l'imparfait de l'indicatif.)

OBSERVA

1. Explica cómo usas las nuevas tecnologías en tus tareas escolares. Puedes apoyarte en la fotografía.

LEE

2. Partiendo del título, formula distintas hipótesis sobre el contenido del artículo.

3. Para el profesor, ¿la manera de trabajar de los alumnos ha cambiado? Justifica tu respuesta.

4. Según Ana, los alumnos hacen un mal uso de Internet. ¿Por qué?

5. Escribe tres usos que hace Luis de Internet.

INTERPRETA

6. Apoyándote en el texto, anota lo que cambiaría en tu forma de trabajar si Internet no existiera.
Si no... no podría...

MÁS ALLÁ

Describe una situación escolar en la que Internet te sirviera de mucha ayuda.

Evocar un recuerdo p. 238

Sintetiza

LA TECNOLOGÍA
MP3

Sustantivos
- la herramienta: *l'outil*
- la fuente de información
- el videojuego
- la consola
- el móvil: *le portable*
- el teclado: *le clavier*
- la pantalla: *l'écran*
- la red: *le réseau*
- las redes sociales
- el blog
- el chat

Adjetivos
- (estar) conectado(a)
- rápido(a)
- cómodo(a)
- útil
- (ser) innovador(a)

Verbos
- cortar
- pe**g**ar (ort.)
- jugar (irr.)
- subir ≠ bajar vídeos
- c**o**lgar (o>uc) en la Red: *mettre sur le Web*

LOS PELIGROS
MP3

Sustantivos
- el riesgo
- el peligro: *le danger*
- la influencia
- la incomunicación
- la adicción

Adjetivos
- (estar) aislado(a)
- adicto(a)
- (estar) enganchado(a) (fam.): *accro*
- (ser) peligroso(a)
- (ser) caprichoso(a)

Verbos
- influ**i**r (ort.) en
- aislarse
- engancharse
- entorpe**ce**r (c>zc)
- falsifi**c**ar (ort.)
- acosar a: *harceler*

Manejo el vocabulario

1 Completa estas palabras.

E........R C....R P......A

2 Busca el intruso y justifica tu elección.

la conexión ▪ la red ▪ el ratón ▪ la rata ▪ la pantalla ▪ el teclado

3 Reconstruye el anagrama.

aLs serde aslioces avofecren le octancto noc le ondum repo cenortepen al cionuincacóm ralifami

4 Busca otro título a los documentos de esta escala a partir de las palabras del apartado «Sintetiza».

Proyecto Argumento para vender una tableta

Trabajas en una tienda de informática y recibes a unos clientes españoles.
El hijo quiere que sus padres le compren una tableta electrónica, pero éstos se muestran reticentes. Tu jefe te encarga convencerlos para que la compren.
En grupos de tres, imaginad el diálogo.

■■■ *Convencer a alguien* p. 238

Proyecto

Recomiendo un buen uso de las redes sociales → p. 133

A Amores del siglo XXI

JMV (Jesús Martínez del Vas, España), «Redes sociales», 2009

1. ici, ma poule (fam.)
2. ici, me détacher

OBSERVA

1. A partir de los dibujos, deduce la situación de los personajes (quiénes son, dónde están y qué hacen).
2. Apunta el vocabulario relacionado con las redes sociales.

LEE

3. El chico está ligando (*est en train de draguer*) a la chica de manera extraña. Justifica esta afirmación.
4. ¿Qué crees que le ha pasado al chico en la última viñeta?

INTERPRETA

5. ¿Qué conclusiones saca el chico de esta experiencia?
6. Explica por qué crees que reaccionó así la chica.

MÁS ALLÁ

El chico ha aprendido la lección y ya no utiliza el vocabulario de las redes sociales para dirigirse a la chica. Vuelve a escribir el diálogo.

Léxico → Sintetiza p. 133

Sustantivos
el perfil
el estado
el muro

Adjetivos
(estar) ausente
(estar) desconectado(a)
(estar) disponible

Verbos
añadir
engancharse ≠ desengancharse
conectar ≠ desconectar

Lengua → Lengua p. 134

La place du pronom et l'enclise

*«¿**Nos** hacemos un muro a muro?»*
*«Tengo que desenganchar**me**.»*

Le pronom se place **devant un verbe** conjugué ou **attaché à la fin d'un verbe** (enclise) à l'infinitif, à l'impératif ou au gérondif.

B Una cita a ciegas

CD classe 2 17

Campaña de prevención del Ministerio de Industria

PALABRAS DEL AUDIO

le cuesta: elle a du mal
precavidos: prudents
engañar: tromper
quedar: se donner rendez-vous
una cita a ciegas: un rendez-vous à l'aveugle

OBSERVA

1. Apoyándote en los dibujos y en el título, explica el objetivo de esta campaña.

ESCUCHA

2. Escucha el principio del documento y precisa qué le ha pasado a la amiga de la locutora.
3. «Laura es una chica muy popular.» ¿Verdadero o falso? Justifica tu respuesta citando la grabación.
4. Laura habla de una ventaja que tiene Internet. Di de qué se trata.
5. Explica cuál es el dilema de Laura.
6. Elije la opción correcta y justifícala con la grabación:
 a. El chico piensa que: las personas que conocemos por Internet son de fiar / hay que tener cuidado con la identidad de las personas en Internet.
 b. Laura está triste por la actitud de sus compañeros. / Laura no presta atención a la actitud de sus compañeros.

INTERPRETA

7. Según el chico, ¿Laura debería ir a la cita? ¿por qué?
8. Da tu opinión sobre el caso de Laura.

MÁS ALLÁ

Haz cinco recomendaciones a esta chica para evitar problemas en las redes sociales.
Hay que... / Yo que tú... / Ten cuidado con...

Aconsejar p. 238

Léxico → Sintetiza p. 129

Sustantivos
el encuentro
la cita
la suplantación
la impostura

Adjetivos
(estar) ilusionado(a)
(ser) arriesgado(a)
(ser) peligroso(a)
(ser) ingenuo(a)

Verbos
chatear
mandar una foto
ver por vídeo

Lengua → Lengua p. 134

L'obligation impersonnelle

«***Hay que*** *tener en cuenta.*»

Lorsqu'il n'y a pas de sujet identifié mais qu'il s'agit d'un conseil général on utilise ***hay que*** + **infinitif**.

C ¡No te enredes en la red!

Seguro que tienes cuenta en Tuenti, Facebook o Twitter y que ahí publicas todo lo que piensas, todo lo que te sucede y lo que te gusta, subes imágenes del fin de semana y quedas con los colegas.

¿Alguna vez has pensado cómo utilizar todas estas cosas de una forma segura?

1 Ten cuidado con **la información** que proporcionas en tu perfil. No sabes lo que [otros] van a hacer con tu información personal.

2 Deberías utilizar **un alias** o tus iniciales en lugar de tu nombre. Considera cambiar tu foto por una imagen gráfica, o de tu grupo favorito, para que los extraños no tengan manera de acceder a una imagen de ti.

3 No es una gran idea poner **dónde estás** en cada momento en tu perfil, o dónde vives. Aunque parezca una información inofensiva, hay gente que puede utilizar esta información de forma maliciosa.

4 Piensa que cuando compartes **pensamientos personales** que deseas que todos puedan ver, tienes que ser responsable con lo que publicas, ya que Internet es un sitio público y lo puede ver todo el mundo.

5 Acepta como **amigos** en la red social únicamente a quienes son tus amigos en la vida real.

6 Si alguien te está **intimidando** a través de la red social, ponte en contacto con un adulto de tu confianza. Además, comenta la situación a los administradores de la red social.

7 Ajusta **la configuración** de privacidad de tu cuenta de modo que sólo tus amigos accedan a tus datos.

8 Cuidado con **los comentarios,** fotos y vídeos que subes a tu perfil, lo que hoy puede parecer gracioso, mañana puede que no lo sea.

IES Arrecife, Departamento de Orientación, Plan de Acción Tutorial

Léxico → Sintetiza p. 133

Sustantivos
la desventaja
la contraseña
el robo de identidad
la precaución
la cautela
la confianza
la privacidad
el(la) extraño(a)

Adjetivos
(ser) apto(a)
mayor
(ser) agradable
(ser) engañoso(a)
(ser) gracioso(a)
(ser) responsable

Verbos
contactar con
agre**g**ar (ort.)
perjudi**c**ar (ort.)
traicionar
configurar
proporcionar

Lengua → Lengua p. 134

L'obligation personnelle

«***Tienes que ser*** *responsable.*»

Tener que **+ infinitif** exprime l'obligation personnelle.

OBSERVA

1. ¿Qué simboliza la foto?

LEE

2. Según el documento, ¿son seguras las redes sociales? Justifica tu respuesta basándote en la introducción del texto.

3. Busca en el texto tres riesgos que corres al publicar información personal en las redes sociales.

4. ¿Cómo se pueden evitar esos riesgos? *Tenemos que...*

INTERPRETA

5. Clasifica los riesgos citados según conciernan la identidad, la reputación o la vida privada, y completa cada categoría con otro riesgo.

6. ¿Piensas que lo que publicas en Internet sólo te puede perjudicar a ti? Contesta apoyándote en el texto.

7. ¿Crees que los jóvenes son conscientes de la diferencia entre el mundo virtual y el real? Explícalo por escrito.

MÁS ALLÁ

¿Cuál es la red social que más utilizas?, ¿por qué?, ¿para qué la usas?

Expresar preferencias p. 239

Sintetiza

LAS REDES SOCIALES
MP 3

Sustantivos
- la cuenta
- la contraseña
- la transferencia
- el estado
- el perfil
- la interacción

Adjetivos
- (estar) colgado(a)
- ausente
- desconectado(a)
- disponible

Verbos
- enviar / mandar
- chatear
- comunicarse con / contactar con
- postear / publicar
- agregar

LA PRECAUCIÓN
MP 3

Sustantivos
- la cautela
- la confianza
- la visibilidad
- la cercanía: *la proximité*

Adjetivos
- (ser) cuidadoso(a): *soigneux(euse)*
- (ser) respetuoso(a)
- (ser) peligroso(a)
- (ser) traicionero(a)
- engañoso(a)
- (ser) precavido(a)

Verbos
- tener (irr.) cuidado con
- fiarse de ≠ desconfiar de
- tomar precauciones

Manejo el vocabulario

1 Localiza el intruso y explica por qué lo es:
ausente ▪ desconectado ▪ traicionero

2 Completa según el modelo:
el engaño → engañoso
el cuidado → ... | el miedo → ...
... → peligroso | ... → respetuoso

3 Busca en las listas un verbo que se construya con una preposición diferente en español y en francés.

4 Completa el siguiente texto con el vocabulario de este «Sintetiza»:

Hoy en día la gente se comunica más a través de .... El problema es que muchos no toman ... y .... En sus cuentas de Facebook o de Tuenti ... información sobre su .... A veces las fotos de ... pueden ser ..., porque nos pueden perjudicar. Por eso hay que ... de lo que vemos en las redes sociales y proceder con mucha ....

Proyecto Recomiendo un buen uso de las redes sociales

Da cinco consejos a tus compañeros para un buen uso de Internet.
Céntrate en su carácter educativo y de herramienta de comunicación.
Aconsejar p. 238

Lengua

escala 1

L'expression du souhait → p. 221

1. Conjugue le verbe au temps et mode adéquats.
a. Mi madre quiere que (dejar) los videojuegos por un tiempo.
b. A mí me gustaría que mis padres (ser) más comprensivos.
c. Todos los padres desean que sus hijos no (perder) el tiempo en tonterías.
d. Cuando éramos pequeños queríamos que nuestros padres (jugar) con nosotros.

2. Réécris ces phrases au passé.
a. Quiero que vengas.
b. Mi padre desea que estemos presentes.
c. Mi madre quiere que haga los deberes.
d. Espero que termine pronto.

L'imparfait de l'indicatif → p. 215

3. Complète le dialogue en conjuguant les verbes aux temps qui conviennent.
Hijo(a): ¿Mamá, cómo te (divertirse) cuando (ser) joven?
Madre: Ay, cariño, ¿por qué (querer) saberlo?
Hijo(a): Es que (tomar una decisión) de dejar los videojuegos por un tiempo.
Madre: Me parece muy bien. Pues mira, al salir de clase, primero (hacer) mis deberes, y después (quedar) con mis amigas para dar un paseo. Entonces (comentar) lo que había pasado en el instituto, (hablar) de los chicos de la clase…
Hijo(a): ¡Pues veo que antes (hacer) lo mismo que ahora!

4. Trouve l'intrus et explique pourquoi :
a. explicaría b. se divertía c. hablaba

L'imparfait du subjonctif dans la phrase conditionnelle → p. 218

5. En partant du modèle ci-dessous, rédige trois phrases en utilisant les mots proposés.
Si no fuera tan peligroso, compartiría más fotos.
a. Internet – existir – copiar – menos
b. tener – ordenador – ir – biblioteca
c. pasar el día – pantalla – salir – los amigos

6. Complète le texte en conjuguant le verbe entre parenthèses au passé simple ou au subjonctif imparfait.
No estaba seguro de que María (estar) en línea. Me (decir) ayer que si terminaba sus tareas temprano se conectaría. La verdad es que esperaba que mi conexión a Internet (funcionar) para poder chatear.

escala 2

La place du pronom et l'enclise → p. 207

7. Mets ces phrases à l'impératif de la 2e personne du singulier. Attention à la place du pronom.
a. Te callas y te vas a tu cuarto.
b. Me envías una foto.
c. Me añades a tus contactos.
d. Me escribes un mensaje.

8. Change la place du pronom quand cela est possible.
a. ¿Te puedo pedir un favor?
b. Yo sé manejarme bien con el ordenador.
c. Estás creándote una nueva cuenta.
d. Préstame tu consola, por favor.

9. Ajoute un pronom personnel complément ou réfléchi lorsque cela est possible.
a. Usted pasa demasiado tiempo delante del ordenador.
b. Quiero conectar esta noche.
c. A ti te gusta decir lo que tengo que hacer.
d. No quiero que tengas mala nota en este ejercicio, así que ¡termina!

L'obligation impersonnelle → p. 220

10. Donne cinq conseils généraux sur l'utilisation des réseaux sociaux en formant des phrases avec les verbes suivants :
tener cuidado ▪ prestar atención ▪ aceptar ▪ colgar ▪ bloquear

11. Donne ces conseils en espagnol.
a. Il faut éviter de trop jouer sur des écrans.
b. Il faut que je fasse attention.
c. Il ne faut pas poster de données personnelles.
d. Il faut qu'ils travaillent plus.

L'obligation personnelle → p. 220

12. Transforme ces ordres en obligations.
a. ¡No hables con desconocidos!
b. ¡Consultemos nuestros mails!
c. ¡Id a esta nueva tienda!
d. ¡Mire las ventajas de esta tableta!

13. Complète ce texte avec l'obligation personnelle ou impersonnelle.
En general … utilizar Internet con mucha precaución. Sobre todo los adolescentes, … desconfiar de lo que ven en las redes sociales. En efecto, hay mucha gente que no es quien dice ser, y por eso no … agregar como contacto a desconocidos. Los padres también … ser cuidadosos con lo que sus hijos publican en las redes.

Comprensión oral

CD classe 2 18 1'13"

Un intercambio dinámico

En una primera escucha, apunta los puntos siguientes:

– los diferentes locutores y el carácter del documento sonoro,

– la definición de una red social,

– las ventajas de las redes sociales.

▸ **Apunta en una primera escucha las palabras relacionadas con las redes sociales y clasifícalas por locutores.**

Expresión oral

Las redes sociales

A partir del dibujo, contesta a la pregunta que da nombre a esta unidad: «¿Nos cambian las maquinitas?»

– Comienza por hacer una síntesis de los cambios que han generado las nuevas tecnologías (apóyate en la ilustración y completa con dos ejemplos más).

– Después, defiende los puntos positivos de estos cambios.

– A continuación, matiza tu discurso haciendo referencia a la parte negativa.

– Finalmente, propón algunas soluciones que contrarresten esos puntos negativos.

Andreu Faro (Español)

▸ **Marca la evolución utilizando los distintos tiempos del pasado y del presente.**

Mundo hispánico

Encuentro virtual, acción concreta

Traspasando fronteras

Te damos la bienvenida a CEXT, el portal de los jóvenes españoles en el exterior. Aquí nos comunicamos entre nosotros y con nuestras asociaciones y centros de españoles. Éste es un espacio para compartir intereses e inquietudes y para proporcionar recursos[1] útiles para los que están fuera de España. Buscamos ser el blog colaborativo por excelencia de los jóvenes españoles en el extranjero. [...]

- Conocerás a personas con tus mismos intereses e inquietudes.
- Estarás al tanto[2] de toda la actualidad relacionada con la ciudadanía exterior: becas[3], ofertas de trabajo, actividades culturales, etc.
- Si tienes algo que contar, ¡aquí te escuchamos!, ¡publica y empieza a formar parte de esta gran red de blogueros que es CEXT!
- Además, podrás crear grupos temáticos y reunir a personas con tus mismos intereses.

Y es que CEXT traspasa fronteras culturales y geográficas, dando voz a los individuos y convirtiendo a cada uno de ellos en el auténtico protagonista de la red. ¿A qué esperas?

cext.es

1. = ayudas: *ressources* 2. *tu seras au courant* 3. *bourses*

Tradición y modernidad

La agencia de noticias SERVINDI presenta un renovado servicio informativo con noticias, informes especiales, entrevistas y producciones audiovisuales relacionadas con el acontecer[1] indígena y ecológico nacional y mundial.

Por medio de este espacio buscamos fortalecer[2] el protagonismo de los pueblos y comunidades indígenas [...] a través de la difusión de sus problemas, acciones, propuestas.

Incluimos nuevas secciones en nuestro portal Web para brindar[3] un panorama más completo y reflexivo de la realidad.

Para ello, la agencia de noticias SERVINDI facilita la posibilidad de descargar y reproducir libremente sus contenidos –citando la fuente y sin fines de lucro[4]– e interactuar de forma directa con nuestras usuarias y usuarios por medio de comentarios y votación.

servindi.org

1. *évènements* 2. *renforcer* 3. *offrir* 4. *à but non lucratif*

Echando una mano con la red

La Fundación Logística Humanitaria es una organización sin ánimo de lucro e independiente que se dedica a apoyar al trabajador humanitario en el proceso de compra de insumos[1] y logística en situaciones de emergencia, proyectos de desarrollo[2] y reconstrucción.

La forman un equipo de jóvenes profesionales [...] que con pasión y esfuerzo [quieren] ser una herramienta útil para una ejecución eficiente de los proyectos.

Trabajamos día a día para que la logística y el proceso de acopio[3] sean realizados respetando los derechos humanos. [...]

Apúntese y podrá:

- Conocer gente con interés humanitario.
- Compartir información relevante sobre acciones humanitarias.
- Descubrir oportunidades laborales o proyectos interesantes.
- [Cooperar] con otros proyectos y personas en el terreno.

logisticahumanitaria.org

1. *matériels* 2. *développement* 3. *collecte*

Prepárate con los documentos de la página

1 Lee los textos y explica en qué medida estas tres páginas de Internet pueden compararse a redes sociales.

2 Haz una lista con las ventajas de las diferentes iniciativas a nivel personal y mundial.

Debate

¿Las redes sociales son un artificio o una necesidad para el mundo?

Infórmate con la web

Busca en Internet las redes sociales españolas y latinoamericanas que existen. Cuando acabes, explica a tus compañeros(as) la que más te gustó y por qué.

B2i *Repérer, lors des recherches et de la navigation, les traces personnelles issues de la collecte.*

Proyecto FINAL

Realizo una cuña informativa

Campaña de Agencia Vasca de Protección de Dato y Departamento de Educación, Universidades e investigación del Gobierno Vasco.

PREPARACIÓN

Recordad una situación que hayáis vivido en la que una persona se haya entrometido en vuestra vida privada mediante Internet, causándoos problemas.

ETAPA 1

En grupos de 3

Redactad lo que ocurrió.

Un día, mientras estaba... un(a) chico(a)...

ETAPA 2

Explicad por qué creéis que os sucedió esto.

Pudo ser por desconocimiento de Internet; por falta de precaución en algo que publicasteis en la red; porque otra persona publicó algo sobre vosotros...

En esa época, yo no era consciente de que...
Me pasó esto porque...

ETAPA 3

Escribid un pequeño eslogan que advierta de los riesgos de Internet y dad dos consejos para evitar que esa situación se repita con otras personas.

Ten cuidado, Internet puede...
Recuerda: no te olvides de...

Consejos

- Para las escenas del **pasado**, utilizad el **imperfecto del indicativo** y el **pretérito**.
- Utilizad el **vocabulario** de las nuevas tecnologías apropiado.
- Para vuestras **advertencias y consejos**, utilizad adecuadamente **la obligación personal e impersonal**.

ACCIÓN

ETAPA 4

Grabad el testimonio y concluid por vuestro eslogan y los dos consejos.

facultativo

B2i Realizad un montaje con Movie Maker o PowerPoint.

Tenéis que ilustrar con imágenes los diversos momentos de la cuña: el problema descrito, el eslogan, así como los consejos. Podéis tomar como ejemplo la campaña estudiada en la «Escala 2».

Hago balance

→**Respect de la consigne** (fond et forme)	3 puntos	→**Prononciation correcte et respect de la prosodie**	2 puntos
→**Choix pertinent de la situation décrite**	3 puntos	→**Réalisation finale, présentation**	2 puntos
→**Richesse linguistique** (vocabulaire/verbes)	8 puntos	→**Investissement dans le groupe de travail**	2 puntos

Total: .../20 puntos

¡Hoy teatro!

TRABAJO EN GRUPO

CD classe 2 MP3 19

Esteban y María del Mar están estudiando en casa de esta última.

ESTEBAN [CON EXPRESIÓN DE ABURRIMIENTO Y ACERCÁNDOSE A MARÍA DEL MAR]: María del Mar, mujer, ¡no seas tan obstinada! Quiero que me prestes tu ordenador, ¡anda!

MARÍA DEL MAR [SENTADA A SU ESCRITORIO LEYENDO. SE ENFADA]: ¡Que no! No tienes que insistir. Ya te he dicho que para mejorar tus notas no puedes recurrir siempre a Wikipedia.

ESTEBAN [SE DA LA VUELTA Y EMPIEZA A DAR VUELTAS POR EL CUARTO]: Pero ¡qué pesada eres! ¡Ni que fueras mi madre! ¿A ti qué te importa lo de mis notas?

MARÍA DEL MAR [SUELTA EL LIBRO, SE LEVANTA Y CAMINA HACIA ESTEBAN]: ¡El pesado eres tú! ¡Y además, vago! Mira, ¿sabes lo que te digo? ¡Haz lo que quieras! ¡Pero después no vengas a decirme que al profe le caes mal y que te catea[1]!

ESTEBAN [SATISFECHO Y BURLÓN, CORRE A SENTARSE DELANTE DEL ORDENADOR]: No te preocupes, que ya verás cómo saco mejor nota que tú.

MARÍA DEL MAR [MIRÁNDOLO CON CINISMO]: ¡Hombre, por supuesto! ¡Hasta que el profe se entere de que lo copiaste todo! [ESTEBAN COMIENZA SU BÚSQUEDA EN INTERNET, Y EN UN PISPÁS[2] TERMINA SU TRABAJO, LO IMPRIME Y EMPIEZA A CHATEAR EN FACEBOOK.]

MARÍA DEL MAR [IMPACIENTÁNDOSE, YENDO Y VINIENDO HACIA ESTEBAN]: ¿Y se puede saber por qué sigues en el ordenador si ya has terminado el trabajo?

ESTEBAN [DISTRAÍDO Y SORPRENDIDO]: ¡Es que estaba comentando la nueva foto de Ana!

MARÍA DEL MAR: Ay, Esteban, ¡la verdad es que no puedo contigo!

MADRE [VOZ EN OFF]: Chicos, ¿habéis terminado las tareas?

ESTEBAN: ¡Sí!

MARÍA DEL MAR [A LA VEZ, ENFADADA]: ¡No!

1. il te saque
2. en deux temps, trois mouvements

Desplázate por el escenario

Estudia los desplazamientos

1. Explica el motivo de discusión entre María del Mar y Esteban.

2. Señala los diferentes sentimientos que experimentan los personajes y ordénalos cronológicamente: risa ▪ satisfacción ▪ enfado ▪ insistencia ▪ sorpresa ▪ exasperación ▪ impaciencia

3. Explica el movimiento que acompaña cada emoción de los personajes.

4. Apunta las expresiones que muestran el enfado y la insistencia.

Improvisad una escena de discusión

En grupo de dos, imaginad el diálogo entre María del Mar y Esteban después de que el profesor haya entregado las notas. María del Mar quiere ver los comentarios que el profesor ha hecho sobre el trabajo de Esteban, pero éste se niega a enseñárselos.

▶ ***Preparad***

– Lo que le ha reprochado el profesor.
– Los argumentos con los que se defendería Esteban.
– Lo que va a opinar María del Mar.
– Los desplazamientos y actitudes de cada personaje.

▶ ***Improvisad***

Un(a) alumno(a) hace de Esteban y otro(a) de María del Mar. Improvisad el diálogo entre los dos personajes. No os olvidéis de moveros según lo que queréis expresar. Comienza a hablar María del Mar.

NOTION SENTIMENT D'APPARTENANCE : SINGULARITÉS ET SOLIDARITÉS

VIAJE 9

Este verano, ¡responsabilízate!

escala 1

Proyecto **Paso una entrevista para un trabajo de verano** B1

- Dar un paso adelante p. 142 — > Les constructions directes
- Una chica muy astuta p. 143 — > Les pronoms personnels compléments
- Buscar trabajo es un trabajo p. 144 — > L'impératif négatif
- ***Sintetiza*** p. 145 — > *Un trabajo para el verano* > *La entrevista de trabajo*

escala 2

Proyecto **Explico mi voluntariado por *emilio*** A2

- La experiencia de tu vida p. 146 — > L'idée de futur dans la subordonnée
- Solidaridad egoísta p. 147 — > Les verbes à prépositions différentes
- Tu misión en la playa p. 148 — > Le futur régulier
- ***Sintetiza*** p. 149 — > *El voluntariado* > *Los beneficios*

Lengua p. 150

Rumbo al bac p. 151

Mundo hispánico pp. 152-153
Este verano, ¡actúa en verde!

Proyecto final **Presento una causa solidaria** p. 154

Hoy teatro p. 155

Jóvenes limpiando las costas

En directo MP 3 ou CD classe 2 • 20

Escucha el diálogo y explica cómo las fotos ilustran el verano que van a vivir los dos amigos.

Exprésate

SUSTANTIVOS
el ocio: *les loisirs* – el descanso – el placer – el civismo – la iniciativa solidaria – el trabajillo – el repartidor: *le livreur*

VERBOS
disfrutar de – tomar el sol – salir (irr.) de fiesta – responsabilizarse – colaborar – ganar dinero

Jóvenes jugando al voleibol de playa

escala 1

Proyecto

Paso una entrevista para un trabajo de verano → p. 145

A Dar un paso adelante

CD classe 2 21

Léxico → Sintetiza p. 145

Sustantivos

el curro (fam.): *le boulot*
el dinero de bolsillo: *l'argent de poche*
el sueldo: *le salaire*
la experiencia laboral
el(la) camarero(a): *le(la) serveur(euse)*
el(la) cajero(a): *le(la) caissier(ère)*

Adjetivos

(ser) estacional: *saisonnier*
(ser) puntual
(ser) trabajador(a)

Verbos

ahorrar: *économiser*
contratar a alguien: *recruter (qqn)*
buzonear: *distribuer de la publicité*

Lengua → Lengua p. 150

Les constructions directes

«***Decidieron Ø*** dar un paso adelante.»

Certains verbes se construisent **sans préposition** en espagnol : ***decidir Ø*** (décider de) ***intentar Ø*** (essayer de) ***necesitar Ø*** (avoir besoin de) ***permitir Ø*** (permettre de) ***conseguir Ø*** (réussir à)

Fonética

MP3

La ponctuation

Memoriza y repite esta frase. ¡Ojo, tienes que respetar la puntuación!

«Uno tiene una responsabilidad de venir todos los días, de levantarse temprano, de que no puedes faltar, de que no puedes fallar a los jefes si te están dando una oportunidad. Entonces, uno se hace más responsable.»

PALABRAS DEL AUDIO

plata: ici, argent
un gustito: un petit plaisir
una carrera: un cursus universitaire
permiso: autorisation
vendedora-reponedora: vendeuse-employée de mise en rayon
los reclutadores: les recruteurs

OBSERVA

1. Observa las fotos. En tu opinión, ¿a qué trabajos remiten?

ESCUCHA

2. En este reportaje, determina cuántas personas hablan y di quiénes son.

3. Apunta las tres motivaciones principales que, según el documento, mueven a los jóvenes a buscar un trabajo de verano.
Los curros de verano suelen ser interesantes para los jóvenes porque permiten…

4. ¿Verdadero o falso? Justifica tu respuesta con elementos sacados de la grabación.
a. En Chile, los jóvenes pueden trabajar a partir de los 16 años.
b. Los jóvenes necesitan el acuerdo de los padres para acceder a un empleo.

5. Completa la frase a partir de lo que has entendido.
Según Jennifer, trabajar durante el verano implica nuevas responsabilidades: tiene que… y no puede…

MÁS ALLÁ

A partir de la grabación y con tus propias ideas, explica por qué un primer trabajo de verano es «una gran experiencia».
Un primer trabajo de verano permite… / Por otro lado, también implica esfuerzos como… / Además, para el futuro…

Hacer balance p. 239

B Una chica muy astuta

La joven Ru decide buscar trabajo y habla con su hermano Raúl.

–Papá me ha dicho que no me querrá nadie, aunque sea sin contrato. Que soy demasiado pequeña.

–Y tiene razón, pero hay algunos trabajillos para los cuales incluso cogen a mocosas[1] como tú: buzoneo para tiendas del barrio, canguros[2] y cosas por el estilo...

¡Canguro! ¡Por supuesto! [...] ¿Cómo no se le había ocurrido antes? [...].

Va a despertar a su hermano Rúben para más información.

Le interroga sobre el sueldo que puede ganar como canguro.

–¡¿Qué?! –salta Ru, indignada, después de hacer cálculos. [...] ¡No hay derecho! Está muy mal pagado. Con ese sueldo, jamás conseguiré el dinero que necesito.

***

Horas más tarde, la solución se la dan sus amigas...

–¡Trillizas! ¡Mellizas![3] ¡Ya lo tengo!

Ru se levanta de un salto [...] mientras explica su GRAN idea. El secreto está en especializarse. No puede ser una canguro como cualquier otra. No. Tiene que ofrecerse como canguro de lujo; a precio de lujo, claro. Será canguro de mellizos. Allí mismo redacta el anuncio:

«Chica normal se ofrece de canguro. Gran experiencia en mellizos, trillizos y cuatrillizos.» [...]

–Yo no tendré niños –afirma, rotunda, Sheila.

–Yo sí –añade Nadia, y no sé si te los dejaría para que les hicieses de canguro. No te gustan los niños y no tienes mucha paciencia...

Anna Manso (España), *Una chica N.O.R.M.A.L. se ofrece de canguro*, 2013

1. *ici, des gamines*
2. *baby-sitters*
3. *des triplées, des jumelles*

OBSERVA

1. Observa la foto y di de qué trabajo se trata. ¿En qué consiste?

LEE

2. Presenta a la protagonista y di por qué no encuentra trabajo.

3. ¿Cuál es su principal motivación? Elige la respuesta correcta y justifícala citando el texto.
a. Trabajar con niños. b. Ganar mucho dinero. c. Adquirir experiencia.

4. Al final, ¿quién encuentra una solución interesante para Ru?

5. Completa la frase para explicar en qué consiste la estratagema.
Cuidar de un solo niño permite cobrar un sueldo, pero...

INTERPRETA

6. Di si te parece que Ru podría ser una buena canguro.

MÁS ALLÁ

Redacta tu propio anuncio para ofrecerte como canguro. No te olvides de presentarte y de hablar de tus cualidades y disponibilidad.
Me ofrezco de... / Soy una persona... / Estoy disponible...

Expresar motivación p. 239

Léxico → Sintetiza p. 145

Sustantivos
la voluntad
el cariño: *la tendresse*
la estratagema: *le stratagème*
la mentira: *le mensonge*
el riesgo

Adjetivos
(ser) astuto(a): *rusé(e)*
decidido(a): *déterminé(e)*
(estar) decepcionado(a)

Verbos
cuidar de: *s'occuper de*
cobrar: *ici, percevoir un salaire*
engañar: *tromper*
preguntar por: *interroger sur*
multiplicar (ort.)
cumplir con los requisitos: *remplir les conditions*

Lengua → Lengua p. 150

Les pronoms personnels compléments

«La solución ***se la*** dan sus amigas.»

À l'inverse du français, **l'ordre des pronoms est COI puis COD**.

Les pronoms ***le*** et ***les*** **sont remplacés par** ***se*** devant ***lo***, ***la***, ***los*** et ***las***.

C Buscar trabajo es un trabajo

1. ne te décourage pas
2. équivalent espagnol du Diplôme National du Brevet (en fin de seconde en Espagne)
3. plombier
4. par rotation horaire

Servicio de Promoción de empleo del Ayto de San Martín del Rey Aurelio (Asturias, España)

Alfonso Zapico, cómic para las «Guías de orientación laboral», 2011

Léxico → Sintetiza p. 145

Sustantivos
la entrevista de trabajo
el(la) consejero(a)
las prácticas: *le stage*
el diploma

Adjetivos
(estar) desanimado(a): *découragé(e)*
(estar) angustiado(a): *angoissé(e)*
(ser) sincero(a)
sonriente
(ser) entusiasta
(ser) pesimista
(ser) voluntario(a)

Verbos
valorar: *apprécier*
resaltar: *faire ressortir*
pedir (e>i) consejo

Lengua → Lengua p. 150

L'impératif négatif

*«No te **desanimes**.»*

L'ordre négatif est donné, à toutes les personnes, **par le présent du subjonctif**.

OBSERVA

1. Observa el título y las dos primeras viñetas y explica quiénes son los personajes.
2. Fíjate en el personaje del chico y deduce qué sentimientos experimenta a lo largo de la entrevista.

LEE

3. ¿Verdadero o falso? Justifica tu respuesta con elementos del tebeo.
a. Jorge no tiene ningún diploma.
b. Tiene una pequeña experiencia laboral.
c. Jorge tiene muchas exigencias y condiciones para su futuro trabajo.
4. Apoyándote en el texto, comprueba tus hipótesis de la pregunta 2.
5. Analiza los puntos positivos y los puntos débiles de la candidatura de Jorge, y di si para ti es un buen candidato.

INTERPRETA

6. En tu opinión, ¿qué trabajo de verano le vendría bien a Jorge? Ten en cuenta sus cualidades, diplomas y disponibilidad.
Puesto que Jorge es/tiene/quiere... creo que le vendría bien un trabajo de... porque...

MÁS ALLÁ

Dale cuatro consejos a Jorge para que pueda encontrar un empleo.
No seas... / No aceptes... / Te aconsejo que...

■■■ ***Aconsejar*** p. 238

Sintetiza

UN TRABAJO PARA EL VERANO

MP 3

Sustantivos
- la paga (semanal)
- el entusiasmo
- la oportunidad
- los estudios
- el(la) canguro
- el(la) repartidor(a)
- el(la) camarero(a)
- el buzoneo

Adjetivos
- estacional
- trabajador(a)
- voluntario(a)
- (ser) agradable
- (estar) disponible
- puntual

Verbos
- ganar
- cobrar
- gastar
- ahorrar
- financiar
- responsabili**z**arse (ort.)
- necesitar: *avoir besoin de*

LA ENTREVISTA DE TRABAJO

MP 3

Sustantivos
- el contrato
- las prácticas
- el sueldo
- la experiencia laboral
- el horario
- el requisito
- la motivación
- el interés

Adjetivos
- sincero(a) = (ser) honesto(a)
- (ser) optimista
- (ser) abierto(a)
- (ser) peligroso(a): *dangereux*
- (ser) penoso(a)

Verbos
- permitir
- contratar
- consistir en
- valorar
- recha**z**ar (ort.)

Manejo el vocabulario

1 A partir de los verbos, busca los trabajos de verano: repartir → repartidor

vender → ... buzonear → ...
animar → ... informar → ...

2 ¿A qué palabras corresponden las definiciones siguientes?

a. Remuneración que recibe una persona por cumplir un trabajo.

b. Persona encargada de cuidar a niños pequeños en ausencia de los padres.

c. Documento oficial que recoge las condiciones de un empleo.

3 Busca al intruso y justifica tu respuesta.

canguro | disponible | trabajador | honesto | puntual

4 Completa la frase siguiente con palabras de este «Sintetiza».

Durante las vacaciones, puedes conseguir un ... de verano para ganar ..., para adquirir ... o incluso para financiar ... .

Proyecto Paso una entrevista para un trabajo de verano

Por parejas, preparad e interpretad una entrevista para un trabajo de verano que os interese.
El reclutador explicará en qué consiste el trabajo y cuáles son los requisitos necesarios, y el candidato hablará de su experiencia y de sus motivaciones.

Reclutador: Este trabajo consiste en... e implica...

Candidato: Tengo experiencia previa, porque... / Soy una persona... / Estoy disponible a partir de...

Expresar motivación (candidato) • Aconsejar (reclutador) pp. 238, 239

escala 2

Proyecto

Explico mi voluntariado por *emilio*

→ p. 149

A La experiencia de tu vida

Campaña de la Fundación Alianza por la Solidaridad

Léxico → Sintetiza *p. 149*

Sustantivos

el voluntariado
el sello: *le timbre / le tampon*
el pasaporte
la campaña de captación: *la campagne de recrutement*
la obra: *ici, le chantier*
la estancia: *le séjour*
el compromiso: *l'engagement*

Adjetivos

(ser) recíproco(a)
(ser) inolvidable
(ser) enriquecedor(a): *enrichissant(e)*

Verbos

remitir a: *faire référence à*
prom**o**ver (o>ue)
patrocinar: *sponsoriser*
compaginar: *concilier*
auxiliar = ayudar: *aider*
captar: *recruter*

Lengua → Lengua *p. 150*

L'idée de futur dans la subordonnée

*«Todo lo que **trabajes** beneficiará a mucha gente.»*

Pour exprimer une **action future dans une subordonnée de temps**, on utilise le **subjonctif présent** en espagnol.

OBSERVA

1. ¿Verdadero o falso? Justifica tu respuesta con elementos del cartel.

a. Se trata de un anuncio patrocinado por una agencia de viajes.
b. El cartel promueve vacaciones de lujo en España.
c. Las fotos representan «vacaciones útiles».

2. Este proyecto combina dos objetivos. ¿Cuáles son? Explica con tus propias palabras los propósitos del viaje.

a. Viajar y hacer deporte.
b. Viajar y aprender idiomas.
c. Viajar y trabajar como voluntario.

Este tipo de proyecto no sólo permite..., sino que también...

LEE

3. «Todo lo que trabajes beneficiará a mucha gente... Empezando por ti.» Explica por qué los beneficios de un viaje solidario son recíprocos.

INTERPRETA

4. A partir de las fotos, imagina qué harán los voluntarios que participen en este proyecto.

Cuando lleguen al país de destino...

MÁS ALLÁ

Di si te gustaría participar en un proyecto como éste y precisa en qué ámbito.

¡Claro! Me gustaría mucho, porque...
No me atrae en absoluto, porque...

Expresar motivación* • *Rechazar algo p. 239

B Solidaridad egoísta

Dos voluntarias presentan un proyecto solidario.

–Para sentirse útil a los demás, no es preciso marcharse a Senegal ni a Kuala Lumpur. Hacer una buena obra no siempre consiste en dejarse la pasta[1]. Podemos encontrar otras maneras, más cercanas. Para ciertas personas, por ejemplo, un poco de conversación ya es mucho. [...]

–En Bricolaje Solidario tratamos de ayudar a que las viviendas[2] de nuestros semejantes necesitados sean más habitables o resulten más acogedoras[3]. Cambiar un cristal roto[4], reparar un mueble, arreglar un enchufe son tareas para los voluntarios de Bricolaje Solidario. ¡Colaborad! ¡Os esperamos!

–Gracias por escucharnos y gracias también a vuestros profesores por permitirnos hablar.

Las dos chicas sonrieron y se dirigieron a la salida. [...]

–¡Tenemos que ir, Ernesto! ¡Tenemos que ir! ¿Sabes tú lo que se liga en las Oenegés[5]?

–Ni idea, la verdad.

–Un montón, que te lo digo yo. ¡Un montón! Lo sé de buena tinta[6]. Me lo ha dicho un primo mío que no se comía una rosca[7] hasta que se apuntó a Payasos[8] Sin Fronteras. [...]

–Hombre, Nicasi, no te ofendas, pero entre ser solidario con los necesitados y ligar contigo por compasión, hay una sutil diferencia.

FERNANDO LALANA y JOSÉ MARÍA ALMÁRCEGUI (España), *Escrito sobre la piel*, 2000

En busca de voluntarios

1. *dépenser sa tune (fam.)*
2. *les logements* 3. *accueillantes*
4. *une vitre cassée* 5. *ONG*
6. *de source sûre* 7. *qui ne se prenait que des râteaux (fam.)* 8. *clowns*

OBSERVA

1. ¿En qué parece ilógico el título del texto?
Los términos «solidaridad» y «egoísta»...

LEE

2. Explica dónde pasa la escena y quiénes son los personajes.
3. Las chicas comparan dos tipos de proyectos, ¿en qué se diferencian?
4. ¿En qué consiste el proyecto «Bricolaje Solidario»?
5. ¿Verdadero o falso? Justifica tu respuesta con elementos del texto.
a. El principal objetivo de Nicasi es ayudar a los demás.
b. El primo de Nicasi ya forma parte de una asociación, y eso le ha cambiado la vida.

INTERPRETA

6. ¿Ernesto y Nicasi opinan igual sobre el voluntariado?

MÁS ALLÁ

Ernesto le presenta a Nicasi su concepción del voluntariado. Redacta la continuación del texto en unas cinco líneas.
¡Venga ya, Nicasi! El voluntariado no es... / Tengo la certeza de que...
Convencer a alguien • Expresar incomprensión pp. 238, 239

Léxico
→ Sintetiza *p. 149*

Sustantivos
la iniciativa ciudadana

Adjetivos
(ser) aprovechado(a): *profiteur(euse)*
(estar) motivado(a): *motivé(e)*
(ser) altruista / (ser) generoso(a)

Verbos
apuntarse: *s'inscrire*
animar a alguien: *motiver qqn*
formar parte de: *faire partie de*
burlarse de: *se moquer de*
sedu**c**ir (c>zc)

Lengua
→ Lengua *p. 150*

Les verbes à prépositions différentes

*«Hacer una buena obra no siempre **consiste en** dejarse la pasta.»*

Les prépositions verbales sont parfois différentes en français et en espagnol :

consistir en (consister à)
preocuparse por (se préoccuper de) ***participar en*** (participer à)
contar con (compter sur)
interesarse por (s'intéresser à)

C Tu misión en la playa

DVD CD classe 2 24

Jóvenes patrullando en las playas de Cataluña

PALABRAS DEL AUDIO

oposiciones: concours
tengo en cuenta: je tiens compte de
los primeros auxilios: les premiers secours
cobrarán: recevront un salaire
descuentos: des réductions

OBSERVA

1. Relaciona el título con la foto, y adivina el tema del audio.

ESCUCHA

2. Elige la opción correcta y justifica tu respuesta citando la grabación.
Los jóvenes que patrullan por las playas son:
a. socorristas b. agentes de prevención c. animadores d. camareros

3. Apunta cuáles de los siguientes complementos llevan los jóvenes. ¿Qué puedes deducir de sus responsabilidades?
- una gorra
- un chaleco antibalas
- una pistola
- un *walkie-talkie*
- una camiseta
- unas esposas

Al contrario de los policías profesionales, los jóvenes no tienen… ni… Sólo llevan… / Esto nos lleva a pensar que su labor no consiste en…, sino en…

4. Completa la frase siguiente, apoyándote en lo que entiendes de la grabación.
Para ambos jóvenes, esta experiencia laboral va a ser útil en el futuro; cuando terminen los estudios, el chico…, y la chica…

INTERPRETA

5. ¿Qué ocurre con la remuneración de estos agentes? Opina al respecto.
A cambio de sus horas de trabajo…

MÁS ALLÁ

Para ti, ¿cuáles son las ventajas y los inconvenientes de este tipo de prácticas como vigilante?
A primera vista, podemos pensar que… / Sin embargo, no hay que olvidar…

Expresar duda • *Proyectarse en el futuro* pp. 238, 239

Léxico → Sintetiza p. 149

Sustantivos
la prevención
el riesgo: *le risque*
el complemento: *l'accessoire*

Adjetivos
(ser) amable: *aimable*
atento(a): *attentif(ive)*
(ser) servicial: *serviable*

Verbos
alertar
vigilar/patrullar: *surveiller*
reñir (e>i): *réprimander*
aconsejar: *conseiller*
atender (e>ie) a alguien: *s'occuper de quelqu'un*

Lengua → Lengua p. 150

Le futur régulier

*«No **cobrarán**, pero **tendrán** descuentos.»*

Il indique qu'**une action va se réaliser**.

Formation des verbes réguliers: on ajoute au radical du verbe les terminaisons de l'auxiliaire ***haber*** au présent: ***-é***, ***-ás***, ***-á***, ***-emos***, ***-éis***, ***-án***.

Fonética MP3

Les sons [s] et [θ]

Escucha y repite esta frase, fijándote bien en la pronunciación de la ***s*** y de la ***c***.

«Tengo la opción de hacer oposiciones a policía.»

Sintetiza

EL VOLUNTARIADO

MP 3

Sustantivos
- el compromiso: *l'engagement*
- la iniciativa
- la convicción
- la energía
- el entusiasmo
- el esfuerzo
- la culpabilidad
- la prevención
- la retribución = *la remuneración*

Adjetivos
- generoso(a)=altruista
- (ser) egoísta
- motivado(a)
- (estar) indignado(a)

Verbos
- edifi**c**ar: *construire* (ort.)
- apuntarse
- animar a alguien
- formar parte de
- necesitar
- at**e**nder (e>ie)
- aconsejar
- acompañar

LOS BENEFICIOS

MP 3

Sustantivos
- el recuerdo: *le souvenir*
- el civismo
- la sonrisa
- el agradecimiento: *la reconnaissance*
- la riqueza
- la felicidad: *le bonheur*
- la esperanza: *l'espoir*

Adjetivos
- recíproco(a)
- inolvidable
- enriquecedor(a)
- (ser) satisfactorio(a): *satisfaisant(e)*
- (ser) desinteresado(a)

Verbos
- convivir: *cohabiter*
- auxiliar = ayudar
- compartir: *partager*
- compaginar
- descubrir
- aprender

Manejo el vocabulario

1 Busca el intruso y explica por qué lo elegiste.

generoso altruista desinteresado egoísta filántropo

2 Asocia cada verbo con la preposición que le corresponda, como en el ejemplo: creer → en

interesarse ... cuidar ...
contar ... necesitar ...
permitir ... consistir ...
participar ... decidir ...

→ de en con por ø

3 A partir del vocabulario de este «Sintetiza», busca otros títulos para los documentos A y B de la «Escala 2» y justifícalos.

4 Para ti, ¿cuáles son las tres palabras que mejor simbolizan el voluntariado? En unas frases, explica por qué.

Proyecto — Explico mi voluntariado por *emilio*

Este verano, participarás en una iniciativa solidaria.
Escribe un correo electrónico a tu amigo(a) por correspondencia español(a) para hablarle de tu proyecto y animarlo(a) a que se apunte.

Este verano, participaré en..., que consiste en... / Una vez allí... / Me parece interesantísimo porque... / Si vienes conmigo...

Convencer a alguien • *Proyectarse en el futuro* pp. 238, 239

Lengua

escala 1

Les constructions directes → p. 222

1. Lis le texte et ajoute les prépositions quand cela est nécessaire.

MERCEDES: Lo siento, el sábado no puedo salir con vosotros porque tengo que cuidar ... mi primito. Como necesito ... dinero de bolsillo para las vacaciones, y no consigo ... encontrar curro, mi tía Alicia me ha propuesto que la ayude.

JUANJO: ¿Y en qué consiste la ayuda? ¿No me habías hablado ... un trabajo de vendedora?

MERCEDES: Al final no me contrataron en Mango, así que, a cambio de unos euros, me encargo ... vigilar a Luisito mientras ella trabaja o sale con sus amigas.

JUANJO: ¿Y por qué no llevamos a Luisito de paseo por el centro comercial?

MERCEDES: ¡Ni hablar! Mi tía nunca me permitiría ... ir de compras con su «tesorito».

Les pronoms personnels compléments → p. 207

2. Dans chaque phrase, utilise les pronoms personnels pour remplacer le mot en italique par un pronom personnel COD. Dans cette nouvelle phrase, remplace le COI.

Los voluntarios comunican *una gran noticia* a la anciana
→ Los voluntarios *la* comunican a la anciana.
→ Los voluntarios se *la* comunican.

a. El director anunciará *los resultados* a los jóvenes después de las vacaciones.
b. La canguro cuenta *un cuento* a los niños.
c. Yo enseño *yoga* a las madres del barrio.
d. Esta tarde presentamos *nuestro proyecto solidario* a los alumnos del instituto.

L'impératif négatif → p. 217

3. Exprime un ordre négatif à partir des phrases suivantes. Attention aux verbes irréguliers !

Hablar de tu experiencia fracasada como camarero(a). (tú)
→ No hables de tu experiencia fracasada como camarero(a).

a. Guardar vuestras preguntas para el final de la entrevista. (vosotros)
b. Tener miedo a comprometerse con una asociación humanitaria. (nosotros)
c. Ofrecerse como canguro si no tienes paciencia. (tú)
d. Vivir de manera egoísta, hay que compartir los recursos. (usted)

escala 2

L'idée de futur dans la subordonnée → p. 218

4. Conjugue les verbes en italique au mode et au temps qui conviennent.

a. Cuando *volver* de esta misión humanitaria, *ver* el mundo con nuevos ojos. (tú)
b. En cuanto *llegar* las vacaciones, Juan *trabajar* de canguro para los nuevos vecinos.
c. El día en que *pasar* una entrevista de trabajo, *ser* honestos y *valorar* nuestros diplomas y experiencias. (nosotros)

5. Construis les phrases selon le modèle.

Llegar a África – *notar* su generosidad sin límites. (tú)
→ Cuando llegues a África, notarás su generosidad sin límites.

a. *Pasar* la frontera – *presentar* vuestros pasaportes. (vosotros)
b. *Recibir* mi primer sueldo – *celebrarlo* con mis amigos del instituto como tiene que ser. (yo)
c. *Preguntar* por tus experiencias laborales – *hablar* de tus prácticas como vendedora. (el consejero, tú)

Les verbes à prépositions différentes → p. 222

6. Des erreurs se sont glissées dans les copies des élèves, corrige-les.

a. El trabajo de canguro consiste a cuidar de los niños y preocuparse de su bienestar.
b. Yo me intereso mucho a los programas solidarios en mi vecindario, y por eso me gustaría participar a la campaña «Navidad para todos».
c. La asociación cuenta en 100.000 socios para financiar su programa de lucha contra el hambre.
d. Todos soñamos de conseguir un curro en la playa para el verano.

Le futur régulier → p. 216

7. Trouve l'intrus et explique ton choix.

a. financiáis ▪ ahorraréis ▪ gastaréis ▪ ganaréis
b. viviré ▪ ayudaremos ▪ compartirás ▪ viajamos

8. Transpose ces phrases dans un contexte futur.

a. Yo trabajo como voluntaria de la Cruz Roja y esta labor me proporciona mucha satisfacción.
b. La comunidad internacional fomenta, apoya y financia el trabajo solidario.
c. Los jóvenes no reciben sueldo, sino que el ayuntamiento les regala entradas para conciertos.
d. ¿Formas parte de una ONG y dedicas tiempo al problema de la salud en el mundo?

Comprensión oral

CD classe 2 — 25 — 0'41"

¡Hazte voluntario!

Campaña de voluntariado de Cáritas, Salamanca, 2012

Haz un resumen del audio y explica cuál es su objetivo.

– Primero, apunta todas las expresiones relacionadas con el mensaje tipo de un contestador e identifica a los dos locutores.
– Después, identifica al patrocinador del anuncio.
– A continuación, explica por qué Juan no puede contestar.
– Finalmente, indica a quién se dirige Juan después del bip y cuál es su propósito.

▸ **Busca en la unidad aquellas expresiones que te sirvan para dar una visión positiva del voluntariado.**

Expresión oral

Ser voluntario, ¿dar o recibir?

A partir del documento, contesta a la pregunta del título.

– Primero, describe el documento: explica a quién se dirige y a qué remiten las palabras «sueldo» y «pago».
– A partir de los documentos de la «Escala 1», explica para qué suelen trabajar los jóvenes.
– Luego, di cuáles son las motivaciones que llevan al voluntariado y busca en la «Escala 2» dos ejemplos de realizaciones concretas.
– Finalmente, explica en qué aspectos una experiencia solidaria puede ser recíproca y enriquecedora.

▸ **Articula cada parte con estas expresiones:**
Por lo general, a los jóvenes sólo... / Sin embargo, hay algunos que... / Por ejemplo... / Por lo tanto, creo que...

© Campaña Fundación América Solidaria. Estudio www.schkolnick.com

Ver Ficha evaluación VIAJE 9

Mundo hispánico

Este verano, ¡actúa en verde!

¿Qué es el *woofing?*

Es un sistema de intercambio o trueque[1] que nos brinda la oportunidad de pasar una temporada aprendiendo, compartiendo conocimientos y experiencias en una finca[2] ecológica de cualquier país del mundo, a cambio de aportar horas de trabajo voluntario.

La finca Santa María, [...] a pocos kilómetros de Córdoba, ofrece la posibilidad de compartir un espacio en armonía con la madre naturaleza de 7 hectáreas de tierra de labor. El *woofero* se encargará de las tareas propias de la preparación del terreno, siembra, plantación, riego[3] y recolección. [...] Se alojará en una casa para voluntarios dentro de la finca. [...] En este caso se solicita una estancia mínima de 5 días y un mínimo de 3 horas de ayuda al día de lunes a viernes.

ANTONIO ARIZA, cerillasenlaoscuridad.com (España), 12/08/2013

1. *le troc* 2. *une propriété agricole* 3. *l'arrosage*

Voluntariado forestal

¿Sabes que tú también puedes colaborar en la prevención de incendios forestales? Sólo necesitas tres cosas: ser mayor de 16 años, ir bien equipado y, sobre todo, tener muchas ganas de proteger el medio ambiente. ¡Prepárate para vivir 5 días en Galicia conociendo a otras personas y actuando por una buena causa!

En este campo de trabajo, que se desarrolla en las cuatro provincias gallegas durante el mes de agosto, podrás convivir con otras 8 personas voluntarias. Participarás en actividades de sensibilización e información sobre la necesidad del cuidado y la preservación del bosque. Durante estos días, tus compañeros(as) y tú colaboraréis en campañas sobre el cuidado de la naturaleza, en tareas de vigilancia en los montes de Galicia y en la difusión de la necesidad de conservar el medio ambiente.

¿Qué incluye este programa?

- Alojamiento y pensión completa.
- Las actividades del programa y los monitores.
- Seguro de accidentes y responsabilidad civil.

BLANCA PÉREZ, canalsolidario.org (España), 01/08/2013

Conservación de tortugas marinas

Las poblaciones de tortugas están disminuyendo. [...] Las playas de Costa Rica son unos de los puntos clave de anidación[1], en donde puedes echar una mano[2]. [...]
Te gustará si tienes conciencia ecológica y quieres aportar tu granito de arena en un proyecto de cuidado y conservación, [...] si quieres trabajar y aprender con destacados biólogos marinos. [...] Los cooperantes han de tener un comportamiento [...] propicio para el trabajo en equipo y la cooperación. [...]

Algunas de las tareas que desarrollarás son las siguientes: colaborar en la construcción de criaderos[3] para las tortugas, marcar las zonas donde anidan las tortugas, patrullar la playa en busca de tortugas marinas y sus nidos [...] durante el día o la noche por turnos de dos o cuatro horas. [...] Tendrás tiempo libre para visitar y disfrutar de las maravillosas playas de Costa Rica, practicar deportes y muchas más actividades.

puromundo.com

1. *nidification* 2. *donner un coup de main* 3. *élevage*

Prepárate con los documentos de la página

1 Explica cómo ilustran estas fotografías las iniciativas propuestas.

2 Indica cuáles son los requisitos necesarios para inscribirse en cada proyecto y lo que pueden aportarte como voluntario(a).

Debate

¿Qué tipo de compromiso te parece más importante, ¿la solidaridad local o las iniciativas en otros países?

Infórmate con la web

Busca otros programas medioambientales para este verano.

Palabras clave: voluntariado + medio ambiente

B2i *Identifier les éléments de stratégies commerciales.*

Proyecto FINAL

Presento una causa solidaria

PREPARACIÓN

Para celebrar el día del voluntariado, presentad una iniciativa solidaria a vuestros(as) compañeros(as) y animadlos(as) a que se apunten.

En grupos de 3

ETAPA 1

Elegid un ámbito y una causa que os parezca interesante.

Podéis evocar las iniciativas de la «Escala 2» o consultar la web siguiente: http://www.canalsolidario.org/contenidos/mete-la-cabeza/79

ETAPA 2

Listad los objetivos de vuestro proyecto.

El proyecto consiste en... / La asociación necesita... para... / La ONG está dedicada a... y tiene todo su empeño en...

ETAPA 3

Anotad los requisitos necesarios para apuntarse y preparad unos consejos para los futuros voluntarios.

Para ser voluntario, es necesario... / No te desanimes si... Os aconsejamos que...

ACCIÓN

ETAPA 4

Presentad el proyecto a la clase e intentad alistar a nuevos voluntarios.

¡Ojo! Repartid el discurso de manera equitativa entre los(as) tres.

Consejos

- Usad las expresiones del léxico funcional **Animar a alguien** p. 238.
- Utilizad **fotografías** para dinamizar vuestro discurso.
- Adoptad un **tono persuasivo**.

facultativo

B2*i* En grupos, podéis preparar un montaje con PowerPoint.

Hago balance

→Implication de tous les membres du groupe	4 puntos	→Utilisation correcte du futur et du subjonctif	3 puntos
→Pertinence des arguments et du lexique utilisé	7 puntos	→Intervention dynamique et convaincante	1,5 puntos
→Définition correcte des conditions et qualités requises	3 puntos	→Prononciation correcte	1,5 puntos

Total: .../20 puntos

¡Hoy teatro!

TRABAJO EN GRUPO

CD classe 2 | MP 3 | 26

A c c días del estreno de su obra de teatro, los amigos tienen un problema...

ESTEBAN: ¡Por fin he encontrado un trabajillo de verano y...!

CRISTINA [CORTÁNDOLE LA PALABRA]: Y a mí, ¿qué? Llevamos seis meses preparando la obra de teatro y lo único que te interesa es encontrar un curro de verano.

ESTEBAN: No es un curro cualquiera, Cristina, ¡me han contratado en la tienda «Vestuario López»! Alquilan vestuario para teatro y cine, y por si fuera poco, podremos contar con la ayuda de Inés, la estilista de la tienda, mi nueva colega [HACIÉNDOLE UN GUIÑO A LUCAS].

MARÍA DEL MAR: Así que podremos vestirnos con trajes de época, esos vestidos preciosísimos de princesas... ¡Me encanta!

LUCAS: María del Mar, no te olvides de que tú eres la madre, viuda y amargada.

ESTEBAN: ¡Exacto! El vestuario tiene que coincidir con la personalidad bastante sombría de esta mujer. Un buen traje y un buen maquillaje le dan al público información clave acerca del personaje. Como dice Inés: en materia de teatro ¡el hábito hace al monje!

MARÍA DEL MAR: Si lo entiendo bien, yo voy a llevar un vestido negro de luto sin adornos y un pañuelo de color oscuro. Pfff... ¡Vaya vestuario!

ESTEBAN: ¡Eso es! El traje tiene que marcar la condición social del personaje.

LUCAS: Cuánto aprendes con Inés... Ojalá pudiera enseñar Ciencias....

ESTEBAN: Y yo, ¿cómo me voy a vestir? Mi personaje es joven, romántico, guapo, y está enamorado. ¿Tenéis ideas?

CRISTINA: Pues... ¡Pregúntaselo a tu nueva colega!

Analiza la importancia del vestuario

Estudia el papel del vestuario

1. Con tus propias palabras, explica la noticia de Esteban y sus consecuencias.

2. Según Esteban, ¿cuál es la importancia del vestuario en el teatro?

3. Explica por qué María del Mar no podrá llevar el vestido de princesa que querría ponerse.

4. Y tú, ¿cómo vestirías a Esteban?

Cread vuestro vestuario

En el Viaje 5, ya habéis redactado la sinopsis de vuestra escena. Ahora conviene completar el trabajo imaginando el vestuario.

▶ ***Preparad***

– Por grupos, haced una lista de los personajes de vuestra escena y definid su carácter en unas dos líneas.

– Indicad la época en la que se desarrolla la historia.

▶ ***Presentad el vestuario***

– Poneos de acuerdo sobre el traje de los personajes y sus colores. Podéis dibujarlos.

– Redactad una breve descripción de cada uno.

NOTION VISIONS D'AVENIR : CRÉATIONS ET ADAPTATIONS

VIAJE 10

¿Viajes libres o planificados?

escala 1

Proyecto — **Realizo una ficha turística** A2

- Vacaciones en familia p. 158 — > Les adjectifs indéfinis
- Soñar con otras vacaciones p. 159 — > L'expression de la condition
- ¡Nos vamos a Mallorca! p. 160 — > Le subjonctif dans une subordonnée
- ***Sintetiza*** p. 161 — > *El viaje* > *Las actividades*

escala 2

Proyecto — **Escribo para encontrar alojamiento** B1

- ¡Nos hemos perdido! p. 162 — > L'expression de la demande
- Viajero sobre ruedas p. 163 — > Les comparatifs irréguliers
- ¿Puedo dormir en tu sofá? p. 164 — > La simultaneité
- ***Sintetiza*** p. 165 — > *La aventura* > *Los contactos*

Lengua p. 166

Rumbo al bac p. 167

Mundo hispánico pp. 168-169
Viajeros del mundo

Proyecto final — **Presento el proyecto de un viaje escolar** p. 170

Hoy teatro p. 171

Mirando las ofertas de una agencia de viajes

En directo
MP 3 ou CD classe 2 • 27

Escucha el diálogo y explica los puntos de vista de los personajes.

Exprésate

SUSTANTIVOS
la agencia de viajes – turismo de sol y playa – vacas = vacaciones – un aventurero – la mochila

ADJETIVOS
caro(a) ≠ barato(a) – atractivo(a) – apacible

VERBOS
relajarse – disfrutar – hacer dedo = hacer autoestop – descubrir

Joven mochilero haciendo autoestop en Ecuador

escala 1

Proyecto

Realizo una ficha turística

→ p. 161

A Vacaciones en familia

Léxico → Sintetiza p. 161

Sustantivos

el coche
el maletero: *le coffre*
la maleta
el equipaje: *les bagages*
la bicicleta
la tumbona: *la chaise longue*
la sombrilla: *le parasol*
la nevera de cámping: *la glacière*
la tabla de surf

Adjetivos

cargado(a): *chargé*
peligroso(a): *dangereux(euse)*
pesado(a): *lourd*
ligero(a): *léger*
(ser) imprescindible
= indispensable
(ser) previsor(a): *prévoyant(e)*
(estar) preocupado(a)

Verbos

irse (irr.) de vacaciones
organizar (ort.)
cargar ≠ descargar
transportar
ponerse (irr.) de acuerdo
olvidar

Lengua → Lengua p. 166

Les adjectifs indéfinis

***Mucho*, *demasiado*, *poco*, *bastante* devant un nom fonctionnent comme des adjectifs en s'accordant.**

Llevan ***demasiadas*** *maletas.*

OBSERVA

1. Fíjate en las personas y determina sus relaciones.

2. Describe lo que están haciendo e imagina por qué.

INTERPRETA

3. Haz hipótesis sobre el destino de su viaje.

4. ¿Qué ambiente familiar se desprende de la fotografía?

5. En tu opinión, ¿qué habrá querido criticar el fotógrafo?

MÁS ALLÁ

Imagina lo que podría decir el marido.

¿Pero de verdad...?
¿Estás segura de que...?

Expresar duda p. 238

B Soñar con otras vacaciones

Beatriz no va a la playa este año porque sus padres han decidido mandarla a Escocia para que mejore su inglés.

–Un castillo[1], Beatriz, qué suerte. Vas a vivir en un castillo escocés[2]. [...]

–Qué emoción, mamá –la voz de Beatriz no traslucía ningún entusiasmo. Un castillo perdido en un lugar desconocido[3] con una familia también desconocida en medio de la nada. Seguro que no hay ni siquiera acceso a internet. [...] Le parecía que la enviaban directamente al infierno.

–Un privilegio, querida. Si a mí me hubieran dicho a tu edad que iba a pasar unas vacaciones en un castillo en Escocia, habría dado saltos de alegría. En cambio, a ti...

–Un rollo[4], mamá. ¿Por qué no me dejas ir a la playa con vosotros? Seguro que podemos encontrar allí algún profesor particular, algún nativo que me dé clases a la hora de la siesta. Todos mis amigos van a ir, y yo no. No es justo.

–Tú te vas a Escocia. [...] No te olvides de meter el chubasquero[5] y un par de forros polares[6]. Y calcetines[7] gordos y botas para andar.

– ¿Qué dices, mamá? Es verano. [...]

–Sí, querida, pero no vas precisamente a una playa del Mediterráneo... Una isla en el Atlántico Norte puede ser un lugar bastante fresquito incluso en julio. Llévate lo que te he dicho. [...]

Lo que faltaba, pensó Beatriz; además, a lo mejor hasta hacía frío. Y llovía. Con las ganas que tenía de ponerse morena, de nadar en el mar, de jugar al vóley playa, de volver a llevar aquel biquini rojo que tan bien le quedaba el verano pasado y que hacía que los chicos la miraran.

Ana Alcolea (España), *El bosque de los árboles muertos*, 2010

1. *un château* 2. *écossais*
3. *inconnu* 4. *(ici) c'est barbant*
5. *un ciré* 6. *deux polaires*
7. *des chaussettes*

OBSERVA

1. Fíjate en la foto y explica la actitud de la chica.

LEE

2. Presenta a las protagonistas y define el tema de su conversación.

3. Explica el proyecto de la madre de Beatriz.

4. Haz una lista con las ventajas y los inconvenientes de este viaje según la madre y la hija y compara las dos reacciones.
En cambio... / Al contrario...

5. Completa la frase siguiente presentando la alternativa ideal según Beatriz y explicando sus planes.
Si hubiera podido elegir, Beatriz... en vez de irse a Escocia.

6. Apunta los consejos de la madre para preparar la maleta. ¿Por qué no entusiasman a Beatriz?

INTERPRETA

7. Identifica el tono de Beatriz a lo largo del texto.

Léxico → Sintetiza p. 161

Sustantivos

la estancia: *le séjour*
la oportunidad
la ropa

Adjetivos

irónico(a)
(estar) desesperado(a)
lingüístico(a)
(ser) extranjero(a)

Verbos

soñar (o>ue) con: *rêver de*
discutir = discrepar: *diverger*
tomar el sol: *se mettre au soleil*
divertirse (e>ie/i) ≠ aburrirse: *s'ennuyer*
querer (e>ie/i) que + *subj*

Lengua → Lengua p. 166

L'expression de la condition

Pour exprimer une condition, ***si*** est **suivi du plus-que-parfait** du subjonctif dans la proposition subordonnée de condition **quand le verbe de la proposition principale est au conditionnel passé**.

*«**Si** a mí me **hubieran dicho** a tu edad..., **habría dado** saltos de alegría.»*

C ¡Nos vamos a Mallorca!

CD classe 2 29

Turistas disfrutando de la piscina de un hotel de Mallorca

PALABRAS DEL AUDIO

la estancia: le séjour
el alojamiento: le logement
el lago: le lac
la isla
la cuenta bancaria
el portavoz: le porte-parole

OBSERVA

1. Describe el lugar y presenta este tipo de vacaciones.

ESCUCHA

2. Presta atención al tono de la locutora para determinar su objetivo.
3. Apunta la frase que presenta la agencia para determinar el tipo de documento.
4. Presenta el viaje *¡Mallorca sin profes!*
5. Apunta todas las informaciones posibles sobre el complejo turístico «Bellavista Club».
6. ¿Verdadero o falso? Justifica tu respuesta.
a. Reservar es muy complicado.
b. Hay que contactar con la agencia.
c. Sólo se puede reservar haciendo una transferencia.

INTERPRETA

7. Di qué información esencial falta a propósito de esta oferta y explica por qué.

MÁS ALLÁ

¿Te gustaría participar en un viaje de fin de curso de este tipo? ¿Por qué?
Me gustaría/me encantaría... / Para nada, me parece...

Expresar preferencias p. 239

Léxico → Sintetiza p. 161

Sustantivos
el ambiente

Adjetivos
(ser) práctico(a)
barato(a): *bon marché*
caro(a): *cher(ère)*
(ser) inolvidable

Verbos
prom**o**ver (o>ue): *promouvoir*
reservar
alojarse : *se loger*
descansar: *se reposer*
pasarlo bien
hacer (irr.) deporte
desahogarse: *se défouler*

Lengua → Lengua p. 166

Le subjonctif dans une subordonnée

On utilise le subjonctif pour **parler d'une éventualité, d'un fait envisagé**.
*«Que **contacte** con nosotros.»*

Fonética MP 3

Pronunciar la letra «ll»

*Be**ll**avista – Ampo**ll**a – Ma**ll**orca – senci**ll**o – bachi**ll**erato*

Sintetiza

EL VIAJE

MP 3

Sustantivos

- el transporte
- el avión
- el tren
- el coche
- la bicicleta
- el barco
- la agencia de viajes = el operador
- el maletero
- la maleta
- el equipaje
- el alojamiento
- la estancia
- la comida
- la bebida
- la reserva
- el recorrido
- el precio

Adjetivos

- cargado(a)
- imprescindible
- suficiente
- previsor(a)
- inolvidable
- (ser) rápido(a)
- (ser) agotador(a)
- caro(a)
- barato(a)

Verbos

- irse (irr.) de vacaciones
- visitar
- condu**c**ir (ort.)
- planifi**c**ar (ort.)
- reservar
- alojarse
- pagar: *payer*

LAS ACTIVIDADES

MP 3

Sustantivos

- las palas
- el vóley playa
- el fútbol playa
- el buceo
- el paquete
- la piscina
- el tenis
- el kayak
- las excursiones

Adjetivos

- divertido(a)
- aburrido(a)
- diurno(a)
- nocturno(a)
- (ser) festivo(a)

Verbos

- nadar: *nager*
- bucear
- tomar el sol
- broncearse: *bronzer*
- descansar
- disfrutar: *s'amuser*
- bailar: *danser*
- hacer deporte
- **ju**gar (irr.) al fútbol playa
- relajarse: *se détendre*
- pasarlo bien
- cono**c**er (c>zc) gente
- desahogarse
- ligar con: *draguer*
- div**e**rtirse (e>ie/i)
- aburrirse

Manejo el vocabulario

1 Busca en la lista un verbo sinónimo de «divertirse».

2 Busca dos intrusos en esta lista.

imprescindible | divertido | peligroso | barato | suficiente | nocturno | previsor | aburrido

3 Utilizando las palabras de este «Sintetiza» da otro título al documento «Soñar con otras vacaciones» (p. 159).

4 Elige un sustantivo, un adjetivo y un verbo de «Las actividades» y propón otra leyenda para ilustrar la foto de la p. 160.

Proyecto Realizo una ficha turística

Elige una ciudad española o latinoamericana y busca información en Internet sobre las diferentes actividades turísticas, deportivas, etc., que ofrece. Presenta esta información (nombre, ubicación, actividades) y explica por qué es un lugar perfecto para ir de vacaciones.

Expresar admiración p. 238

escala 2

Proyecto

Escribo para encontrar alojamiento

→ p. 165

A ¡Nos hemos perdido!

Léxico → Sintetiza p. 165

Sustantivos

la mochila: *le sac à dos*
el mapa
el(la) extranjero(a)
≠ el(la) autóctono(a)
el itinerario
el turista
los monumentos
el idioma = la lengua

Adjetivos

(estar) perdido(a)
(ser) europeo(a)
(ser) aventurero(a) = mochilero(a)
(ser) majo(a) = simpático(a)
acogedor(a): *accueillant(e)*

Verbos

visitar
viajar por
enseñar: *montrer*
necesitar ayuda
dar (irr.) consejos
comuni**c**arse (ort.)

Lengua → Lengua p. 166

L'expression de la demande

Preguntar : **interroger sur, poser une question.**
La chica ***pregunta*** *cómo se va al albergue de juventud.*

Pedir (e>i): **demander quelque chose.**
El chico les ***pide*** *su número de teléfono.*

Por favor, ¿puedes ayudarnos?

OBSERVA

1. Di en qué lugar transcurre esta escena.
2. Describe la actitud y el equipaje de las chicas. Aclara la situación explicando el papel del chico.

INTERPRETA

3. Si son turistas extranjeras, imagina qué problemas pueden tener.
4. Indica qué información les puede facilitar este chico.

MÁS ALLÁ

Imagina lo que podría decir el chico de la foto.
Me parece que lo mejor para vosotras sería...

Aconsejar p. 238

B Viajero sobre ruedas

DVD CD classe 2 30

Albert Casals durante uno de sus viajes, delante de su tienda de campaña.

PALABRAS DEL AUDIO

la barrera: l'obstacle
la felicidad: le bonheur
la meta = el objetivo
volcar: ici, se jeter sur
el contrabandista: le contrebandier
el borracho: l'ivrogne

OBSERVA

1. Describe la actitud del chico de la foto.
2. Fíjate en el objeto a la derecha de la foto y haz hipótesis sobre este chico.

ESCUCHA

3. Después de determinar cuántas personas hablan y quiénes son, explica por qué el chico se desplaza en silla de ruedas.
4. Explica de qué manera suele viajar Albert.
5. Cita los dos objetivos principales de este joven.
6. Completa la frase siguiente:
Me he encontrado...

INTERPRETA

7. ¿Qué opinas de la actitud de Albert?
8. Haz una lista de lo que esos viajes le aportan.

MÁS ALLÁ

A partir de la lista que has realizado, presenta en tres frases las ventajas de los viajes aventureros.
Primero, me parece muy positivo... / Además, facilita...
También es una buena solución para...

Citar ejemplos p. 238

Léxico

→ Sintetiza p. 165

Sustantivos

la silla de ruedas: *le fauteuil roulant*
la discapacidad: *le handicap*
el valor: *le courage*
el trotamundos: *le globe-trotter*
la meta/el destino: *la destination*

Adjetivos

(ser) optimista
(ser) valiente
(ser) autónomo(a)
= (ser) independiente
maduro(a): *mûr(e)*
peligroso(a): *dangereux(euse)*
discapacitado(a): *handicapé(e)*

Verbos

dar (irr.) ánimo: *encourager*
desanimarse: *se décourager*
superarse: *se dépasser*
hacer (irr.) amigos
arreglárselas: *se débrouiller*

Lengua

→ Lengua p. 166

Les comparatifs irréguliers

Il y a quatre comparatifs irréguliers : *grande* → ***mayor***; *pequeño* → ***menor***; *bueno* → ***mejor***; *malo* → ***peor***

Ils ne prennent pas la marque du féminin.

«***El mayor*** *número.*»
«***La mayor*** *felicidad.*»

Fonética

MP3

Pronunciar la letra «v»

divertido – viajar – aventurero – vivir – valiente

C ¿Puedo dormir en tu sofá?

El *couchsurfing* (surf de sofás en inglés) consiste en visitar a gente que te acoge[1] en su casa sin cobrar[2] nada, y en invitar a gente a la tuya cuando visitan tu ciudad. La página web, fundada en 2004, tiene 6 millones de usuarios[3] registrados en todo el mundo, según la empresa. Como alternativa para recorrerse el globo de forma barata parece la opción ideal, pero los surferos experimentados aseguran que no es tan sencillo[4]. Un usuario se fabrica un perfil[5] donde detalla sus intereses y hábitos[6], y recibe comentarios de gente que lo ha acogido o se ha quedado en su casa para que los demás sepan si es de fiar antes de enviarle una solicitud[7].

Así se van construyendo una reputación en la página y tienen más posibilidades de recibir invitaciones o de que sus visitas sean aceptadas. «Yo siempre busco gente afín a mí[8]; es un poco incómodo tener a alguien en casa con quien no tienes conversación», afirma Toni Carneros, un barcelonés que lleva varios años metido en esto. «Al viajar busco conocer la vida de la ciudad, practicar inglés y disfrutar de un intercambio cultural. Eso no te lo aporta un hotel.»

LAURA RIVAS, elpais.com, 16/07/2013

1. *t'accueille* 2. *sans faire payer* 3. *usagers* 4. *simple* 5. *profil* 6. *les habitudes* 7. *une demande* 8. *ici, personne avec des goûts communs*

Léxico → Sintetiza p. 165

Sustantivos
la cultura
el(la) anfitrión(ona): *l'hôte(sse)*
el(la) invitado(a)

Adjetivos
confiado(a): *confiant(e)*
abierto(a): *ouvert(e)* ≠ cerrado(a)
(ser) generoso(a)
(ser) gratuito(a)
(ser) agradable
≠ (ser) desagradable

Verbos
descubrir
compartir: *partager*
intercambiar: *échanger*
convivir: *cohabiter*
tener (irr.) confianza
= confiar en: *avoir confiance en*
sumergirse en otra cultura: *s'immerger dans une autre culture*

Lengua → Lengua p. 166

La simultanéité

Al + **verbe à l'infinitif** : cette proposition subordonnée a une **valeur temporelle**.

*«**Al viajar** (=cuando viajo) busco conocer nuevos lugares y nuevas gentes.»*

OBSERVA

1. Explica el título gracias a la fotografía.

LEE

2. Busca en el texto una frase que defina el *couchsurfing*.

3. ¿Verdadero o falso? Justifica citando el texto.
a. El *couchsurfing* es una oferta de agencias de viaje.
b. El *couchsurfing* tiene poco éxito *(succès)*.
c. El *couchsurfing* es una solución para las personas que no tienen mucho dinero.

4. Explica cómo puede conectarse un usuario.

INTERPRETA

5. Indica lo que quiere Toni cuando utiliza esta página web.

MÁS ALLÁ

¿Qué opinas de esta manera de viajar utilizando las nuevas tecnologías?
Estoy convencido de que...

Expresar convicción p. 238

Sintetiza

LA AVENTURA

MP 3

Sustantivos

- la mochila
- el mapa
- el extranjero
- el autóctono
- el consejo
- los jóvenes
- el saco de dormir: *le sac de couchage*
- la tienda de campaña: *la tente*

Adjetivos

- perdido(a)
- aventurero(a)
- mochilero(a)
- majo(a)= simpático(a)
- acogedor(a)
- apasionado(a)
- (ser) inesperado(a): *inattendu(e)*

Verbos

- viajar por/a
- necesitar ayuda
- hacer autoestop
- dar (irr.) consejos
- participar en
- explorar
- d**o**rmir (o>ue) al raso: *dormir à la belle étoile*
- hacer (irr.) trueque: *faire du troc*
- acampar: *camper*
- montar la tienda

LOS CONTACTOS

MP 3

Sustantivos

- el idioma = la lengua
- la comunicación
- el descubrimiento
- el intercambio
- la confianza
- el(la) anfitrión(ona)
- la generosidad
- el interés
- el(la) invitado(a)
- el(la) desconocido(a)

Adjetivos

- confiado(a)
- abierto(a)
- cerrado(a)
- generoso(a)
- (ser) egoísta
- gratuito(a)
- agradable ≠ desagradable
- borde (fam.) = antipático(a)

Verbos

- comuni**c**arse (ort.)
- relacionarse
- informar
- entablar amistad con: *se lier d'amitié avec*
- tener (irr.) confianza en
- desconfiar de
- guardar el contacto: *garder le contact*
- preocuparse por
- intercambiar

Manejo el vocabulario

1 Completa siguiendo el modelo.

comunicar → comunicación

informar → ... participar → ... explorar → ...

2 Busca en las listas los contrarios de:

tener confianza en | generoso | el extranjero

3 ¿Qué preposiciones necesitan?

desconfiar → ... preocuparse → ...

participar → ... viajar → ...

4 Utilizando las palabras de este «Sintetiza», explica qué tipo de viajero eres.

Proyecto **Escribo para encontrar alojamiento**

Buscas alojamiento en un lugar de España o de América Latina.
Redacta un correo electrónico indicando tus fechas y tus necesidades. Escribe tu perfil y explica las actividades que deseas realizar.

Expresar preferencias p. 239

Lengua

escala 1

Les adjectifs indéfinis → p. 206

1. Complète les phrases suivantes avec *mucho, poco, demasiado, bastante*.

a. Este pueblo está ... lejos de la playa.
b. Hacer autoestop me parece ... peligroso.
c. Por desgracia, las vacaciones duran ... tiempo.
d. ... jóvenes de este instituto participan en un viaje de fin de curso.

2. Traduis en espagnol

a. Tu as beaucoup de valises.
b. Cette voiture m'a l'air trop chargée.
c. Ce voyage est trop cher.
d. Cet hôtel propose beaucoup d'activités très différentes.

L'expression de la condition → p. 218

3. Conjugue le verbe au mode et au temps indiqués.

a. Ojalá él ... (tener – *subjonctif plus-que-parfait*) más tiempo para tomar el sol.
b. Si yo ... (coger – *subjonctif plus-que-parfait*) el avión, el viaje ... (durar – *conditionnel passé*) menos tiempo.
c. Si mis padres ... (aceptar – *subjonctif plus-que-parfait*), yo ... (irse – *conditionnel passé*) a Guatemala tres meses.
d. Si tú ... (pagar – *subjonctif plus-que-parfait*) por Internet, te ... (salir – *conditionnel passé*) barato el viaje de fin de curso.

4. Forme des phrases qui expriment la condition.

a. Si / tú visitar / la ciudad → tú descubrir/ los monumentos
b. Si / tú llevar /menos maletas / en el coche / → no / nosotros tener / problemas
c. Vosotros poder / visitar / la ciudad → si / no / vosotros pasar / tanto tiempo/ en la playa
d. Ellos conocer / a mucha gente / y / ellos hacer / amigos → si / hacer / autoestop

Le subjonctif dans une proposition subordonnée → p. 217

5. Traduis les phrases suivantes.

a. Choisis une destination qui te plaise.
b. Réserve le voyage que tu préfères.
c. Fais du stop quand tu crois que ce n'est pas dangereux.
d. Cherche un hôtel qui propose de nombreuses activités.

escala 2

L'expression de la demande → p. 221

6. Complète les phrases avec *pedir* ou *preguntar*.

a. Este turista se ha perdido, por eso ... la dirección del hotel.
b. Creo que está ligando con las extranjeras porque les ... su número de móvil.
c. Tus padres te ... ayuda para cargar el coche.
d. Este viajero me ... si en el hotel hay un circuito de quads.
e. Nos ... si podemos dormir dos noches en su casa, señora.

Les comparatifs irréguliers → p. 219

7. Choisis les comparatifs irréguliers *mayor, menor, mejor, peor* pour reformuler les phrases suivantes.

Este hotel tiene la playa más buena.
→ Este hotel tiene la mejor playa.

a. Es el sofá más malo que conozco.
b. Este chico es el más pequeño del grupo.
c. Es la plaza más grande de esta ciudad.

8. Traduis les phrases suivantes.

a. C'est le plus grand plan de la ville.
b. Tu es vraiment le pire hôte.
c. C'est le meilleur moment pour monter la tente.
d. C'est le monument le plus mal situé que j'ai vu.

La simultanéité → p. 222

9. Utilise la structure *al* + infinitif pour transformer les phrases selon le modèle

Cuando viajo, intento visitar muchos monumentos.
→ Al viajar, intento visitar muchos monumentos.

a. Cuando juegan al fútbol playa, los jóvenes se desahogan.
b. Albert se desplaza en silla de ruedas sin problemas cuando viaja.
c. Los turistas descubren muchas cosas cuando duermen en la casa de un autóctono.
d. Los alumnos se divierten mucho cuando hacen un viaje de fin de curso.

10. Traduis les phrases suivantes

a. Quand elle voit une voiture, elle fait du stop.
b. Quand il fait des tours de magie, il gagne de l'argent.
c. Il se fait toujours des amis quand il voyage.
d. Je prends mon sac à dos quand je pars à l'aventure.

El primer día de mi estancia[1] en Bogotá, al poco de llegar, se me acercó[2] un chico para proponerme que fuéramos a comer juntos. Yo acepté, inocente, y unos minutos después nos encontrábamos en un restaurante donde el chico soltaba[3] con total solemnidad[4] una de las trolas[5] más inverosímiles que he oído nunca: empezaba explicando que yo era un pobre niño europeo abandonado a quien le habían robado[6] [...] hasta que, de manera inexplicable, la conclusión era que una comida gratis para cada uno sería suficiente para que todos mis problemas se arreglaran[7] como por arte de magia. Pero lo más sorprendente no es que alguien intentara hacer creer una historia así, sino que la historia funcionó como la cosa más normal del mundo, y media hora después yo todavía contemplaba estupefacto mi plato de arroz con pollo, mientras mi amigo devoraba felizmente el suyo sin el más mínimo remordimiento.

Normalmente, cuando llego a una ciudad nueva y desconocida[8], no puedo evitar tener aquella ligera sensación de «¿y ahora qué?» que se convierte en una pregunta forzosa cuando viajas sin planes ni expectativas[9]; sin embargo, Bogotá resultó la absoluta excepción a esta regla.

ALBERT CASALS (España), *Sin fronteras*, 2012

Comprensión escrita

Aventuras en Bogotá

– Presenta a los personajes, su relación y di dónde están.

– Explica lo que el desconocido propone al narrador.

– Apunta lo que cuenta el chico para presentar al narrador y explica por qué.

– ¿Verdadero o falso?
Los dos chicos no pueden comer porque no tienen bastante dinero.
Justifica citando el texto.

– Precisa por qué Bogotá es una excepción.

▶ **Entresaca expresiones que permiten determinar los sentimientos del narrador para poder deducir el tono del texto.**

1. *mon séjour* 2. *s'est approché de moi* 3. *ici, a raconté* 4. *solennité* 5. *(fam.) mensonges* 6. *à qui ont avait volé* 7. *se resolvent* 8. *inconnue* 9. *sans attentes*

Expresión escrita

Viajando por el mundo

Redacta un post para un blog de viajeros contando tu propia anécdota o aventura durante un viaje.

– Piensa en las diferentes etapas (la cronología) de tu anécdota.

– Presenta detalles a propósito del lugar y de los personajes.

– Usa correctamente los tiempos del pasado.

– No olvides utilizar expresiones para crear suspense y facilitar el desenlace:
De repente/de pronto.../ Poco a poco... / A medida que...

▶ **El texto no constará de más de 15 frases y cada párrafo presentará una etapa diferente.**

Ver Ficha evaluación VIAJE 10

Mundo hispánico

Viajeros del mundo

Dar la vuelta al mundo en familia

Viajar es una actividad divertida para las familias. Pero para la familia Zapp, es su vida. El 25 de enero de 2000, la pareja Herman y Candelaria Zapp dejaron su país de origen, Argentina, para cumplir su gran sueño de viajar por el mundo. En su coche Graham Paige de época 1928, viajan junto con sus cuatro niños.

Se conocieron de pequeños, a los 10 y 8 años, respectivamente. En 1995 se reencontraron, se enamoraron y salieron durante diez años más. Juntos, crecieron con un único sueño, viajar por el mundo. Tras seis años de estar casados, decidieron salir a viajar en coche desde Argentina a Alaska. A lo largo del camino, tuvieron a su primer hijo, Pampa, nacido en los Estados Unidos. Al volver a su origen, hicieron otro viaje por toda Argentina, cuando tuvieron a su segundo hijo, Tehue. Más tarde, en sus viajes al extranjero, Cande dio la luz a[1] dos niños más: Paloma en Canadá y Wallaby en Australia.

e-dyario.com, 12/03/2010

1. *a accouché de*

Viajar sin dinero

María, 28 años, zaragozana. Jorge, 26 años, salmantino. El próximo miércoles esta joven pareja partirá desde la capital aragonesa con un destino claro: el mundo. [...] Su objetivo, desde el momento en que salgan de Zaragoza, es viajar y conocer mundo. «La gente ha olvidado el verdadero sentido de viajar que es conocer a la gente y sumergirse en la cultura que te ofrece cada país», entiende Jorge. Para ello, con dos mochilas cada uno, recorrerán Europa, Asia y América, sin mirar el reloj[1] y «sin tirar de tarjeta[2]». Utilizarán el autoestop, y redes que existen por Internet para conseguir alojamiento gratuito. [...] «Nos llevamos narices de payaso[3] porque haremos malabares[4], trucos de magia y también trabajaremos en lo que nos vaya saliendo», indica Jorge, quien explica que «todo lo que ganemos será para costear[5] el viaje; queremos hacer ver que se puede viajar sin tener cientos de euros en el banco».

P. Cortés Ferrández, elperiodicodearagon.com, 15/08/2011

1. *la montre* 2. *ici, utiliser la carte de crédit* 3. *clown* 4. *tours d'adresse* 5. *financer*

Participar en la Ruta Quetzal

Los participantes en la Ruta Quetzal en el Fuerte San Lorenzo (Panamá)

En 1979 y por sugerencia de S.M.[1] el Rey de España, el periodista y aventurero Miguel de la Quadra-Salcedo creó este programa, dirigido a jóvenes de 16 y 17 años, para consolidar el intercambio cultural entre todos los países de habla hispana, incluidos Brasil y Portugal. [...]

Es un viaje que combina la educación en valores, el intercambio cultural y la aventura. Gracias a él, y a lo largo de veintiocho ediciones, cerca de 9.000 jóvenes de todo el mundo han tenido la oportunidad de viajar y descubrir las dimensiones humanas, geográficas, sociales e históricas de otras culturas.

Pero sobre todo [la Ruta] es una experiencia que ambiciona un decidido compromiso[2] social, educativo, antropológico y medioambiental, con objeto de que nuestros expedicionarios reflexionen y hagan aportaciones a algunos de los retos[3] más importantes con los que se enfrenta hoy la Humanidad, como son la exclusión social, las grandes transformaciones en el medio ambiente y la promoción personal de habilidades y actitudes emprendedoras[4].

rutabbva.com

1. *Sa Majesté* 2. *engagement*
3. *défis* 4. *entreprenantes*

En la vida de un expedicionario de la Ruta Quetzal la aventura es sinónimo de experiencia: largas caminatas[1] bajo el sol, mosquitos que utilizan a estos jóvenes como bufé, montar una tienda de campaña en cualquier tipo de terreno... Pero también lo es el expresarse y valorar cada momento vivido ante los compañeros.

blogs.elpais.com/ruta-quetzal, 07/2013

1. *randonnées*

Prepárate con los documentos de la página

1 Aclara las razones que incitan a los viajeros presentados en estas páginas.

2 Explica qué hace de estos viajeros unos aventureros, capaces de vivir experiencas extraordinarias.

Debate

Basaos en los documentos para debatir sobre si os parece indispensable viajar con mucho dinero y planificarlo todo.

Infórmate con la web

Busca en el menú de la web *lavueltaalmundosinpasta.com* información para preparar un viaje mochilero y sobrevivir.

B2i *S'inscrire et se désinscrire d'un service numérique.*

Proyecto FINAL

Presento el proyecto de un viaje escolar

PREPARACIÓN

Elegid un destino para vuestro viaje de fin de curso a España o América Latina.

En grupos de 3

ETAPA 1

Pensad en el modo de transporte, los profesores y alumnos que os acompañarán y el tiempo que durará el viaje.

ETAPA 2

Buscad en Internet información sobre el destino (actividades turísticas, culturales o deportivas que podríais realizar).

Bajad fotos del lugar y de las actividades (mapa, monumentos culturales, actividades diurnas y nocturnas) para presentarlos.

Grupo de jóvenes visitando el monasterio de Montserrat (Cataluña), durante un viaje de fin de curso

ETAPA 3

Explicad cómo vais a financiar parte del viaje.

Utilizad ideas de Albert Casals para disminuir el precio del transporte, del alojamiento y de la comida.

ACCIÓN

ETAPA 4

Redactad vuestra presentación para convencer a los profesores y a los alumnos.

Lo bueno de este destino es que...
Os gustará mucho poder...
Todo el mundo disfrutará porque...
No os imagináis lo bien que lo vamos a pasar...
Creo que este proyecto es el mejor porque...

Consejos

- Para **captar mejor la atención** de vuestro público, todos los miembros del grupo deben **expresarse**.
- Utilizad preguntas **para que el público participe** en la presentación.

¿No os gustaría...? / ¿Estáis de acuerdo...? ¿Os parece una buena idea...?

facultativo

B2*i* **Buscad en Internet una aplicación para votar en línea y elegid vuestro viaje.**

Hago balance

→ **Respect de la consigne** (fond et forme)	2 puntos	→ **Richesse de la langue**	5 puntos
→ **Pertinence des arguments**	5 puntos	→ **Ton adapté à la présentation d'un projet destiné à convaincre**	2 puntos
→ **Justesse et qualité des informations**	3 puntos	→ **Qualité de la prononciation**	3 puntos

Total: .../20 puntos

¡Hoy teatro!

TRABAJO EN GRUPO

CD classe 2 · MP 3 · 31

Ha llegado el momento de los últimos preparativos.

Cristina: ¡Qué guay! ¡Sólo quedan tres semanas antes del viaje de fin de curso!

Lucas: ¡Sí! ¡Que nos vamos a Mallorca!

Esteban: Pero todavía tenemos que organizar los últimos preparativos para la representación. Ya sabéis que nos ayudará a financiar parte del viaje.

Cristina: Pues, ya están listos los decorados y la música, pero necesitamos a alguien para realizar el cartel.

Lucas: ¿De verdad?... Bueno, podemos pedirle ayuda a María del Mar, ella domina muy bien los programas para crear carteles. Esperad un minuto. [Gritando] ¡María del Mar! Por favor, ¿nos puedes echar un cable con el cartel?

María del Mar [acercándose]: Vale, pero dadme toda la información que necesito.

Cristina: A ver, la representación tendrá lugar en el anfiteatro el próximo 7 de abril a las 6 en punto.

María del Mar: ¿Y qué imagen queréis que ponga? ¿Una foto, un dibujito?

Esteban: Pues, podríamos poner una foto de todos los actores, o mejor aún, de toda la clase, porque lo hicimos juntos, ¿eh?

Lucas: Eso sí que me gusta, que nos saquemos una foto con el equipo técnico.

María del Mar: ¡Vale, de acuerdo! Entonces, mando un mensaje a todos los de la clase y nos sacamos una foto.

Crea el cartel y el programa del espectáculo

Realizad el cartel del espectáculo

1. Di qué informaciones necesita María del Mar para hacer el cartel.
2. Elegid una imagen o foto llamativa *(attrayante)* para representar vuestra obra.
3. Escribid el título de la obra en mayúsculas.
4. Indicad el lugar, la fecha, la hora precisa y la duración de la función (la representación).
5. No olvidéis poner el precio ni indicar a qué público se dirige el espectáculo.

Realizad el programa

1. Apuntad toda la información necesaria (lugar, fecha, hora, duración del espectáculo).
2. Presentad a los actores y sus papeles *(rôles)*.
3. Redactad un resumen presentando los argumentos principales, las diferentes escenas y a los protagonistas.
4. Pensad en los agradecimientos *(les remerciements)* para las personas que participaron en vuestro proyecto.

El programa lo distribuiréis entre el público antes de la función.

Viaje en libros pp. 173-197

Précis grammatical pp. 198-223

Index p. 198

Mémento p. 200

Lexiques pp. 224-237

espagnol ▶ français p. 224

français ▶ espagnol p. 231

Lexique fonctionnel pp. 238-239

Viaje en libros

RELATOS

Primer encuentro, Jhonattan K. Díaz Gastelo (Perú) p. 174
Domingo de Ramos en Málaga, Elena Soriano Martí (España) p. 176
El Cucho, Ricardo Silva Romero (Colombia) p. 178
Vivir entre dos mundos, Esmeralda Santiago (Puerto Rico) p. 179
La melodía perdida, Carlos Salem (Argentina) p. 180
El novio, Federico García Lorca (España) p. 182
A ti también te iría bien, Antoni Marí (España) p. 184
He ido demasiado lejos contigo, Jorge Gómez Soto (España) p. 186
Se busca Papá Noel, Andrea Ferrari (Argentina) p. 188
Rómulo, Chamán, Marc Serena (España) p. 190

NOVELAS GRÁFICAS

Memorias de un hombre en pijama, Paco Roca (España) p. 192
La isla sin sonrisa, Enrique Fernández (España) p. 194
Dentro de nada, Juan Berrio (España) p. 196

Primer encuentro

Lima, hoy en día. Alberto se incorpora en la universidad. Hoy es su primer día de clase.

El aula, desierta y polvorienta, esperaba el ingreso de varios adolescentes inmaduros, amenazando con vagar y dormir sentados sobre las ruidosas carpetas. El sonido del reloj retumbaba en los fríos muros de concreto[1] y en la superficie de cemento llena de polvo resegado en el tiempo. La puerta del salón[2] se abría temblorosamente, atascándose contra el piso. Detrás de ella, se encontraba un joven adinerado, ajeno a esa situación, diferente al resto de jóvenes, pero con un punto en común: era vago[3] como los demás. El muchacho, alto, de tez blanca y de porte atlético, tenía los cabellos rubios que descansaban sobre su pálida frente. Llevaba puesto un polo con la imagen de un difunto cantante inglés en el pecho y una casaca de cuero marrón. En los oídos, unos audífonos que lo enchufaban a esos gritos metálicos que tanto le gustaba escuchar en su reproductor musical. Cuando ingresó, Alberto miró con repugnancia el salón, poco acostumbrado a lugares deprimentes. Mientras arrastraba sus largas piernas hasta su incómodo asiento, en las primeras filas del salón, tomó un sorbo de su gaseosa helada antes de recostarse sobre el tieso respaldar. Poco a poco, el aula se fue tugurizando de alumnos de barrios cercanos a la universidad. [...]

Por la puerta cruzó un alumno más. Llevaba una chompa negra con una capucha que cubría su acuchillado y moreno rostro y unos cuadernos amarillentos debajo del brazo. Levantó su mentón y se acomodó a la derecha de Alberto.

–¿Oe, broder[4], qué escuchas? –preguntó el moreno para romper aquella pesada barrera de silencio. Alberto lo ignoró y ni siquiera se molestó en voltear la cabeza para ver quién le hablaba. Seguía sentado con los brazos cruzados, mirando el piso, esperando a que llegue el docente, para poder tomar la clase y después largarse a su pomposa burbuja en Casuarinas[5], separado de aquel mundo despreciable. Aún con los audífonos conectados a sus oídos, abrió la última página de su cuaderno y empezó a jugar a tres en raya[6] contra sí mismo.

1. *béton*
2. *salle de cours*
3. *fainéant*
4. *de l'angl. brother: ici, mec (fam.)*
5. *quartier de Lima*
6. *jeu de morpion*
7. *métissée*

–Creo que te conozco, broder [...] –se atrevió a hacer una segunda pregunta el moreno.

–No. [...] Tú no me conoces. Y no soy tu *brother*, ¿ok? Y deja de hablarme, imbécil. – Alberto le subió el volumen a la música que escuchaba para volver a su partida individual de tres en raya. [...] ¿Qué hacía allí, entre esa gente? [...]

Buscó algún rostro familiar entre toda esa gente con quien dialogar, pero todas eran caras desagradables y no se atrevió a continuar indagando. Cuando Alberto estaba a punto de levantarse, mandar al diablo todo y dedicarse a callejear y errar por toda la eternidad, se apareció en la entrada, atravesando la epiléptica puerta, una muchacha muy guapa de estatura media, piel trigueña[7] y ondulados cabellos negros. [...]

Después de clase, Alberto encontró a Isabel y a su amiga conversando en la desolada cafetería de la universidad, ambas estaban sentadas en una mesa. [...]

–Hola chicas –interrumpió Alberto con una sonrisa inocente. [...]

–¿Cómo te llamas? Yo soy Isabel.

JHONATTAN K. DÍAZ GASTELO (Perú), *Súcubo a la limeña*, 2013

Domingo de **Ramos** en **Málaga**

Paloma ha decidido volver a la tierra de sus padres: Málaga. Tras[1] muchos años de ausencia, asiste de nuevo a las procesiones que marcaron su infancia.

La música ya llegaba hasta sus oídos: la música... la voz de los vendedores ambulantes anunciando sus productos... las conversaciones de los que la rodeaban con su acento tan característico... las campanillas[2] de los niños... el murmullo generalizado, en definitiva. Estaba en Málaga y era Semana Santa. [...]

El cielo azul brillaba sobre la mañana malagüeña, sobre su gente que se había echado a la calle, mucha de ella con atuendos absolutamente veraniegos dado que el tiempo así lo requería, sobre sus nazarenos[3], sobre Paloma, que se sentía hechizada de gozo[4], recostada en la pared de un comercio y sin perder detalle de cuanto la rodeaba. [...] La forma de llevar este trono es muy singular, puesto que los portadores lo mueven al son de la música que los acompaña, brindando así una estampa[5] que arranca el aplauso del público a cada paso. Paloma, en cambio, no seguía el impulso de la gente que la rodeaba y que aplaudía enfervorecida; ella se limitaba a dejarse llevar por una profundísima emoción que casi le humedecía los ojos: se encontraba absolutamente cautivada por el espectáculo. [...] Justo en ese punto había tenido lugar la lluvia de pétalos sobre la Virgen de la Merced, escena que le había parecido de una belleza incomparable. Ensimismada[6] como estaba en sus sentimientos y evocaciones, tardó en reaccionar cuando alguien se acercó a saludarla.

–Hola... hola, perdona que te aborde así por la calle sin conocernos, pero... estás alojada[7] en el Hotel Don Curro, ¿verdad?

Había tardado unos segundos en apercibirse de la presencia de aquel desconocido que, a su lado, llamaba su atención. Vestía el atuendo propio del Domingo de Ramos, que, visto desde fuera, puede parecer un tópico, pero en esa mañana había podido comprobar [...] que era la realidad del buen

1. = después
2. *cloches*
3. = los penitentes
4. *envoûtée de plaisir*
5. *une estampe (impression d'une gravure)*
6. *plongée dans ses pensées*
7. *logée*

Domingo de Ramos, Málaga (España)

malagueño: jersey anudado sobre los hombros a juego con la camisa, zapatos castellanos y, como nota alternativa al chino de pinzas[8], en esta ocasión, vaqueros negros con un cinturón que llamaba la atención. [...]

–Me llamo Óscar. Es que esta mañana te vi desayunando en el hotel y me llamó la atención porque estabas sola. [...] Yo también estoy en el hotel, y con una sonrisa, alargó una mano que Paloma estrechó. [...]

–Hola, soy Paloma. [...] Llegué ayer para pasar aquí toda la semana. [...]

–Oye, pues yo también he venido solo. ¿Te apetece que hagamos juntos algún plan? ¿O quizás prefieres ir sola?

–Uy, no, no me importa. ¿Pero tú, conoces bien la Semana Santa? Yo, es que voy un poco perdida. [...] Hacía muchos años que no estaba en Málaga.

–Pues si quieres, me convierto muy a gusto en tu guía[9]. Así te presento esta Semana Santa de ensueño que a mí, por otra parte, me parece la mejor del mundo, y ninguno de los dos está solo.

–Me parece perfecto.

Elena Soriano Martí (España), *La Semana Santa de mi vida,* 2012

8. *pantalon à pince*
9. *guide*

El Cucho

Guillermo Mordillo, *Fútbol*, © 1991 OLI Verlag N.V.

El Cucho, entrenador del equipo del colegio, asiste, nervioso, a un partido de fútbol que juegan sus alumnos contra un equipo chino.

El partido comenzó hace 40 minutos, pero todavía van cero a cero. Los locales, como siempre, estan acorralados[1]. El Cucho, que es el entrenador, el director técnico del equipo del Gimnasio del Retiro, se muerde las uñas[2] porque lo van a echar[3], porque el rector del colegio, presionado por el consejo directivo, ya no le va a aguantar[4] que los chicos se dejen meter otro gol o que pierdan otro partido. Ésta es su última oportunidad. Sí señor: esta vez tienen que ganar. Como sea. Este año el Gimnasio lo ha perdido todo: el concurso de bandas, las olimpiadas de matemáticas, el puesto en el escalafón de los mejores colegios de Bogotá. ¿También van a quedar por fuera de la segunda ronda del campeonato?, ¿van a ser humillados en su propia cancha[5]?,¿tendrán que reconocer que no sólo no les funcionan las cabezas sino que tampoco son capaces de usar las patas? El Cucho cree que sí. Está convencido de que ése, el del Gimnasio, es el peor equipo de fútbol que ha visto en su vida. Querría reírse de ellos en paz, en la comodidad de las tribunas, pero no puede porque es el entrenador. Los goleadores cabecean con los ojos cerrados, los defensas le pegan puntazos al pasto[6] y los mediocampistas tratan de terminar una conversación que comenzaron en el recreo de almuerzo: ¿habría que agregar algo?

1. *aux abois*
2. *se ronge les ongles*
3. *virer (fam.)*
4. *supporter*
5. *leur propre terrain*
6. = césped: *pelouse*

Ricardo Silva Romero (Colombia), *El fútbol se lee*, 2011

Vivir entre dos mundos

La autora y narradora es puertorriqueña. Ha emigrado a los Estados Unidos cuando era adolescente.

Desfile nacional puertorriqueño, Manhattan (Estados Unidos)

Aquí se me considera Latina o Hispana, con letras mayúsculas. No sé, en realidad, qué quiere decir eso. Me identifico así cuando me es necesario: cuando tengo que llenar formularios que no dan otra alternativa, o cuando tengo que apoyar a nuestros líderes[1] en sus esfuerzos para adelantar[2] nuestra situación económica y social en los Estados Unidos. Pero sí sé lo que quiere decir, para mí, el ser puertorriqueña. Mi puertorriqueñidad incluye mi vida norteamericana, mi espanglés[3], el sofrito que sazona mi arroz con gandules[4], la salsa de tomate y la salsa del Gran Combo. Una cultura ha enriquecido a la otra, y ambas me han enriquecido a mí.

Pero muchas veces siento el dolor de haber dejado a mi islita, mi gente, mi idioma. Y a veces ese dolor se convierte en rabia[5], en resentimiento, porque yo no seleccioné venir a los Estados Unidos. A mí me trajeron. Pero esa rabia infantil es la que alimenta mis cuentos. La que me hace enfrentar a una página vacía y llenarla de palabras que tratan de entender y explicarle a otros lo que es vivir en dos mundos, uno norteamericano y otro puertorriqueño. Es esa rabia la que se engancha a mi alma[6] y guía mis dedos y enseña sus garras[7] entre las sonrisas y las risas que en inglés son tan específicas y en español son dos palabras que necesitan ayuda para expresar, a veces, no el placer, sino el dolor detrás de ellas. Sonrisa dolorida. Risa ahogada[8]. Palabras entre dientes. Y es esa rabia la que me ha hecho posible perdonar quién soy. Cuando niña quise ser una jíbara[9], y cuando adolescente quise ser norteamericana. Ya mujer, soy las dos cosas, una jíbara norteamericana, y llevo mi mancha de plátano[10] con orgullo y dignidad.

Esmeralda Santiago (Puerto Rico), *Cuando era puertorriqueña*, 1994

1. *soutenir nos leaders*
2. *faire avancer*
3. *mélange d'espagnol et d'anglais*
4. *plat typique portoricain*
5. *rage*
6. *s'accroche à mon âme*
7. *montre les griffes*
8. *rires étouffés*
9. *indienne de Porto Rico*
10. *désigne les particularités communautaires portoricaines*

La melodía perdida

Cabo, un hombre misterioso, cuenta al protagonista cómo un día, conduciendo por una región desierta de España escuchando música, le vino a la mente una melodía que nunca pudo componer.

Castillo de Alhambra, Ciudad Real (España)

Todo se sumó, se ordenó hasta crear una melodía sublime dentro de mí. [...] Pasé varias horas recogiendo caminos ignotos[1] y repitiendo esa sinfonía en mi cabeza. Necesitaba papel y lápiz para escribirla, fijarla para siempre, pero no encontraba un alma. Casi a medianoche, en algún lugar de esta zona, hallé un pueblo en el medio de la nada. Había una iglesia en el centro, con un campanario y una mujer vestida de negro en la puerta. Bajé la ventanilla para rogarle que me prestara un lápiz y unas hojas de papel. Y entonces sonaron las campanas. Y ella se fue.

–¿La mujer?

–¡La sinfonía! [...] Se fue por la ventanilla. Giré el coche y la perseguí pero se perdió en la oscuridad, entre esos montes. Desde entonces, vago por aquí con las ventanillas abiertas, por si la melodía decide volver...[...] Cuando nací traía una batuta[2] bajo el brazo. Mi padre, el gran músico, era pobre. Siempre lo fue. El reconocimiento le llegó de mayor y nunca alcanzó para pagar el alquiler. Pero yo veía cómo lo miraban los otros músicos, los que ganaban fortunas y daban conciertos por todo el mundo. Había en sus ojos una envidia tibia, macerada, no podían

1. = desconocidos
2. *une baguette de direction d'orchestre*

hablar con él sin que sus voces se humillaran un poco, aunque sus trajes valieran más de lo que mi padre ganaba en varios meses. Él nunca se quejaba de su situación: casi una gloria nacional, reconocimiento mundial en los círculos más prestigiosos, y agujeros en las suelas de los zapatos. No. Mi padre llevaba todo eso con naturalidad, porque tenía la música. [...]

El silencio se tragó parte de la historia que resonaba en su cabeza y continuó:

–Desde pequeño quise imitarlo y al mismo tiempo conseguir el éxito que lo desagraviara. Estudié, me apliqué, y muy pronto, supongo que gracias a su apellido, tuve oportunidades. Pero yo sabía que me faltaba eso que a él lo hacía diferente. Empecé a grabar discos popularizando los clásicos y él nunca dijo nada, ni siquiera cuando hice aquellos de Mozart en tiempo de salsa, o cuando grabamos Bach en *hip-hop*. Él se retiró, estaba muy enfermo, y con lo que yo ganaba pude darle lujos que nunca había conocido. El dinero me sobraba, salía en programas de tele, vendía millones de discos, pero los músicos nunca me miraban como lo miraban a él. Ningún músico. Ni siquiera él.

CARLOS SALEM (Argentina),
Pero sigo siendo el rey, 2009

El novio

En la Andalucía de los años 30, un joven a punto de casarse trata de convencer a su madre de lo bueno de su futuro matrimonio.

1941. Bodas de Sangre. Dirección: Jorge Eines. Compañía: Tejido Abierto Teatro. España.

Acto I, cuadro primero

Habitación pintada de amarillo.

Madre: [...] ¿Cuánto tiempo llevas en relaciones?
Novio: Tres años. Ya pude comprar la viña[1].
Madre: Tres años. Ella tuvo un novio, ¿no?
Novio: No sé. Creo que no. Las muchachas tienen que mirar con quien se casan.
Madre: Sí. Yo no miré a nadie. Miré a tu padre, y cuando lo mataron miré a la pared de enfrente. Una mujer con un hombre, y ya está.
Novio: Usted sabe que mi novia es buena.
Madre: No lo dudo. De todos modos, siento no saber cómo fue su madre.
Novio: ¿Que más da?
Madre: *[Mirándole]* Hijo.
Novio: ¿Qué quiere usted?

1. *le terrain*
2. *laiton (alliage de cuivre et de zinc)*
3. *dentelle*

Madre: ¡Que es verdad! ¡Que tienes razón! ¿Cuándo quieres que la pida?

Novio: *[Alegre]* ¿Le parece bien el domingo?

Madre: *[Seria]* Le llevaré los pendientes de azófar[2], que son antiguos, y tú le compras...

Novio: Usted entiende más...

Madre: Le compras unas medias caladas, y para ti dos trajes... ¡Tres! ¡No te tengo más que a ti!

Novio: Me voy. Mañana iré a verla.

Madre: Sí, sí; y a ver si me alegras con seis nietos, o lo que te dé la gana, ya que tu padre no tuvo lugar de hacérmelos a mí.

Novio: El primero para usted.

Madre: Sí, pero que haya niñas. Que yo quiero bordar y hacer encaje[3] y estar tranquila.

Novio: Estoy seguro que usted querrá a mi novia.

Madre: La querré. *[Se dirige a besarlo y reacciona]* Anda, ya estás muy grande para besos. Se los das a tu mujer. *[Pausa. Aparte]* Cuando lo sea. [...]

[Vase el novio. La madre queda sentada de espaldas a la puerta. Aparece en la puerta una vecina vestida de color oscuro, con pañuelo en la cabeza.]

Madre: Pasa.

Vecina: ¿Cómo estás? [...] ¿Y tu hijo?

Madre: Salió.

Vecina: ¡Al fin compró la viña!

Madre: Tuvo suerte.

Vecina: Ahora se casará.

Madre: *[Como despertando y acercando su silla a la silla de la vecina.]* Oye.

Vecina: *[En plan confidencial.]* Dime.

Madre: ¿Tú conoces a la novia de mi hijo?

Vecina: ¡Buena muchacha!

Madre: Sí, pero...

Vecina: Pero quien la conozca a fondo no hay nadie. Vive sola con su padre, allí, tan lejos, a diez leguas de la casa más cerca. Pero es buena. Acostumbrada a la soledad.

Madre: ¿Y su madre?

Vecina: A su madre la conocí. Hermosa. Le relucía la cara como a un santo; pero a mí no me gustó nunca. No quería a su marido.

[...]

Madre: [...] A mí me habían dicho que la muchacha tuvo novio hace tiempo.

Vecina: Tendría ella quince años. Él se casó ya hace dos años con una prima de ella, por cierto. Nadie se acuerda del noviazgo.

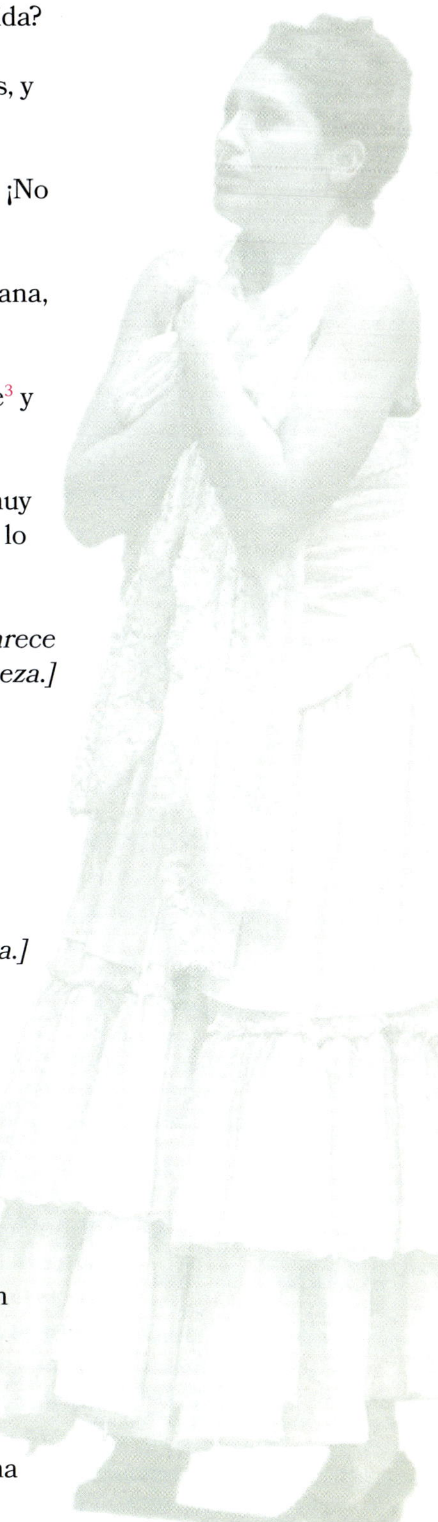

Federico García Lorca (España), *Bodas de sangre*, 1933

A ti también te iría bien

Aquella mañana yo estaba haciendo los ejercicios de aritmética sobre la tapa abierta del canterano[1], mientras el abuelo leía el periódico, cerca de mí, en su lugar habitual. Sentado en su sillón, con la pierna izquierda cruzada sobre la derecha, leía y pasaba las páginas del periódico desplegado. [...]

Mi madre entró en el cuarto tarareando una canción y, al vernos ocupados en nuestros asuntos, bajó la voz, aminoró el paso, se dirigió al balcón y penetró en el haz de luz que iluminaba la estancia. [...]

Mi madre abrió un frasco[2] de color rojo escarlata y con un diminuto pincel empezó a colorearse las uñas. Con atención y parsimonia fue cubriéndolas con un líquido brillante, denso y encarnado como una granada. [...] Una vez terminada la operación cerró el frasco y puso sus manos sobre la barandilla para que se le secaran al sol. Movía los dedos como si tocara el piano, mientras tarareaba la canción que había interrumpido cuando entró en la estancia. Una vez secas las uñas, dobló las manos hacia dentro. Juntó los dedos y sopló sobre ellos. Extendió los brazos y observó detenidamente sus manos, entornando los ojos. Me dio un beso, me dijo adiós, y entró[3].

Quedé mirando la calle, entré en la habitación y volví a mis ejercicios de aritmética. A los pocos minutos oí un leve ronquido[4] y miré hacia el abuelo que, como en tantas ocasiones, se había quedado con el periódico en el regazo. Seguí trabajando en mis ejercicios y cuando hube terminado, cerré el cuaderno y lo abrí por la primera página: me gustaba observar las hojas llenas de números. [...]

Bajé de la silla y, cuando me iba hacia mi cuarto, reparé[5] en el frasco de esmalte que mi madre había dejado sobre la mesita del abuelo, que seguía durmiendo. Me acerqué sigilosamente[6] hacia él y lo observé. [...]

Sus manos largas y huesudas reposaban sobre el periódico, inmóviles e indolentes. Tenían manchas oscuras en la piel y una infinitud de pequeñas arrugas se plegaban en múltiples rugosidades. Las uñas[7] estaban atravesadas por estrías verticales que recorrían en superficie de abajo arriba. Qué distintas sus manos de las de mi madre, pensé. Tan tersas

1. *secrétaire (meuble)*
2. *flacon*
3. *ici, elle sortit*
4. *ronflement*
5. *je remarquai*
6. *discrètement*
7. *ongles*

y vigorosas, las de ella; tan decrépitas y dolorosamente inhábiles, las del abuelo, piadosas y tranquilas en sus movimientos. No le iría mal[8] un poco de granate a estas manos viejas y deterioradas, pensé.

Tomé el frasco del esmalte, me arrodillé junto al sillón, y tal y como había visto que lo hacía mi madre, fui aplicando aquel líquido untuoso y transparente sobre las uñas de sus dos manos. [...]

A la hora de comer salí de mi cuarto y fui al comedor. Al llegar allí, mi madre me dijo: Ve a buscar al abuelo, que vamos a comer. Fui a la estancia y el abuelo seguía dormido tal y como yo le había dejado, media hora antes. Le di unas palmaditas en el hombro, se despertó, me cogió de la mano derecha y, atravesando el pasillo, llegamos al comedor cuando todos estaban dispuestos para comer. El abuelo se sentó en la cabecera y yo a su derecha. [...]

Pablo Picasso, Retrato de Dora Maar, 1937

Todos se dieron cuenta de que el abuelo llevaba las uñas pintadas. Mis hermanos se taparon la boca con las manos para ocultar su risa. Mi padre no debía dar crédito a sus ojos: daba cortas y continuas cabezaditas de derecha a izquierda y hacía chasquear[9] la lengua contra el paladar, emitiendo un sonido que parecía delatar su contrariedad. Está chocheando[10], debía pensar, está chocheando. Mi madre daba profundos suspiros de preocupación. Yo no podía levantar los ojos de mi plato. El abuelo, sin embargo, no parecía darse cuenta de nada; seguía tomándose la sopa tranquilamente, haciendo navegar los trocitos de pan que flotaban en el caldo.

Después de un leve carraspeo, mi padre se dirigió al abuelo y le dijo: Qué uñas tan elegantes, papá. Parece que estemos en carnaval. ¿Es carmín, o esmalte para las uñas? Esmalte para las uñas, contestó el abuelo. Del frasco de tu mujer. Me gusta. Esta mañana he visto cómo lo hacía, y me gusta. Me gusta, repitió, y extendiendo el brazo derecho se contempló las uñas. A ti también te iría bien un poco de color. Es muy fácil de aplicar, afirmó distraído, mientras se terminaba la sopa y se secaba con la servilleta los labios.

ANTONI MARÍ (España), «Sufrir con paciencia las flaquezas y molestias del prójimo», *El vaso de plata*, 2009

8. *ça ne lui ferait pas de mal*
9. *il faisait claquer*
10. *il est gâteux (fam.)*

He ido demasiado lejos contigo

El narrador, cuyo *nick* en el *chat* es Gótico, es un adolescente que ha conocido por una red social a una misteriosa chica llamada Aarónica.

El ordenador parecía arrancar[1] más lento que otros días... Venga, venga. Cuanto más evoluciona la tecnología, más tardan en arrancar los aparatos, ¿no tendría que ser al revés ? En realidad no le pasaba nada al ordenador, sino a mí, que estaba devorado por la impaciencia. El domingo, Aarónica no se había conectado. Me tiré prácticamente todo el día conectado, pero nada. Cada vez que tenía que dejar el cuarto (para ir al servicio, para bajar a por el pan...), volvía corriendo con la seguridad de que justo en ese momento el muñequito[2] se habría puesto verde. Fueron momentos de angustia que esperaba que no se repitiesen, porque dos días seguidos sin saber de ella serían duros de sobrellevar[3].

Aarónica dice: Hola, Gotiquín

¡Sííí, era ella! Menos mal.

Gótico dice: Ayer fue el día más largo de mi vida.

Aarónica dice: Exagerado. Dime qué sentiste.

Gótico dice: ¿Ya empiezas con las preguntitas?

Aarónica dice: Ya sabes que me gusta ir al fondo de todo. Quiero conocer lo más profundo de ti, qué eres capaz de sentir.

¿Quería saberlo...? Pues se iba a enterar.

Gótico dice: Si quieres sinceridad, la vas a tener: creo que me estoy pillando[4] contigo. Y para ser más sincero aún, no sé cómo puedes encontrar estimulante mi conversación cuando salta a la vista[5] que eres diez veces más inteligente que yo.

Aarónica dice: ¡Qué dices! Como mucho seis veces más... (es broma).

Gótico dice: El sábado cuando desconectamos, se me ocurrió la respuesta a tu pregunta.

Aarónica dice: ¿A cuál de todas?

Gótico dice: También es verdad, je, como me hiciste pocas... la de ¿Qué crees que somos tú y yo? Pues creo que somos un pequeño vicio el uno para el

1. *démarrer*
2. *le bonhomme*
3. *surmonter*
4. *je suis en train de m'attacher à toi*
5. *c'est évident*

otro. Es una frase seis veces menos bonita que la tuya, pero es a lo que puedo llegar yo. [...]

Seguimos hablando. Tenía más confianza con Aarónica (una desconocida, al fin y al cabo) que con cualquier miembro de mi familia. Resultaba triste decirlo pero era así. Quizá no había encontrado con ellos esas palabras-pértiga[6] que te ayudaban a saltar el muro que nos separaba pese a[7] estar todos los días juntos. Con Aarónica era mucho más fácil, se interesaba más por mí, me entendía mejor que ellos... ¿o sería que precisamente por ser mis familiares me negaba a darles la posibilidad de que me entendiesen, como si no fuesen a ser capaces? No lo sabía, y es más, ni siquiera me importaba en esos instantes. Las palabras de Aarónica aparecían hipnóticas frente a mis ojos.

Pasaron los minutos y me cansé de esperar un resquicio[8] por el que colarle una cita[9], así que decidí pedírsela, aunque no tuviese que ver con la conversación.

Gótico dice: Esto va completamente en serio: necesito que nos veamos.

Después de mi mensaje, se hizo el silencio en la pantalla.

Gótico dice: ¿Aarónica?

Nada, ni una palabra nueva. Me empecé a poner nervioso.

Gótico dice: ¿Estás ahí?

Aarónica dice: No puedo seguir con esto.

Mis manos se congelaron sobre el teclado. ¿De qué estaba hablando?

Aarónica dice: Eres un chaval estupendo y creo que he ido demasiado lejos contigo. No se puede jugar así con la gente. Te voy a decir la verdad. Espero que no te afecte mucho.

Gótico dice: Venga, ¿a qué esperas?

Aarónica dice: Ni tengo dieciséis años, ni soy una chica ni vivo en tu barrio. Tengo veintinueve años y soy escritor. [...] Lo siento.

Jorge Gómez Soto (España), *Respirando cerca de mí*, 2006

6. *ces perches (fig.)*
7. *malgré*
8. *une brèche*
9. *lui filer un rencart (fam.)*

Se busca PAPÁ NOEL

Ana, una joven de 15 años, necesita dinero para ayudar a su familia. Decide solicitar el puesto vacante de Papá Noel en una tienda cerca de su casa.

Esta vez, en medio de la vorágine[1] de palabras, le parece entender que el viejo Antonio del segundo piso se quebró[2] la cadera al caer en la bañera la noche anterior. [...]

–Así que en Toby's están desesperados. [...] En seis días es Navidad –le informa Olga como si eso dejara todo claro.

–¿Mmm?

–¡Navidad ! –insiste–. El viejo es Papá Noel.

Entonces lo recuerda. El viejo Antonio viene trabajando para la tienda cada Navidad desde hace muchísimos años. Se pone el traje rojo, se sienta en el gran sillón y atiende a los chicos que hacen cola para entregarle su lista de regalos y sacarse fotos. Un trabajo sencillo, de pocos días y mucho dinero. Eso, al menos, piensa ella en ese momento.

–¿Y qué van a hacer?

–Están buscando con urgencia. Hasta pusieron un cartel en la puerta. [...]

Un rústico cuadrado blanco con letras negras anunciaba :

«Se busca hombre mayor, responsable y amante de los niños, para trabajo navideño durante una semana. Buen salario. Inútil presentarse sin cumplir los requisitos[3]».

Seguramente esa última frase habría disuadido a mucha gente. No a Ana, que entra con paso firme y busca con la mirada a algún responsable. [...]

–¿Buscas algo?

Ana asiente

–Vengo por el trabajo.

1. *le tourbillon*
2. *s'est cassé*
3. *les conditions*
4. *un déguisement*
5. *distribuer des tracts*
6. *ici, un traîneau*
7. *effronterie*

–¿Qué trabajo?

Ella señala la puerta.

–El del cartel.

Ahora nota que él ya no la mira como a una ladrona en potencia, sino como a una persona con problemas mentales.

–Me parece que no leíste bien.

–Sí, lo leí. Y también sé que el viejo Antonio se rompió la cadera, que falta una semana para Navidad y están desesperados. Creo que al señor Tobías le va a interesar recibirme. [..]

–¿Tu nombre?

–Ana Grimstad.

–¿Edad?

–Dieciséis –miente.

Tiene quince, pero está segura de que si admite su edad real no la tomarán. Igual, todo el mundo dice que parece mayor.

–Y ¿te presentas para...? [...]

–El puesto de Papá Noel.

Toby levanta las cejas con fingida sorpresa.

–¿No te parece que no cumplís con los requisitos?

–Eso es relativo. Lo que la gente va a ver es un disfraz[4]: si estoy bien disfrazada, nadie se va a dar cuenta de que soy una mujer. Además me llevo bien con los chicos y tengo un excelente manejo de la voz. [...]

Ella decide dar entonces un paso arriesgado.

–Fíjese –dice, y saca de su interior una voz oscura y potente–. ¡Feliz Navidad! Jo, jo, jo.

De inmediato se arrepiente, pero a Toby el asunto parece haberle gustado. Sonríe por primera vez desde que ella entró a la habitación.

–¿Y sabes en qué consiste el trabajo?

–Sí: sentarse en el sillón y sacarse fotos con los chicos.

–Implica disponibilidad absoluta desde hoy hasta Navidad –la interrumpe–. Parte del tiempo dentro de la tienda, recibiendo a los chicos. Y otra parte en la calle, repartiendo volantes[5] o dando vueltas con un carro[6] que estamos terminando de acondicionar en este momento. [...]

La cara de él demuestra sorpresa ante su descaro[7], pero durante unos segundos no dice nada. Luego levanta el teléfono y le avisa a alguien al otro lado de que tiene que buscar el disfraz de Papá Noel y que van a tener que adaptarlo.

Andrea Ferrari (Argentina), *Zoom*, 2013

Rómulo Chamán

Subo a la barca. Es de carga, hecha de madera y rudimentaria, con capacidad para una treintena de pasajeros. Aquí en la selva llueve a menudo, así que está cubierta con un pequeño techo[1] y plásticos a ambos lados. Es extremadamente frágil, pero es el único modo de llegar a las comunidades de indios que hay a orillas del río Ucayali. Tomo asiento en uno de los pocos lugares que quedan libres.

Los compañeros de viaje son todos indígenas que vuelven a su casa. Van vestidos de ciudad, con pantalones y camisa. Una pareja joven lleva una cajita con dos perritos. Un anciano arrastra un saco con tres gallinas. Cuento también tres mujeres solas con sus criaturas. [...]

1. *un toit*
2. *appareillent*
3. *lointain*
4. *les ataques*
5. *nous nous éloignons*
6. *la jungle*
7. *trace*

Betania, Pucallpa (Perú)
29 de abril de 2009

Las barcas zarpan[2] cuando el patrón considera que hay la gente o las mercaderías suficientes. No hay horarios. Nos alejamos del puerto de Pucallpa. Muy lentamente, no hay prisa. Vamos de un sitio remoto[3] a otro que aún lo es más. A Pucallpa, de donde salimos, ya es difícil llegar. Es una ciudad de tamaño medio comunicada con Lima por una carretera pésima donde son habituales los asaltos[4], sobre todo por la noche. En coche, son 20 horas de trayecto. Se podría llegar en avión, pero en Sudamérica volar es caro. Los más aventureros optan por el río: en tres o cuatro días sin parar pueden llegar a Iquitos, la ciudad más grande del mundo sin acceso terrestre.

Cuando veo que nos alejamos[5], me pregunto qué hago yo adentrándome con una barquita en la selva[6] peruana. No tengo la respuesta muy clara. Sólo sé que quisiera conocer los indios shipibos y que tengo un contacto de alguien que me puede ayudar en Betania, una comunidad a cuatro horas de Pucallpa.

La barca avanza en silencio río adentro. Los otros pasajeros hablan poco, pero si lo hacen ya no es en español. Enseguida perdemos de vista todo rastro[7] de civilización y entramos en la selva frondosa, una de las áreas del mundo con más biodiversidad.

Marc Serena (España), *La vuelta de los 25*, 2011

BRRR
¿SÍ?
SÍ, SOY YO. ¿QUIÉN ES? ¿DE LA SEXTA? SÍ... NO, NO CONOZCO ESE PROGRAMA. YO... VEO POCO LA TELE.
¿GRABÁIS UN DÍA EN LA VIDA DE UNA PERSONA FAMOSA? YA... Y CADA REPORTAJE DURA QUINCE MINUTOS, SÍ...
MUY INTERESAN-TE, SÍ...
AH, ¿Y QUERÉIS GRABAR UN DÍA EN MI VIDA? VAYA, JE, JE... ¿QUE CÓMO ES MI VIDA? APASIONANTE, SÍ. AH... ¿QUE QUÉ HAGO UN DÍA NORMAL?
ME LEVANTO A ESO DE LAS SIETE DE LA MAÑANA. DESAYUNO DELANTE DEL ORDENADOR CONTESTANDO LOS CORREOS...
CONTINÚO TRABAJANDO DELANTE DEL ORDENADOR HASTA LA UNA.

Memorias de un hombre en pijama, Paco Roca (España)

...
¿NO ES MARAVI-LLOSO, SEÑOR DEAN?
TEN CUIDADO, ELI. SAL DE AHÍ.
¡LAS FLORES PROTEGEN SUS SEMILLAS DE LOS PÁJAROS QUE VIVEN A SU ALREDEDOR, CREANDO UNA CORAZA!
¡SABEN QUE CUANDO HAY TORMENTA HAY FUERTES VIENTOS! ¡ASÍ QUE CUANDO OYEN EL SONIDO DE LOS TRUENOS MUY CERCA Y CADA VEZ MÁS SEGUIDO, DISPARAN SUS SEMILLAS LO MÁS ALTO QUE PUEDEN!
¡ELI! ¡CUIDA-DO!
¡LAS FLORES ESPERAN QUE EL VIENTO LLEVE LAS SEMILLAS LEJOS DE LOS PÁJAROS, PARA QUE HAGAN NACER NUEVOS CAMPOS DE FLORES!
¡AL MISMO TIEMPO, LOS PÁJAROS APROVECHAN PARA ALIMENTARSE Y ENSEÑAR A SUS CRÍAS A VOLAR EN LA TORMENTA, HACIENDO QUE NO LE TEMAN A NADA!
¡¿NO ES MARAVI-LLOSO?!
¡SÍ! ¡MUY BONITO!
¡NO! ¡NO ES BONITO! ¡ES MARAVILLOSO!
¡LAS FLORES Y LOS PÁJAROS LUCHAN POR LA VIDA! ¡LAS FLORES VIVIRÁN SIEMPRE! ¡LOS PÁJAROS VIVI-RÁN SIEMPRE! ¡ES MARAVILLOSO!

La isla sin sonrisa, Enrique Fernández (España)

Viaje en libros

Dentro de nada, Juan Berrio (España)

Précis grammatical

Les **numéros** renvoient au précis grammatical.

A

A (préposition) **15.2** p. 209
Absence d'article **8.4** p. 204
Accentuation **03** p. 201
Adjectifs (pluriel des) **05.2** p. 202
Adjectifs démonstratifs **10.1** p. 205
Adjectifs négatifs **17.1** p. 211
Adjectifs possessifs **09.1** p. 204
Adverbes et locutions adverbiales **14** p. 208
Adverbes négatifs **17.1** p. 211
Adverbes quantitatifs **11** p. 206
Al + infinitif (cause) **38** p. 222
Alphabet **01** p. 200
Apocope **07** p. 203
Articles **08** p. 203
Augmentatifs (suffixes) **06.2** p. 202
Aun (même) **14.4** p. 208
Aún (encore) **14.2** p. 208
Aunque **28** p. 218
« Aussi... que » (comparatif d'égalité) **30.1** p. 219

B

But (expression de) **29.1** p. 219

C

« C'est... qui/que/là que » (tournure emphatique) **18** p. 211
Cada vez (locution comparative) **30.4** p. 219
Cada vez que (subordonnée de temps) **26** p. 218
Cardinaux **04.1** p. 201
Causale (subordonnée) **27** p. 218
Como si + imparfait du subjonctif ou plus-que-parfait du subjonctif (comparaison) **30.3** p. 219
Comparaison **30** p. 219
Comparatif d'égalité (aussi... que) **30.1** p. 219
Comparatif d'infériorité (moins... que) **30.2** p. 219
Comparatif de supériorité (plus... que) **30.2** p. 219
Comparatives (locutions) **30.4** p. 219
Con (préposition) **15.3** p. 219
Concession (subordonnée) **28** p. 218
Concordance des temps **36** p. 221
Condition (expression de la) **25** p. 218
Conditionnel **24.1** p. 216
Conséquence (expression de la) **29.2** p. 219
Construction pronominale **33** p. 220
Corrélative (subordonnée) **39** p. 222
Cuando (subordonnée de temps) **26** p. 218

D

De (préposition) **15.2** p. 209
Définis (articles) **08.1** p. 203
Démonstratifs **10** p. 205
Desde (préposition) **15.9** p. 210
« Devenir » (traduction de) **20** p. 212
Diérèse **02** p. 200
Diminutifs (suffixes) **06.1** p. 202
« Dont » (traduction de) **13.3** p. 208
Durée (expression de la) **21** p. 213

E

Emphatique (tournure) **18** p. 211
En (préposition) **15.4** p. 209
« En » (traduction du pronom) **12.5** p. 207
En cuanto (subordonnée de temps) **26** p. 218
Enclise **12.3** p. 207
Envie (expression de l') **33.4** p. 220
Estar (emplois) **22.2** p. 213
Estar + adjectif **22.3** p. 213
Exclamative (phrase) **16.2** p. 210

F

Futur **24.1** p. 216

G

Gérondif **23.3** p. 214
Gustar (tournures affectives) **33.4** p. 221

H

Hasta (adverbe) **14.4** p. 209
Hasta (préposition) **15.8** p. 210
Hypothèse **24.2** p. 217

I

« Il y a » (traduction d') **21** p. 213
Imparfait du subjonctif **24.2** p. 217
Impératif **24.3** p. 217
Impersonnels (modes) **23** p. 214
Indéfinis (adjectifs) **11** p. 206
Indéfinis (articles) **08.2** p. 203
Indéfinis (partitifs) **11.1** p. 206
Indéfinis (qualité) **11.2** p. 206
Indéfinis (quantité) **11.1** p. 206
Indicatif **24.1** p. 215
Infinitif **23.1** p. 214
Interdiction (expression de l') **34** p. 221
Interrogatifs (pronoms) **16.1** p. 210
Interrogation sans pronom **16.1** p. 210

L

« Le, la, les plus.../moins... » (superlatifs relatifs) **31.1** p. 220
Lieu (adverbes de) **14.1** p. 208
Lo (article neutre) **08.3** p. 204
Locutions comparatives **30.4** p. 219

M

-mente (adverbes en) **14.3** p. 209
Mientras que **30.5** p. 219
Modes impersonnels (valeurs et emplois) **23** p. 214
Modes personnels (valeurs et emplois) **24** p. 215
Modifications orthographiques **02** p. 200
Moins... que (comparatif d'infériorité) **30.2** p. 219

Précis grammatical

N

Négatifs (adverbes, pronoms, adjectifs) **17.1** p. 211
Négation **17** p. 211
Ni **17.2** p. 211
Ni siquiera **17.2** p. 211
No… más que **17.2** p. 211
No… sino (que) **17.2** p. 211
Nosotros (traduction de « on ») **19** p. 212
Numération **04** p. 201

O

O > u **02** p. 200
Obligation (expression de l') **32** p. 220
Obligation impersonnelle **32.1** p. 220
Obligation personnelle **32.2** p. 220
« On » (traduction d') **19** p. 212
Opinion négative (expression de l') **35** p. 221
Opposition **30.5** p. 219
Ordinaux **04.2** p. 201
Ordre (expression de l') **34** p. 221
Orthographe **02** p. 200

P

Para (préposition) **15.6** p. 210
Participe passé **23.2** p. 214
Partitive (valeur) **11.1** p. 206
Passé composé **24.1** p. 215
Passé simple **24.1** p. 215
Personnels (modes) **24** p. 215
Phrase exclamative **16.2** p. 215
Phrase interrogative **16.1** p. 215
Pluriel **05** p. 202
Plus... que (comparatif de supériorité) **30.2** p. 219
Por (préposition) **15.5** p. 219
Possessifs **09** p. 204
Prépositions **15** p. 209
Prépositions composées **15.7** p. 210
Présent de l'indicatif **24.1** p. 213
Prière (expression de la) **34** p. 221
Progressive (forme) **23.3** p. 214
Pronominale (construction) **33** p. 220
Pronoms démonstratifs **10.2** p. 205
Pronoms interrogatifs **16.1** p. 210
Pronoms négatifs **17.1** p. 211
Pronoms personnels **12** p. 206
Pronoms personnels compléments **12.2** p. 207
Pronoms personnels réfléchis **12.2** p. 207
Pronoms personnels sujets **12.1** p. 207
Pronoms possessifs **09.2** p. 205
Pronoms relatifs **13** p. 208
Prononciation **02** p. 200

Q

Qualité (expression de la) **11.2** p. 206
Quantité (expression de la) **11.1** p. 206
Que (pronom relatif complément) **13.2** p. 208
Que (pronom relatif sujet) **13.1** p. 208

R

Relatifs (pronoms) **13** p. 208
Répétition **37** p. 221

S

Sentiment à la forme négative (verbes de) **35** p. 221
Ser (emplois) **22.1** p. 213
Ser et *estar* employés avec un adjectif **22.3** p. 213
Siempre que (expression de la condition) **25** p. 218
Simultanéité **38** p. 222
Soler **23.1** p. 214
Souhait (expression de) **34** p. 221
Subjonctif **24.2** p. 217
Subordonnée (but) **29.1** p. 219
Subordonnée (cause) **27** p. 218
Subordonnée (concession) **28** p. 218
Subordonnée (conséquence) **29.2** p. 219
Subordonnée (corrélative) **39** p. 222
Subordonnée (temps) **26** p. 218
Substantifs (pluriel des) **05.1** p. 202
Suffixes **06** p. 202
Superlatif **31** p. 220
Superlatif absolu (très) **31.2** p. 220
Superlatif relatif (le, la, les plus... / le, la, les moins...) **31.1** p. 220
Synalèphe **02** p. 200

T

Tampoco **17.2** p. 211
Tan pronto como (subordonnée de temps) **26** p. 218
Temps (adverbes de) **14.2** p. 208
Temps (subordonnée de) **26** p. 218
Temps composés **24.1** p. 215
Tournures affectives **33.4** p. 221
Tournure emphatique (c'est… que/qui) **18** p. 211
Très (superlatif absolu) **31.2** p. 220
Troisième personne (traduction de « on ») **19** p. 212
Troisième personne du pluriel (traduction de « on ») **19** p. 212

U

Uno, una (traduction de « on ») **19** p. 212
Usted(es) (vouvoiement) **12.4** p. 206

V

Verbes (avec préposition différente du français) **40.1** p. 222
Verbes (construction avec ou sans préposition) **40** p. 222
Verbes (construction pronominale) **33** p. 220
Verbes à diphtongue **41** p. 223
Vouvoiement **12.4** p. 207

Y

Y > e **02** p. 200
« Y » (traduction du pronom) **12.5** p. 207
Ya no **17.2** p. 211

Précis grammatical

1 L'alphabet

L'alphabet espagnol compte 27 lettres : 21 consonnes et 6 voyelles. Le nom des lettres est féminin.

A	*la a*	*N*	*la ene*
B	*la be*	**Ñ**	***la eñe***
C	*la c*	*O*	*la o*
CH	***la che***	*P*	*la pe*
D	*la d*	*Q*	*la cu*
E	*la e*	*R*	*la erre*
F	*la efe*	*S*	*la ese*
G	*la ge*	*T*	*la te*
H	*la hache*	*U*	*la u*
I	*la i*	*V*	*la uve*
J	*la jota*	*W*	*la uve doble doble*
K	*la ka*	*X*	*la equis*
L	*la ele*	*Y*	*la ye*
LL	***la elle***	*Z*	*la zeta*
M	*la eme*		

Depuis la réforme de l'orthographe de la Real Academia Española de 2010, les signes ***ch*** et ***ll*** ne sont plus des lettres de l'alphabet et sont aujourd'hui classés respectivement après les lettres *c* et *l* dans les dictionnaires. De même le *y* ne se dit plus *la i griega* mais *la ye*, et le *b* ne se dit plus *la be alta* mais *la be*.

2 L'orthographe et la prononciation

L'orthographe espagnole est phonétique : l'espagnol s'écrit comme il se prononce et tout ce qui est écrit se prononce (par exemple, pour le son [f], la lettre « f » suffit, pas besoin de « ph » comme en français).

• **On fera néanmoins attention à prononcer correctement et à distinguer :**

■ **le *s* et les *z, ce, ci*** : le *s* ressemble au « s » français, même s'il est légèrement chuinté en Castille et dans le Nord de la péninsule, tandis que les *z, ce, ci* sont des sons interdentaux. En Amérique Latine et en Andalousie, ces deux sons sont souvent très proches, voire identiques.

■ **le *r* et le *rr*** : le second est plus long que le premier (on l'appelle *doble erre*). Certains mots diffèrent par la présence de l'un ou de l'autre, et donc se prononcent différemment.

pero (mais) / *un perro* (un chien)

■ **le *v* et le *b*** : en Espagne, les deux lettres se prononcent de la même façon, comme le « b ».
En Amérique Latine, le « v » se prononce [v] et le « b » se prononce [b].

Remarque :

■ La **synalèphe** (*sinalefa*) est un phénomène consistant en la prononciation globale d'une voyelle finale d'un mot et de la voyelle initiale du mot suivant.

ya está: yas - ta

■ Le phénomène contraire est la **diérèse** (*diéresis*).
Ces deux phénomènes ont leur importance en poésie, pour la mesure des vers.

• **Les modifications orthographiques**

■ Le radical d'un verbe, d'un nom, ou d'un adjectif auquel on ajoute un suffixe peut voir son orthographe modifiée afin de respecter la prononciation originale.

*reali**z**ar: reali**c**e (subj.)*
*corre**g**ir: corri**j**a (subj.)*
*chi**c**o: chi**qu**ito*
*ami**g**a: ami**gu**ita*

■ Les conjonctions de coordination ***y*** et ***o*** peuvent se transformer.

- *y* devient *e* devant un mot commençant par *i-* ou *hi-*
- *o* devient *u* devant un mot commençant par *o-* ou *ho-*

3 L'accentuation

L'espagnol est une langue tonique : chaque mot contient une syllabe tonique sur laquelle on va insister en prononçant le mot.

- Les mots terminés par **une voyelle, un *-n* ou un *-s*** sont accentués sur l'avant-dernière syllabe.
- Les mots terminés par **une consonne autre que *-n* ou *-s*** sont accentués sur la dernière syllabe.
- Les mots qui n'obéissent pas à ces règles portent un **accent écrit** sur la voyelle de la syllabe tonique.
destinación, césped, código
- Si le mot est modifié par **l'ajout de lettres** (l'enclise pour un verbe, un suffixe ou un pluriel pour les noms et adjectifs), l'accent tonique reste sur la même syllabe. On ajoute alors un accent écrit ou on le supprime s'il devient inutile.
*pron**un**cia > pron**ún**cialo*
*el abori**g**en > los abor**í**genes*
*la realizaci**ó**n > las realizaci**o**nes*
- Tous les **pronoms interrogatifs et exclamatifs** portent un accent écrit.
*¿**Dónde** estamos?*
*¡**Cuánto** tiempo!*

Attention :

- Certains accents ne servent qu'à distinguer deux mots de même orthographe mais de sens différents (on les appelle « accents grammaticaux ») :
***esta** cuidad* (adj. démonstratif) / ***está** cerca* (verbe)
***mi** libro* (adj. possessif) / *a **mí** me gusta* (pronom personnel)
- De la même façon, un accent mal placé change la prononciation du mot mais aussi son sens.
*mi **papá** / el **Papa***

4 La numération

1. Les cardinaux

• Invariables jusqu'à 199

- *cero, uno* (***uno* s'apocope en *un***, cf. 07. L'apocope), *dos, tres, cuatro, cinco, seis, siete, ocho, nueve*
- *diez, once, doce, trece, catorce, quince, dieciséis, diecisiete, dieciocho, diecinueve*
- *veinte, veintiuno* (***veintiuno* s'apocope en *veintiún*** devant un nom masc.), *veintidós, veintitrés, etc.*

■ La conjonction de coordination ***y*** ne s'emploie qu'à partir de 31, et qu'entre les dizaines et les unités.

- *treinta, treinta y uno, treinta y dos, treinta y tres, etc.*
- *cuarenta, cuarenta y uno, cuarenta y dos, cuarenta y tres, etc.*
- *cincuenta, sesenta, setenta, ochenta, noventa*
- *cien(to), ciento uno, ciento treinta y dos*

Ciento* s'apocope en *cien quand il n'est suivi ni d'unité ni de dizaine, devant un nom (cf. 07. L'apocope) et devant *mil* ou *millones*.
***cien** años / ciento un dálmatas*
***cien** kilos / ciento cincuenta kilos*
***cien** millones*

• À partir de 200, les centaines s'accordent au féminin.

- *doscientos(as), trescientos(as), cuatrocientos(as), quinientos(as), seiscientos(as), setecientos(as), ochocientos(as), novecientos(as)*
- *mil* (invariable ; attention, *miles* : des milliers), *mil uno, dos mil doce, tres mil, etc.*
- *un millar* (un millier)
- *un millón, dos millones*
- *mil millones* (un milliard)

2. Les ordinaux

• Les adjectifs ordinaux s'accordent en genre et en nombre.

primero(a)	*sexto(a)*
segundo(a)	*séptimo(a)*
tercero(a)	*octavo(a)*
cuarto(a)	*noveno(a)*
quinto(a)	*décimo(a)*

***Primero* et *tercero* s'apocopent** devant un nom masculin singulier (cf. 07. L'apocope).
À partir de *once*, on n'utilise que très rarement les ordinaux.
el siglo dieciocho

Précis grammatical

5 Le pluriel

1. Les substantifs

• **Substantifs terminés par une voyelle non accentuée ou par un é :** on ajoute ***-s***

la cosa / las cosas
el libro / los libros
la madre / las madres
el café / los cafés

• **Substantifs terminés par une consonne, un *y*, ou une voyelle accentuée (sauf le *é*) :** on ajoute ***-es***

la coliflor / las coliflores
la protección / las protecciones
el rey / los reyes
el iraquí / los iraquíes

Exceptions :

■ *papá / papás, mamá / mamás, sofá / sofás*

■ pour les substantifs terminés par ***-z***, le pluriel est en ***-ces***.

la nuez / las nueces
la hoz / las hoces

• **Substantifs terminés par un *-s* au singulier**

■ Ils n'ont pas de pluriel si leur dernière syllabe n'est pas tonique.

el lunes / los lunes
el pararrayos / los pararrayos

■ On ajoute ***-es*** au pluriel si leur dernière syllabe est tonique.

el inglés / los ingleses
la raíz / las raíces

2. Les adjectifs

Ils suivent les mêmes règles que les substantifs.

6 Les suffixes

1. Diminutifs

À la différence du français, on peut en espagnol ajouter un suffixe diminutif à tous les noms dont le sens le permet.

• **Les diminutifs les plus répandus sont *-ito/-ita*, et *-illo/-illa*,** mais il en existe d'autres.

■ ***-illo/-illa*** : l'objet ou la personne dont on parle est petit.

el libro > el librillo
una mesa > una mesilla
un gato > un gatillo

■ ***-ito/-ita*** : l'objet ou la personne dont on parle est petit et/ou on lui donne une valeur affective.

una chica > una chiquita
mi cielo > mi cielito (nom affectueux : mon trésor)
Ana > Anita

■ ***-illo/-illa*** (Andalousie), ***-iño/-iña*** (Galice), ***-ín/-ina*** (Asturies), ***-uco/-uca*** (Santander), ***-ico/-ica*** (Aragon et Murcie), ***-ete/-eta*** (Catalogne et Valence) sont des diminutifs régionaux.

cosiña = cosita
hombrín = hombrecito
Manolete = Manolito

■ ***-ucho/-ucha, -acho/-acha*** et ***-uelo/-uela*** peuvent être péjoratifs.

un pueblo / un poblacho (un village, un patelin)
un periódico / un periodicucho (un journal, une feuille de chou)

• **Les suffixes diminutifs sont ajoutés aux substantifs ou aux adjectifs terminés par une voyelle.** Dans beaucoup d'exceptions ils **peuvent s'ajouter à des mots terminés par une consonne, et devenir *-cillo/-cilla, -cito/-cita, -zuelo/-zuela, -ecillo/-ecilla, -ecito/-ecita, -ezuelo/-ezuela.***

un amor > un amorcito
una canción > una cancioncita
un pan > un panecillo

2. Augmentatifs

Ils sont souvent péjoratifs.

■ ***-ón/-ona***

*comil**ón*** (gros mangeur), *perezos**ón*** (gros peureux), *chill**ona*** (criarde), *solter**ón*** (vieux garçon)

■ ***-azo/-aza***

unas piernazas

Ce suffixe n'est pas toujours péjoratif.

unos ojazos, un buenazo

■ ***-ote/-ota*** peut-être affectueux ou péjoratif suivant le contexte.

un marinerote/un bobote

▪ ***-ajo*** a également un sens péjoratif.
pequeño / pequeñajo
▪ ***-ada*** et ***-azo*** servent à former des noms exprimant une idée de coup.
una campana / una campanada (une cloche, un coup de cloche)
un látigo / un latigazo (un fouet, un coup de fouet)
▪ ***-al*** et ***-ar*** servent à former des noms désignant un lieu planté de…
un pino / un pinar (un pin, un bois de pins)
el maiz / un maizal (le maïs, un champ de maïs)

7 L'apocope

L'apocope est la **perte de la voyelle ou de la syllabe finale** de certains adjectifs quand ils sont placés devant un nom masculin singulier.
- ***uno, primero, tercero***
el tercer año
- ***bueno, malo***
un buen hombre
- ***alguno, ninguno***
algún día

• **Cas particuliers**
▪ ***grande*** devient ***gran***, et ***cualquiera*** devient ***cualquier*** devant tout nom singulier.
un gran personaje, una gran idea
cualquier persona (n'importe qui), *en cualquier momento* (à n'importe quel moment)
(cf. 11.2.)
▪ ***ciento*** devient ***cien*** devant tout nom.
cien perlas, cien años
▪ l'adverbe ***tanto*** devient ***tan*** quand il est placé devant un adjectif ou devant un autre adverbe.
tan rico
tan valientemente
▪ ***santo*** devient ***san*** devant un prénom masculin, sauf devant des noms commençant par *Do* ou *To*.
san José
Mais : *santo Tomás, Santo Domingo*

8 Les articles

1. Les définis

Singulier		Pluriel	
masc.	fém.	masc.	fém.
el	*la*	*los*	*las*

• **Cas particuliers**
▪ L'article défini ***el*** s'utilise **devant les noms féminins** commençant par ***a-*** ou ***ha-*** accentués.
el agua, el alma
el haya (le hêtre), *el habla* (la parole), mais *la harina*
▪ L'article défini ***el*** placé **devant un infinitif**, le substantive, et signifie « le fait de ».
el comer
▪ Lorsque l'article défini ***el*** suit les prépositions ***a*** et ***de***, il y a une **contraction préposition-article** en ***al*** et ***del***.
Ir al pueblo.
Hablar del amigo.
▪ Pour exprimer **l'heure, un jour de la semaine, ou l'âge**, en espagnol on emploie l'article défini.
A las tres. Son las siete.
El jueves suelo ir al cine.
A los veinte.

2. Les indéfinis

Singulier		Pluriel	
masc.	fém.	masc.	fém.
un	*una*	-	-

▪ À l'inverse des définis, **les articles indéfinis n'ont pas de pluriel.**
Unos, unas signifient plutôt « quelques », « certain(e)s ».
▪ L'indéfini ***un***, comme l'article défini *el*, s'utilise **devant les noms féminins** commençant par ***a-*** ou ***ha-*** accentués.
un arma, un acta
un hacha (une hache)
▪ **Jamais** d'article indéfini **devant *otro, tal, semejante*** (cf. 11.2.).

Précis grammatical

3. Le neutre

Il s'agit de l'article ***lo***, qui est spécifique à l'espagnol.

Suivi d'un adjectif, il le substantive.

- *lo bueno es que...* (ce qu'il y a de bien c'est que...)
- *lo + adj. + que* (combien, à quel point)

No sabes lo malo que es este hombre. (Tu ne sais pas à quel point cet homme est méchant.)

4. Absence d'article

• On ne met **pas d'article devant les noms de pays,** sauf s'ils sont déterminés.

Visito Ecuador, luego iré a Bolivia.

la España franquista

Cependant, il existe des **exceptions.**

- Pour certains pays, la présence d'un article sera tolérée.

(la) India, (el) Japón, (el) Perú, (la) Argentina...

- Pour les noms de pays composés aussi.

(los) Estados Unidos, (los) Países Bajos...

Seul *El Salvador* ne peut se passer de l'article.

• On ne met pas d'article **devant *casa*** lorsqu'il signifie « chez ».

Paso el día en casa de Lola.

• On ne traduit pas les **articles partitifs** « du, de, de la, des ».

¿Prefieres té o café? (Tu préfères du thé ou du café ?)

9 Les possessifs

1. Les adjectifs possessifs

• Les **formes atones**, ou possessifs antéposés (ils se placent devant le nom).

	Objet possédé			
	singulier		pluriel	
	masc.	fém.	masc.	fém.
1re pers. sing.	*mi*		*mis*	
2e pers. sing.	*tu*		*tus*	
3e pers. sing.	*su*		*sus*	
1re pers. plur.	*nuestro*	*nuestra*	*nuestros*	*nuestras*
2e pers. plur.	*vuestro*	*vuestra*	*vuestros*	*vuestras*
3e pers. plur.	*su*		*sus*	

mi ciudad, nuestras hermanas, vuestros gatos, su problema

La 3e personne peut avoir le même sens qu'en français (son, sa, ses), mais peut également correspondre à la 3e personne de politesse de l'espagnol (votre, vos, en français).

• Les **formes accentuées ou toniques**, ou possessifs postposés (ils se placent après le nom et s'accordent avec celui-ci), correspondent au français « à moi, à toi... ».

	Objet possédé			
	singulier		pluriel	
	masc.	fém.	masc.	fém.
1re pers. sing.	*mío*	*mía*	*míos*	*mías*
2e pers. sing.	*tuyo*	*tuya*	*tuyos*	*tuyas*
3e pers. sing.	*suyo*	*suya*	*suyos*	*suyas*
1re pers. plur.	*nuestro*	*nuestra*	*nuestros*	*nuestras*
2e pers. plur.	*vuestro*	*vuestra*	*vuestros*	*vuestras*
3e pers. plur.	*suyo*	*suya*	*suyos*	*suyas*

el amigo tuyo, las referencias vuestras

¿Es mío o tuyo este tebeo? (Cette BD est-elle à moi ou à toi ?)

Dos amigas nuestras han ido a ver la película. (Deux amies à nous sont allées voir le film.)

2. Les pronoms possessifs

Ils n'ont pas de forme propre. Pour les obtenir, on fait précéder l'adjectif possessif postposé (celui qui se place après le nom : *mío(a)*, *tuyo(a)*, etc.) de l'article défini lui correspondant.

	Objet possédé			
	singulier		pluriel	
	masc.	fém.	masc.	fém.
1re pers. sing.	*el mío*	*la mía*	*los míos*	*las mías*
2e pers. sing.	*el tuyo*	*la tuya*	*los tuyos*	*las tuyas*
3e pers. sing.	*el suyo*	*la suya*	*los suyos*	*las suyas*
1re pers. plur.	*el nuestro*	*la nuestra*	*los nuestros*	*las nuestras*
2e pers. plur.	*el vuestro*	*la vuestra*	*los vuestros*	*las vuestras*
3e pers. plur.	*el suyo*	*la suya*	*los suyos*	*las suyas*

Esta historia es la nuestra. (Cette histoire est la notre.)
Este libro es el tuyo y no el mío. (Ce livre est le tien et pas le mien.)
Es la suya. (C'est la sienne / la vôtre.)

10 Les démonstratifs

Les adjectifs comme les pronoms démonstratifs varient selon la proximité (dans l'espace ou dans le temps) entre la personne qui parle et l'objet dont on parle. C'est le même principe que pour les adverbes de lieu (cf. 14. Les adverbes).

1. Les adjectifs

	singulier		pluriel	
	masc.	fém.	masc.	fém.
Proximité	*este*	*esta*	*estos*	*estas*
Distance moyenne	*ese*	*esa*	*esos*	*esas*
Éloignement	*aquel*	*aquella*	*aquellos*	*aquellas*

esta casa (cette maison, proche dans l'espace ou le temps)
esa/aquella historia (cette histoire, plus ou moins éloignée dans l'espace ou le temps)
Ese/esa peut avoir une connotation péjorative.
Yo no tengo nada que ver con esa mjuer.

2. Les pronoms

- **Ils ont la même forme que les adjectifs.**

Aussi, pour les différencier, les pronoms peuvent porter un accent écrit (dit grammatical).
Cette accentuation n'est plus obligatoire depuis la réforme de l'orthographe de la Real Academia de 2010.

■ ***éste/ésta, éstos/éstas***
Ésta es mi mejor amiga. (Celle-ci est ma meilleure amie.)

■ ***ése/ésa, ésos/ésas***
Ésos eran mis collegas. (Ceux-là étaient mes collègues.)

■ ***aquél/aquélla, aquéllos/aquéllas***
Aquéllos fueron los mejores momentos de mi vida. (Ceux-là ont été les meilleurs moments de ma vie.)

- **À la différence des adjectifs, les pronoms démonstratifs ont une forme neutre.**

■ ***esto, eso, aquello***
¿Quieres esto?
De eso no quiero hablar más.

À noter :
por eso (c'est pourquoi), *eso es* (c'est cela), *esto es* (c'est-à-dire)

Précis grammatical

11 Les adjectifs indéfinis

Ils déterminent le nom et donnent une idée plus ou moins précise de quantité ou de qualité.

1. La quantité

• Valeur relative

Ces adjectifs expriment l'estimation subjective d'une quantité ou d'une intensité.

bastante(*s*) (inv. fém. masc.), ***demasiado***(*a,os,as*), ***más***, ***menos***, ***mucho***(*a,os,as*), ***poco***(*a,os,as*), ***tanto***(*a,os,as*)

■ Ils s'accordent avec le nom sauf ***más*** et ***menos***.

demasiado gasto, mucha suciedad

Mais : *más ropas, más dinero*

■ Lorsqu'ils sont adverbes ils sont invariables.

Trabaja demasiado.

Estudia mucho.

• Valeur partitive

Ces adjectifs expriment une quantité qui représente une partie d'un tout.

■ La partie du tout est singulière : ***alguno***(*a*) ***(algún)***, ***cierto***(*a*), ***cualquier***(*a*), ***otro***(*a*), ***uno***(*a*) ***(un)***

Tous s'accordent en genre.

alguna vez, cualquier género

Uno et ***alguno*** s'apocopent (*un, algún*) devant un nom masculin singulier.

■ La partie du tout est plurielle : ***algunos***(*as*), ***ciertos***(*as*), ***diferentes***, ***diversos***(*as*), ***los***(*as*) ***demás***, ***otros***(*as*), ***unos***(*as*), ***unos***(*as*) ***cuantos***(*as*), ***unos***(*as*) ***pocos***(*as*), ***varios***(*as*)

Tous s'accordent en genre, sauf ***diferentes***.

diferentes personas, otras vidas

• Valeur totale

Ces adjectifs (dits « totalisants ») expriment deux situations extrêmes : on considère alors la totalité d'un ensemble, ou l'absence totale d'éléments.

ambos(*as*), ***cuanto***(*a,os,as*), ***ninguno***(*a,os,as*) ***(ningún)***, ***ni un***(*a*), ***todo***(*a,os,as*)

ambas situaciones, ninguno de vosotros

2. L'expression de la qualité

• Indétermination : *cualquiera*

un sombrero cualquiera (un chapeau quelconque)

• La différence : *otro(a)*

Attention, en espagnol, il n'est pas précédé de l'article indéfini, contrairement au français.

Tengo otra idea. (J'ai une autre idée.)

• La ressemblance, la similitude : *semejante, tal, cual*

Comme *otro*, ils ne peuvent pas être précédés de l'article indéfini.

¿Ya habíais visto semejante cosa? (Vous aviez déjà vu une chose pareille ?)

• L'identité : *mismo, propio*

los mismos sueños, mi propia familia (ma propre famille)

12 Les pronoms personnels

1. Les pronoms sujets

En espagnol, on emploie les pronoms personnels sujets uniquement pour insister ou pour clarifier une situation.

	singulier	pluriel
1re pers.	*yo*	*nosotros, nosotras*
2e pers.	*tú*	*vosotros, vosotras*
3e pers.	*él, ella, ello* (*neutre*)	*ellos, ellas*
	usted (*politesse*)	*ustedes* (*politesse*)

En Argentine, on utilise le pronom ***vos*** au lieu de ***tú*** (le verbe s'accorde alors à la 2e personne du singulier).

Y vos, ¿vas al cine también? (Et toi, tu vas au cinéma aussi ?)

2. Les pronoms compléments

Ils varient en fonction du complément : soit COD soit COI.

	COD	COI sans préposition	COI avec préposition	Avec *con*
1re pers. sing.	*me*	*me*	*mí*	*conmigo*
2e pers. sing.	*te*	*te*	*ti*	*contigo*
3e pers. sing.	*le, lo, la*	*le*	*él, ella*	*con él, con ella*
Neutre	*lo*	*le*	*ello*	*con ello*
Politesse	*le, la*	*le*	*usted*	*con usted*
1re pers. plur.	*nos*	*nos*	*nosotros(as)*	*con nosotros(as)*
2e pers. plur.	*os*	*os*	*vosotros(as)*	*con vosotros(as)*
3e pers. plur.	*los, les, las*	*les*	*ellos, ellas*	*con ellos, con ellas*
Politesse	*les, las*	*les*	*ustedes*	*con ustedes*
Réfléchi 3e pers.	*se*	*se*	*sí*	*consigo* (avec soi)

¿La ves? (Tu la vois ?)
La entiendo perfectamente. (Je vous comprends parfaitement. Madame, « vous » de politesse.)
Y a ti, ¿te gusta el esquí? (Et à toi, ça te plait le ski ?)
Estoy de acuerdo con ustedes. (Je suis d'accord avec vous. Messieurs, « vous » de politesse.)
Quédate conmigo. (Reste avec moi.)

- **Lorsqu'on a deux pronoms compléments à la 3e personne,** le pronom COI ***le/les*** est obligatoirement remplacé par ***se***.
- À l'inverse du français, **quand il y a deux pronoms personnels,** c'est le COI que l'on place en premier, puis le COD.

enseño algo (je montre quelque chose) + *lo enseño a ti* (Je le montre à toi.) > ***Te lo*** *enseño.* (Je te le montre.)

3. L'enclise

L'enclise consiste à souder un pronom à la fin de la base verbale. Cela ne se fait qu'à l'infinitif, au gérondif et à l'impératif. On ajoute un accent écrit dans certains cas (cf. 03. L'accentuation).
¿Vas a hacerlo?
Estoy marchándome.
explícale (explique-lui), *explícalo* (explique-le)
> *explíca**selo*** (explique-le-lui)

- **À l'impératif**, pour l'euphonie, on enlève, lors de l'enclise du pronom, une lettre au verbe. Cela concerne les deux premières personnes du pluriel :

▪ le ***-s*** de la 1re personne du pluriel
vamos/vámonos
▪ le ***-d*** de la 2e personne du pluriel
callad/callaos

4. Le vouvoiement

Contrairement au « vous » français qui peut s'appliquer à trois situations différentes, l'espagnol a une forme précise de conjugaison selon les personnes à qui l'on s'adresse :
- une personne que l'on vouvoie : ***usted,***
- plusieurs personnes que l'on tutoie : ***vosotros****(as),*
- plusieurs personnes que l'on vouvoie : ***ustedes***.

- Dans les deux cas où l'on emploie la formule de politesse (du singulier : *usted* / du pluriel : *ustedes*), **le verbe est conjugué à la 3e personne** et tous les accords se font à la 3e personne.

Señor, dígame si le parece una buena idea.
(Monsieur, dîtes moi si ça vous semble être une bonne idée.)
¿Señoras, me pueden dar su dirección?
(Mesdames, pouvez-vous me donner votre adresse ?)

5. La traduction des pronoms « en » et « y »

Ils n'ont pas d'équivalent en espagnol, il faut donc les traduire par une périphrase. Pour cela, il faut faire attention au sens.
J'en veux : *Quiero de eso.*
J'en viens : *Vengo de allí.*
J'y suis : *Aquí estoy.*
Il y en a qui racontent... : *Los hay que dicen...*
▪ Parfois la traduction n'est pas obligatoire.
Vas-y : *Ve.*
J'y vais : *Voy.*

Précis grammatical

13 Les pronoms relatifs

1. Le pronom sujet

• ***Quien*** varie en nombre et se réfère à des personnes.
Mi hermano, quien lo sabe todo, me lo enseñó.
• ***Que*** a pour antécédent une personne ou une chose.
La chica que lee se llama Cristina.
Dame el bolígrafo que está en la mesa.
• ***Lo que*** a pour antécédent quelque chose de neutre.
¿No sabes lo que me ha contado?

2. Le pronom complément

• **Que** a pour antécédent une chose.
Me encantó la película que vi ayer.
• ***A quien / a quienes, al que / a la que / a los que / a las que*** ont pour antécédent une personne.
La persona a quien ves es mi profesor.

3. La traduction de « dont »

Ce pronom français n'a pas de traduction en espagnol, son équivalent varie selon le contexte.

• **Lorsqu'il introduit un complément de nom, qu'il soit sujet ou complément,** il se traduit par ***cuyo****(a,os,as)*.
Tengo un amigo cuyo padre es profesor.
«En un lugar de la Mancha, de cuyo nombre no quiero acordarme.» (Miguel de Cervantes, *Don Quijote de la Mancha*)
• **Lorsqu'il introduit une forme verbale :**
▪ et que l'antécédent est une personne, il se traduit par ***de quien / de quienes, del que / de la que / de los que / de las que, del cual / de la cual / de los cuales / de las cuales***.
La persona de la que hablo es chilena.
▪ et que l'antécédent est une chose, il se traduit par ***de que, del que / de la que / de los que / de las que***.
La canción de la que hablamos es divertida.

14 Les adverbes

1. Les adverbes de lieu

• Comme les adjectifs et les pronoms démonstratifs, **les adverbes de lieu varient en fonction de la distance** entre la personne qui parle et l'objet dont on parle.
- ***aquí, acá*** : proximité (ici, par ici ; *acá* en Am.)
- ***ahí*** : distance moyenne (là)
- ***allí, allá*** : éloignement (là ou là-bas, par là)

Aquí et *allí* désignent une destination précise, tandis que *acá* et *allá* désignent une destination imprécise.
Aquí estoy.
Tu coche está aparcado ahí.
Vamos a pasar las vacaciones de verano allí.
• **Pour situer un objet par rapport à quelque chose** on utilise : ***arriba/abajo, cerca/lejos, alrededor, dentro/fuera, desde***.
Vivo muy cerca de aquí.
Alrededor de mi casa hay muchos arboles.
• **Pour un déplacement, une distance,** on utilise : ***de... hasta...*** ou ***desde... hasta...***.

2. Les adverbes de temps

a menudo: souvent
a veces: parfois
ahora: maintenant
antaño: autrefois
anteayer: avant-hier
antes: avant
aún: encore
ayer: hier
cuanto antes: le plus tôt possible
de repente: soudain
de vez en cuando: de temps en temps
dentro de poco: bientôt
desde: depuis, date précise
desde hace: depuis, durée
después: après
en seguida: tout de suite
entonces: alors
hoy: aujourd'hui
jamás: jamais
luego: ensuite
mañana: demain
muchas veces: souvent
nunca: jamais
pocas veces: rarement
siempre: toujours
tarde: tard
temprano: tôt
todavía: encore
todavía no: pas encore
ya: déjà, immédiatement

À NOTER :
L'accent grammatical différencie ***aún*** (encore) de ***aun*** (même) (cf. 14.4. Les adverbes ***hasta*** et ***aun***).

3. Les adverbes de manière

- **Adverbes simples**

adrede (exprès)
aprisa (vite)
así (ainsi)
bien (bien)
despacio (lentement)
mal (mal)
mejor (mieux)
peor (pire)

- **Adverbes en *-mente***

On les crée en ajoutant le suffixe *-mente* à la fin de l'adjectif, avec sa forme en *-a* du féminin quand elle existe.
normalmente, elegantemente, rápidamente, fácilmente, claramente

Lorsque plusieurs adverbes se succèdent, le suffixe *-mente* ne s'ajoute qu'au dernier.
clara y fácilmente

4. Les adverbes *hasta* et *aun*

Hasta et *aun* peuvent s'employer comme adverbes. Ils auront alors le sens de « même ».
Hasta en el color, este vestido es muy moderno.
(Même dans sa couleur, cette robe est très moderne.)
Esta película es muy buena y aun muy divertida.
(Ce film est très bon, et même très drôle.)

À NOTER :
L'accent grammatical différencie ***aún*** (encore) de ***aun*** (même) (cf. 14.2. Adverbes de temps).

15 Les prépositions

1. La préposition *a*

Elle s'emploie :

- **Pour exprimer un déplacement, le lieu où l'on va**

*Voy **a** la piscina.*

- **Devant un COD de personne**

*Vemos **a** tus amigos en el patio.*

- **Pour localiser précisément dans l'espace**

La tienda está a la izquierda del colegio.

- **Pour localiser précisément dans le temps**

*Empiezo a trabajar **a** las ocho.*

2. La préposition *de*

Elle s'emploie pour :

- **Exprimer la possession**

*Es la casa **de** mi abuela.*

- **Exprimer la matière, une caractéristique essentielle**

*Mi anillo es **de** oro.*
*Un barco **de** vela.*

- **Exprimer la provenance**

*Llegamos **de** Quito.*

3. La préposition *con*

Elle s'emploie pour :

- **Exprimer un complément de manière ou de moyen**

*Anda **con** paso ligero.* (Elle marche d'un pas léger.)

- **Exprimer l'accompagnement**

*Paso las vacaciones **con** mis amigas.*

ATTENTION :
conmigo, contigo, consigo (cf. 12.2. Les pronoms compléments)

4. La préposition *en*

Elle s'emploie pour :

- **Localiser dans le temps ou dans l'espace sans idée de déplacement ou de mouvement**

*Vivo **en** Madrid.*
***En** la época de Cervantes.*

- **Introduire un complément de manière**

*Aceleré porque el semáforo estaba **en** verde.*
*Es un secreto, no lo digas **en** voz alta.*

- **Exprimer l'activité intellectuelle et la manière d'être**

*Pienso **en** ti.*
*¿Crees **en** esta historia?*
*Es muy hábil **en** electrónica.*

5. La préposition *por*

Son emploi peut différer de l'emploi français de la préposition « par ».

▪ La préposition ***por*** s'emploie pour :

- **Exprimer la cause**

*Fue **por** tu culpa.*

- **Exprimer le passage par/dans un lieu**

*Viajar **por** el mundo.*

- **Désigner une localisation imprécise**

*El museo está **por** el barrio gótico* (quelque part dans le quartier gotique).

- **Introduire un complément d'agent dans une phrase passive**

*Las elecciones fueron ganadas **por** una mujer.*

- **Exprimer l'équivalence**

*Dejé mi coche **por** el autobus.*

Précis grammatical

- **Exprimer une action inachevée lorsqu'elle est suivie d'un infinitif**

La evaluación queda ***por*** *terminar.*

- **Exprimer le but** (principale fonction de la préposition *para*). Ici il s'agit d'un but immédiat.

Lo hice ***por*** *cumplir.*

6. La préposition *para*

Son emploi peut différer de l'emploi français de la préposition « pour».

■ La préposition **para** s'emploie pour :

- **Exprimer le but**

Estudiamos ***para*** *tener un buen oficio.*

- **Exprimer la destination, la direction que l'on prend**

Mañana, me embarco ***para*** *Mallorca.*

- **Exprimer une échéance précise**

Tenemos que aprender la lección ***para*** *el jueves.*

- **Exprimer un point de vue**

Para *mí, no vale la pena.*

7. Les prépositions composées

antes de (avant de)
debajo de (en dessous de, au-dessous de)
delante de (devant)
después de (après)
detrás de (derrière)
encima de, por encima de (au-dessus de, par-dessus)
frente a, enfrente de (face à, en face de)

8. La traduction de « chez »

Cette préposition n'existe pas en espagnol, ses équivalents dépendent donc du contexte.

- **Pour désigner l'habitation**, on fait précéder ***casa*** d'une préposition : ***a***, ***en***, ou ***de***, sans l'article *la*.

Paso las vacaciones ***en casa*** *de Paco.*
Vamos ***a casa.***
Vengo ***de casa*** *de mis padres.*

- **Pour parler d'une profession**, on nomme l'endroit où celle-ci est exercée, précédé de la préposition ***a***.

Vas ***al*** *médico.*
Voy ***a la*** *panadería cada día.*

- **Pour parler d'une personne**, c'est la préposition ***en*** qui sert à la définir, à la caractériser.

Lo que me fascina ***en*** *esta actriz es su froma de ser.*
(Ce qui me fascine chez cette actrice, c'est sa manière d'être.)

9. La traduction de « depuis »

Pour exprimer la durée on utilise la préposition ***desde*** suivie de son corrélatif ***hasta***. *Desde* exprime alors le point de départ, d'origine, et *hasta* l'aboutissement.

Fui a la universidad ***desde*** *los 18* ***hasta*** *los 22.*

Remarque :

hasta peut être remplacé par *a*. Dans ce cas, on remplace aussi *desde* par *de*.

De los 18 a los 22, fui a la universidad.

16 Les phrases interrogatives et exclamatives

■ Une interrogation ou une exclamation commence systématiquement par un point d'interrogation renversé (¿) ou un point d'exclamation renversé (¡).

■ Les pronoms interrogatifs et exclamatifs portent tous un accent écrit (grammatical). Certains s'accordent, d'autres pas.

1. L'interrogation

Elle peut se faire avec ou sans pronom interrogatif.

- **Interrogation sans pronom interrogatif**

On peut inverser le sujet et le verbe, mais ce n'est pas systématique.

¿Lo ha dicho el profesor? = ¿El profesor lo ha dicho?

- **Interrogation avec pronoms**

■ Les pronoms invariables : ***¿cómo?***, ***¿cuándo?***, ***¿dónde?***, ***¿por qué?***, ***¿qué?***

- et leurs dérivés : ***¿adónde?***, ***¿de dónde?***, ***¿por dónde?***, ***¿para qué?***

■ Les pronoms qui s'accordent avec le substantif qui suit ou qu'ils remplacent :

- ***¿cuál?*** et ***¿quién?*** s'accordent en nombre.
- ***¿cuánto?*** s'accorde en genre et en nombre.

¿Cuál es tu apellido? / ¿Cuáles son tus apellidos?
¿Cuántos idiomas hablas?
¿Cuántas veces lo he repetido?

À noter :

Au discours indirect, les interrogatifs portent aussi un accent écrit.

¿Qué pasa? > Quiero saber ***qué*** *pasa.*

2. La phrase exclamative

• Il existe trois pronoms exclamatifs : deux sont invariables, un s'accorde.

▪ Les pronoms invariables : ***¡cómo!, ¡qué!***

Qué peut porter sur un nom, un adjectif ou un adverbe.

¡Qué libro! ¡Qué feo! ¡Qué rápido!

▪ Le pronom qui s'accorde : ***¡cuánto!*** peut être adverbe ou adjectif. Dans le dernier cas, il s'accorde en genre et en nombre avec le substantif qui suit ou qu'il remplace.

¡Cuánto valor tiene el héroe!

¡Cuántas noches sin dormir!

• Expressions idiomatiques de l'exclamation

▪ Dans une exclamation, ***menudo*** peut signifier le contraire de son sens habituel (petit).

¡Menudo lío! (Ce n'est pas une mince affaire !)

¡Menuda grosería! (Quelle grossièreté ! / Tu parles d'une grossièreté !)

▪ Certaines expressions s'emploient seules.

¡Adelante!, ¡Basta!, ¡Caramba!, ¡Cuidado!, ¡Fuera!, ¡Hombre!, ¡Vale!, ¡Vaya!, ¡Vaya por Dios!

- *¡vaya!* peut être suivie d'un substantif.

¡Vaya chica! (Quelle fille !)

17 La négation

Quelle que soit la négation (adverbe, pronom, adjectif), elle est **toujours placée devant le verbe**.

No entiendo.

Nunca comí ostras.

1. Les différents mots de la négation

La négation peut être rendue par un adverbe, un pronom ou un adjectif.

- **Adverbes** : ***no, ni, nunca, jamás, tampoco, ni siquiera, en absoluto***
- **Pronoms** : ***nada, nadie***
- **Adjectifs** : ***ninguno, ninguna***

2. Autres expressions

• Ni

Quand la négation porte sur deux actions, on remplace *no* par ***ni***.

***Ni** entiendo, **ni** hablo alemán.*

• Ni siquiera

Pour traduire « même pas ». Pour insister, on peut aussi utiliser l'expression ***ni tan siquiera***.

***Ni tan siquiera** escucha cuando sus padres le hablan.*

• No... más que

Pour traduire « ne... que » et exprimer une restriction de quantité ou de qualité.

***No** he viajado a Ecuador **más que** una vez.*

(Je n'ai voyagé en Equateur qu'une fois.)

• No... sino (que)

▪ Pour traduire « ne... que » et exprimer une restriction de manière.

***No** obtendrás el papel principal **sino** ensayando.*

▪ Pour remplacer *pero* dans une phrase négative ou opposer deux idées.

***No** es alta, **sino** baja.*

***No** sale mucho entre semana, **sino que** prefiere quedarse en familia.*

• Tampoco

Pour traduire « non plus ». C'est le contraire de *también*.

***No** me gusta la leche, **tampoco** el chocolate.*

***No** me gusta el chocolate **tampoco**.*

• Ya no

Pour traduire « ne... plus ».

***Ya no** hace frío en abril.*

18 La tournure emphatique

▪ Elle sert à traduire les expressions françaises « c'est... que », « c'est... qui ».

▪ Elle se construit toujours avec le verbe ***ser***, mais sa forme n'est pas figée. Le verbe se conjuguera au temps de la phrase et le pronom changera en fonction du complément qu'il introduit : un complément de temps, de lieu, de manière ou de cause.

Précis grammatical

- **Pour traduire « c'est... qui »**

■ ***Ser*** + substantif + ***quien****(es)*

***Fue** mi padre **quien** me lo dijo.*

■ ***Ser*** + substantif + ***el****(la, los, las) que*

***Es** el trueno **el que** me quita el sueño.*

- **Pour traduire « c'est... que »**

■ S'il s'agit d'un complément de **temps** : ***cuando***.

Fue el año pasado cuando lo encontré.

■ S'il s'agit d'un complément de **lieu** : ***donde***.

Es aquí donde vivo.

■ S'il s'agit d'un complément de **manière** : ***como***.

Así es como me paso el día.

■ S'il s'agit d'un complément de **cause** : ***por lo que / por lo cual***.

Es por lo que / por lo cual prefiero que no lo sepa.

19 La traduction de « on »

Il n'existe pas en espagnol d'équivalent du pronom indéfini « on ».

- **« On » se traduit par *nosotros* :** surtout dans le langage familier, lorsqu'il signifie « nous ».

¿Comemos juntos? (On mange ensemble ?)

- **« On » se traduit par la 3e personne du pluriel :** pour exprimer un fait accidentel ; « on » représente d'autres personnes à l'exclusion du locuteur.

Dicen que ha muerto.

- **« On » se traduit par *se* + 3^e^ personne :** pour exprimer un fait ou une vérité générale. Il s'agit de la forme la plus impersonnelle.

En Cuba se baila la salsa.

■ On accordera à la 3e personne du pluriel lorsque le **COD représente un objet pluriel, inanimé, indéterminé**. Ce COD joue alors le rôle de sujet du verbe.

En Argentina se ruedan buenas películas.

Cette construction n'est possible qu'avec les noms de choses ou encore avec des noms de personnes non déterminés.

Se necesitan médicos. (Il n'est pas fait allusion à un médecin en particulier.)

Si le nom de personne était déterminé, il pourrait y avoir confusion. Ainsi dans une phrase telle que: *Se llaman los médicos*, on peut comprendre que les médecins s'appellent entre eux. Pour éviter cette ambigüité, lorsque le verbe est suivi d'un complément d'objet direct et que ce dernier est une personne déterminée ou un nom d'animal ou de chose personnifiée, le verbe est mis au singulier et son COD est précédé de la préposition « ***a*** » :

Se oye a los alumnos que charlan. (On entend les élèves qui bavardent.)

Attention : cette traduction est impossible avec les verbes pronominaux (cf. ci-après).

- **« On » se traduit par *uno(a)* :** c'est une atténuation du « je », si le locuteur s'implique dans ce qu'il dit sans oser utiliser le *yo*.

■ ***Uno* s'accorde** au féminin si le locuteur est une femme.

■ On l'utilise aussi lorsque la traduction par *se* est impossible avec un **verbe pronominal**, ou avec les verbes *gustar, apetecer, doler, encantar...* mais aussi lorsque le COD est précédé d'un possessif:

*Con esta colección, **una** se viste de manera muy elegante.*

*Si a **uno** le apetece comer, pues ¡que coma!*

***Uno** afirma sus convicciones.*

20 La traduction de « devenir »

Il n'existe pas de verbe « devenir » en espagnol.

- ***Ponerse* + adjectif ou nom :** exprime un changement passager et dû à une circonstance particulière.

Me puse furiosa cuando no me llamó.

- ***Volverse* :** exprime un changement radical.

Se volvieron adictas a las telenovelas.

- ***Hacerse, llegar a ser* :** exprime un changement volontaire et progressif.

Después de años de esfuerzos llegó a ser campeón.

Poco a poco, se hizo amigo de ella.

- ***Convertirse en, transformarse en***

Cette traduction n'est possible que devant un nom.

Era un pequeño local pero se convirtió en el mejor restaurante de la ciudad.

Ces mêmes verbes à la forme non pronominale servent à traduire le verbe « rendre ».

El frío nos hace más vulnerables.

(Le froid nous rend plus vulnérables.)

21 La traduction de « il y a »

- Si « il y a » ou « il y avait » introduit une personne ou une chose, on utilise ***haber*** sous sa forme impersonnelle : ***hay*** au présent et ***había*** au passé.

Hay juegos que me encantan.
Había más respeto antes.

- Si « il y a » introduit une durée, on utilise ***hacer*** à la 3e personne du singulier.

Hace una semana que estoy aquí.
Hacía años que no venía aquí.

▪ Cette tournure peut être remplacée par ***llevar*** + **gérondif** à la forme affirmative ou ***llevar*** + ***sin*** + **infinitif** à la forme négative.

Lleva dos años trabajando aquí.
Lleva un año sin venir.

22 La traduction du verbe être : *ser* ou *estar* ?

1. Emplois de *ser*

Il sert à présenter une qualité intrinsèque et objective. Il définit la nature d'une personne, d'une chose, d'un fait.

- **Il est suivi directement d'un nom, infinitif, pronom, nombre.**

Es la opinión de la mayoría.
Su trabajo es enseñaros buenos valores.
Pedro, ¿eres tú?
Esta casa es mía.
Es alguien que no me entiende.
Son doscientos adolescentes.

- ***Ser*** **ne peut être suivi que de la préposition *de*.**

Il exprime ainsi l'appartenance ou l'origine.
Este coche es de Javier.
¿Eres de Andalucía?

- ***Ser de*** **+ infinitif**

Exprime une obligation atténuée (il faut).
Es de recordar que al principio no fue así.

2. Emplois de *estar*

- ***Estar*** **est utilisé pour localiser dans l'espace et le temps.** Dans ce cas, il est toujours suivi d'une préposition.

Estamos en diciembre. / Está en Madrid.

- ***Estar por*** **+ infinitif :** exprime une action sur le point d'être réalisée, une envie.

Las vacaciones están por acabarse.
Yo estoy por contárselo a todo el mundo.

- ***Estar para*** **+ nom :** est l'équivalent d'« être d'humeur à » dans une langue standard.

Veo que no estás para bromas.

Il y a d'autres utilisations dans un langage familier :
Estás para que te arrastren. (= *Estás muy cansado.*)
Está para que lo encierren. (Il/Elle est fou/folle.)

3. Devant un adjectif : *ser* ou *estar* ?

C'est le seul emploi où il faut se poser la question de la traduction du verbe être.

- **On emploie *ser* :** pour exprimer une caractéristique essentielle et objective, ou pour la forme passive (avec un complément d'agent exprimé). Dans ce cas le participe passé s'accorde en genre et en nombre avec le sujet.

Esteban y su hermano son muy altos.
Esta tortilla fue preparada por mis amigos.

- **On emploie *estar* :** si l'adjectif exprime un aspect circonstanciel ou subjectif, ou si le participe passé exprime le résultat d'une action. Dans ce cas le participe passé s'accorde en genre et en nombre avec le sujet.

María del Mar está cansada de tanto trabajar.
Este dibujo está terminado.

Attention :

▪ Certains adjectifs changent de sens s'ils sont utilisés avec *ser* ou avec *estar*.

ser bueno (être bon, généreux) / ***estar bueno*** (être en bonne santé)
ser malo (être mauvais, méchant) / ***estar malo*** (être malade)
ser listo (être rusé, malin) / ***estar listo*** (être prêt)
ser orgulloso (être orgueilleux) / ***estar orgulloso*** (être fier)
ser vivo (être vif) / ***estar vivo*** (être vivant)

▪ D'autres adjectifs ne s'utilisent qu'avec *estar* :
está bien ≠ ***está mal***

23 Valeurs et emplois des modes impersonnels

1. L'infinitif (*infinitivo*)

Il s'agit de la forme nominale du verbe. Le locuteur considère l'action comme une idée générale et abstraite.

• **Le verbe peut devenir un nom** par ajout d'un article ou d'un adjectif démonstratif masculin singulier (substantivation).
El caminar de este chico es dinámico.
Este cantar me emociona.

• **Lorsqu'il est précédé de certaines prépositions, il prend une valeur de subordonnée circonstancielle.**

■ ***al*** + infinitif : exprime deux actions simultanées, la première engendrant la seconde. Son équivalent est *cuando* + verbe conjugué.
Al caminar por la plaza, me encontré con Jorge. = *Cuando caminaba por la plaza, me encontré con Jorge.*

■ ***de*** + infinitif : exprime une condition. C'est l'équivalent de la subordonnée de condition introduite par *si* + imparfait du subjonctif.
De escuchar más atentamente, habrías entendido. = *Si escucharas más atentamente, habrías entendido.*

■ ***por*** + infinitif : exprime une action qui n'est pas encore réalisée mais qui va l'être.
Hay muchas cosas por descubrir.

■ ***sin*** + infinitif : exprime une action qui n'a pas été réalisée.
El cerebro está todavía sin conocerse del todo.

• **Les locutions verbales avec infinitif**

■ ***ir a*** + infinitif : exprime un futur proche.
Vamos a visitar España durante las vacaciones.

■ ***comenzar a*** + infinitif : exprime le début d'une action.
Comienzo a entender lo que quieres.

■ ***soler*** + infinitif : exprime l'habitude.
Solemos salir a cenar el fin de semana.

■ ***volver a*** + infinitif : exprime la répétition d'une action.
Me desperté, pero cuando vi la hora me volví a dormir.

2. Le participe passé (*participio pasado*)

Il indique que l'action est terminée. Il ne peut apparaître seul (sauf en valeur d'adjectif) et est toujours précédé d'un auxiliaire qui indique le temps et la personne.

■ Dans les temps composés, ce participe passé est invariable, alors qu'à la forme passive construite avec *ser* ou *estar* (faux passif), il s'accorde en genre et en nombre avec le sujet (cf. 22.3).

• Le seul auxiliaire servant à former les temps composés est **l'auxiliaire *haber***. Le participe passé est indissociable de l'auxiliaire.
Hemos comido *bien.*

• **S'il n'a pas d'auxiliaire**, il est utilisé comme adjectif et s'accorde donc en genre et en nombre.

Attention :
certains participes passés sont irréguliers.

abrir > abierto
corromper > corrupto
cubrir > cubierto
decir > dicho
describir > descrito
descubrir > descubierto
escribir > escrito
freír > frito
hacer > hecho
imprimir > impreso
morir > muerto
poner > puesto
romper > roto
ver > visto
volver > vuelto (de même que tous les verbes terminés par *-olver*)

3. Le gérondif (*gerundio*)

Il exprime l'action dans son déroulement.

■ Comme le participe passé, il a besoin d'un verbe principal ou d'un semi-auxiliaire pour situer la personne et le temps.

• **Avec un verbe principal**

Il exprime une circonstance.

■ La manière
Camina mirando *el paisaje.*

■ Le temps
Siendo *joven, no* ***tenía*** *conciencia de esas cosas.*

■ La condition
Trabajando *así, no* ***terminarás****.*

■ La cause
Estudiando *en la mejor universidad,* ***sabía*** *que iba a encontrar trabajo.*

■ La simultanéité : action qui se déroule au même moment que l'action principale, ou qui est immédiatement postérieure à celle-ci.
Terminando *la película se* ***fue*** *a acostar.*

• **Avec un semi-auxiliaire**

■ ***estar*** + gérondif : indique que l'action est en train de se dérouler.
Estoy preparando mis próximas vacaciones.

- ***ir*** + gérondif : indique que l'action se réalise progressivement. C'est l'équivalent de « peu à peu ».
Voy descubriéndote cada día más.
- ***seguir*** + gérondif : indique la continuité d'une action déjà commencée et qui se poursuit. C'est l'équivalent de « continuer à » ou de « toujours ».
De joven comencé a tocar la guitarra y ahora la sigo tocando.
- ***llevar*** + complément de temps + gérondif : exprime la durée d'une action. C'est l'équivalent de « depuis x temps ».
Llevamos una hora esperando.
- ***pasarse el tiempo*** + gérondif : c'est l'équivalent de « passer son temps à + infinitif ».
Me paso todo el día trabajando en este proyecto.
- ***acabar*** + gérondif : exprime le résultat d'une action. C'est l'équivalent de « finir par ».
Acabé comprendiendo la lección.

24 Valeurs et emplois des modes personnels et des temps

1. L'indicatif (*indicativo*)

C'est le mode du réel. L'action est envisagée comme réalisée, en cours de réalisation ou réalisable. Ce mode sert à énoncer. On l'utilise dans les propositions principales, indépendantes ou subordonnées.

• Le présent (*presente*)

Formation

La première personne du singulier de l'indicatif présent se termine toujours en *-o*.

Aux autres personnes, on trouve après le radical la voyelle de l'infinitif : *-a* pour *-ar*, *-e* pour *-er* et également *-e* pour *-ir*, sauf aux première et deuxième personnes du pluriel où l'on a le *-i* de l'infinitif.

- Attention, certains verbes diphtonguent, ce qui signifie que la voyelle du radical s'ouvre en deux voyelles : *-e* > *-ie*, *-o* > *-ue*, à toutes les personnes sauf à la première et à la deuxième du pluriel (cf. 41).

*c**o**ntar* > *cu**e**ntas* mais *c**o**ntamos*

*qu**e**rer* > *qui**e**ren* mais *qu**e**réis*

- D'autres verbes s'affaiblissent : le *-e* du radical devient *-i*, à toutes les personnes sauf à la première et à la deuxième du pluriel (cf. 41.3).

*s**e**guir* > *s**i**go* mais *s**e**guimos, s**e**guís*

- Enfin, certains verbes ont des irrégularités à la première personne du singulier, et subissent des modifications orthographiques.

La plupart des verbes en *-ocer*, *-ecer*, *-ucir* se terminent à la première personne par *-zco*.

*cono**c**er* > *cono**zc**o*

Pour d'autres verbes en *-cer* ou *-cir*, le *-c* de la première personne devient *-z* :

*ven**c**er* > *ven**z**o*, *zur**c**ir* > *zur**z**o*

D'autres verbes ont des irrégularités diverses à la première personne.

dar > *doy*, *ir* > *voy*, *hacer* > *hago*, *decir* > *digo*, *ser* > *soy*, *estar* > *estoy*, etc. (cf. tableau des conjugaisons).

Emplois

- Le présent sert à exprimer une action qui a lieu au moment où l'on parle, une vérité générale, ou une habitude.
- Il peut également exprimer un futur, on parle alors d'actualisation.
Cuando se acabe esto, empiezo yo.
- Il peut remplacer l'impératif.
¡Lo haces ahora mismo!
- Il s'utilise pour traduire le verbe « faillir » après ***por poco***.
¡Por poco pierdo el avión! (J'ai failli manquer l'avion !)

• L'imparfait (*imperfecto*)

Formation

On ajoute les terminaisons de l'imparfait au radical de l'infinitif (pas de diphtongue ni d'affaiblissement).

-ar: -aba, -abas, -aba, -ábamos, -abais, -aban

-er/-ir: -ía, -ías, -ía, -íamos, -íais, -ían

- Attention aux verbes ***ser*** et ***ir*** qui sont irréguliers.
ser: era, eras, era, éramos, erais, eran
ir: iba, ibas, iba, íbamos, ibais, iban

Emplois

- Il sert à exprimer une action passée, envisagée dans son déroulement. C'est le temps de la description au passé. Il exprime également l'habitude, la répétition de l'action.
Era una niña muy estudiosa.
Todas las vacaciones las pasaba estudiando.
- L'imparfait peut également, dans la langue parlée surtout, remplacer un conditionnel.
De saberlo, me preparaba más.

Précis grammatical

• Le passé simple (*pretérito indefinido*)

Formation

On ajoute les terminaisons du passé simple au radical de l'infinitif pour les verbes réguliers :
-ar: -é, -aste, -ó, -amos, -asteis, -aron
-er/-ir: -í, -iste, -ió, -imos, -isteis, -ieron
- Au passé simple, les verbes à affaiblissement changent à la 3ᵉ personne du singulier et du pluriel.
seguir > seguí mais *siguió, siguieron*

Attention :

Certains verbes ont un passé simple irrégulier (prétérit fort). Ils ne seront pas accentués (accent tonique) sur la désinence mais sur le radical, qui subira quelques modifications.
andar > anduve
caber > cupe
dar > di
decir > dije
estar > estuve
haber > hube
hacer > hice
poder > pude
poner > puse
querer > quise
saber > supe
venir > vine
ver > vi
Les terminaisons de ces verbes irréguliers au passé simple sont identiques pour tous les groupes :
-e, -iste, -o, -imos, -isteis, -ieron

Exceptions :

- Si le radical se termine par un *-j*, alors la terminaison de la 3ᵉ personne du pluriel perd le *-i*.
dijeron
- Trois verbes ont une autre irrégularité.
ser/Ir > fui, fuiste, fue, fuimos, fuisteis, fueron
dar > di, diste, dio, dimos, disteis, dieron

Emplois

- Le passé simple est beaucoup plus utilisé en espagnol qu'en français, aussi bien à l'écrit qu'à l'oral. Il sert à exprimer une action passée, révolue, sans incidence sur le présent.
Terminó su examen y se fue a descansar.
- Dans un récit au passé, il s'oppose à l'imparfait.
Hacía mis tareas cuando escuché un ruido.

• Le futur (*futuro*)

Formation

On ajoute au radical de l'infinitif les terminaisons de l'auxiliaire *haber* au présent :
-é, -ás, -á, -emos, -éis, -án
Certains verbes subissent une transformation de leur radical :
caber > cabré
haber > habré
poder > podré
querer > querré
saber > sabré

decir > diré
hacer > haré

poner > pondré
salir > saldré
tener > tendré
valer > valdré
venir > vendré

Emplois

- Il indique qu'une action va se réaliser.
La semana que viene saldré de vacaciones.
- Il peut également avoir une valeur d'hypothèse.
Todavía no ha llegado, estará en los atascos.

• Le conditionnel

Formation

On ajoute au radical de l'infinitif les terminaisons de l'imparfait des verbes en *-ir*. *-ía, -ías, -ía, -íamos, -íais, -ían*

Attention :

Certains verbes subissent une modification de leur radical (cf. liste des verbes irréguliers au futur).

Emplois

- Il exprime une action éventuelle dans une proposition principale ou indépendante.
Querría terminar esto ya.
- Il exprime également un futur dans un récit au passé.
Me anunció que vendría a mi fiesta.

• Les temps composés

Il n'y a que l'auxiliaire ***haber*** qui sert à former les temps composés (cf. 23.2. Le participe passé).

Formation

- Le passé composé (*pretérito perfecto*) se construit avec l'auxiliaire *haber* conjugué au présent suivi du participe passé.

- Le plus-que-parfait (*pretérito pluscuamperfecto*) se construit avec l'auxiliaire *haber* conjugué à l'imparfait suivi du participe passé.

Emplois

Le passé composé exprime une action révolue dans le passé, mais dont l'incidence sur le présent est encore perceptible, ou bien une action qui s'est déroulée dans une période non révolue.
esta mañana, este mes, este año

- Parfois on peut utiliser soit le passé composé, soit le passé simple, le sens implicite de la phrase est ainsi légèrement modifié :
Tuve un accidente la semana pasada. (Ce mauvais moment est fini, le locuteur est en forme.)
He tenido un accidente. (Le locuteur vit son accident comme un événement proche.)

2. Le subjonctif (*subjuntivo*)

C'est le mode de l'irréel.
- On l'utilise dans les propositions subordonnées dès que l'on considère que l'action est irréalisée ou irréalisable (cf. 25. L'expression de la condition; 26. La subordonnée de temps; 28. L'expression de la concession; 29. L'expression du but et de la conséquence; 34. L'expression de l'ordre, souhait, prière, interdiction).
- On peut également l'utiliser dans certaines propositions indépendantes ou principales introduites par : ***quizás*, *tal vez*, *acaso***.
Ces expressions expriment l'hypothèse et l'utilisation, ou non, du mode subjonctif dépend du degré d'incertitude du locuteur. On peut également les remplacer par ***deber de* + infinitif**.
Le subjonctif se compose de deux temps : un présent du subjonctif et un imparfait du subjonctif.

- **Le présent du subjonctif**

Formation

Il se forme à partir du radical de la 1re personne du singulier du présent de l'indicatif (attention aux verbes irréguliers) auquel on ajoute les terminaisons :
-ar: -e, -es, -e, -emos, -éis, -en
-er/-ir: -a, -as, -a, -amos, -áis, -an

- **L'imparfait du subjonctif**

Formation

Il se forme à partir du radical de la 3e personne du pluriel du passé simple (attention aux verbes irréguliers) auquel on ajoute pour tous les verbes les mêmes terminaisons :
- soit la forme en ***-ra*** : *-ra, -ras, -ra, -ramos, -rais, -ran*
- soit la forme en ***-se*** : *-se, -ses, -se, -semos, -seis, -sen*

Emploi

Les deux formes coexistent pour tous les verbes.
La forme en *-ra* peut parfois remplacer le plus-que-parfait de l'indicatif (antériorité) ou le conditionnel.

3. L'impératif (*imperativo*)

- **L'impératif d'ordre** exprime un ordre direct.

Il n'existe que **le présent de l'impératif**.

Formation

En espagnol, il n'a que **deux formes propres: *tú* et *vosotros*.**
- *tú* : on prend la 2e personne du singulier du présent de l'indicatif à laquelle on enlève le *-s*.
¡Entiéndeme!
- *vosotros* : on remplace le *-r* final de l'infinitif par un *-d*.
¡Volved!
Pour les autres personnes (*usted, nosotros, ustedes*), on utilise les formes du présent du subjonctif.

Attention :
Certains verbes sont irréguliers à l'impératif, uniquement à la 2e personne du singulier.
poner > pon tener > ten venir > ven hacer > haz
decir > di
salir > sal
ser > sé
ir > ve
- Les pronoms réfléchis (verbes pronominaux) et les pronoms compléments sont obligatoirement enclitiques à ce mode (c'est-à-dire, soudés à la fin du verbe), et la règle veut que l'accent tonique ne change pas de place. On le marque donc dans ce cas par un accent écrit.
escucha > escúchame
- Dans la langue familière, l'infinitif peut remplacer l'impératif dans les phrases exclamatives s'adressant à plusieurs personnes.
¡Callaros!

- **Pour l'impératif négatif (de défense)**, on utilise la forme négative du présent du subjonctif à toutes les personnes.

¡No te agobies!

Précis grammatical

25 L'expression de la condition *(la frase condicional)*

Il existe différents cas en fonction de la condition qui est soit réalisée, soit réalisable.

- **La condition est réalisable :**

▪ ***si*** + **indicatif présent**, proposition principale au futur.
Si terminamos temprano, saldremos.

▪ ***como*** + **présent du subjonctif** (l'action est réalisable mais moins probable).
Como pueda liberarme, te visito.

- **La condition est réalisée :**

si + **imparfait de l'indicatif**, proposition principale à l'imparfait de l'indicatif.
Si se concentraba, lo entendía casi todo.

- **La condition est irréalisée dans le présent :**

si + **imparfait du subjonctif**, conditionnel dans la principale.
Si lo conocieras mejor, no lo criticarías.
Si no trabajaras tanto, pasarías más tiempo conmigo.

- **La condition est irréalisée dans le passé :**

si + **plus-que-parfait du subjonctif**, principale au conditionnel passé.
Si hubieras leído el libro, no te habría gustado la peli.

- **D'autres locutions servent aussi à exprimer la condition.**

Elles sont suivies du subjonctif :
con la condición de que (à la condition que)
con tal de que (à condition que)
siempre que (si)
a no ser que (à moins que)
por poco que (pour peu que)

26 La subordonnée de temps

- **Le fait est réalisé :** *cuando* + présent ou imparfait de l'indicatif, proposition principale au présent ou à l'imparfait de l'indicatif.
Cuando estoy cansada, no puedo concentrarme.
- **Le fait n'est pas réalisé :** *cuando* + présent du subjonctif, proposition principale au futur.
Cuando termines tú, empezaré yo.
- **D'autres locutions adverbiales** servent à introduire la subordonnée de temps. Elles sont soumises aux mêmes règles que *cuando* : ***cada vez que***, ***siempre que***, ***hasta que***, ***en cuanto***, ***tan pronto como***, ***antes de que***.
En cuanto sepas, me avisarás.
Si la subordonnée de temps exprime une action postérieure à celle de la principale, on utilise le subjonctif.
Queremos que se vaya antes de que aparezcan nuestros amigos.
Queríamos que se fuera antes de que aparecieran nuestros amigos.

27 L'expression de la cause dans la subordonnée

- **Elle est introduite par :** ***porque***, ***ya que***, ***puesto que***, ***dado que***, ***que*** (qui peut être l'abréviation de *porque* ou *ya que*), ***como***.

L'action qui exprime la cause est réalisée, donc le verbe est à l'indicatif.
He pasado buenas vacaciones, puesto que había terminado todos mis deberes.

28 L'expression de la concession dans la subordonnée

- **Elle est introduite par :**

▪ ***aunque*** + indicatif (bien que, quoique). L'action est réalisée.
Aunque no me gusta, te voy a acompañar.

▪ ***aunque*** + subjonctif (même si). L'action n'est pas réalisée.
Aunque no venga mucha gente, será una buena fiesta.

▪ ***a pesar de que***, ***pese a que*** + indicatif ou subjonctif (malgré).
A pesar de que voy de prisa, no terminaré a tiempo.
Te entiendo, pese a que no comparta tu opinión.

▪ ***aun cuando*** + subjonctif (même si).

▪ ***por más que***, ***por mucho que*** + verbe (avoir beau).

- ***por más, por mucho(a,os,as)*** + nom + ***que*** + verbe (autant de + nom + que + verbe).
- ***por muy*** + adjectif + ***que*** + verbe (aussi... que + verbe).

Le verbe peut être au subjonctif ou à l'indicatif en fonction de la façon dont le locuteur considère l'action : comme réalisable, réalisée ou éventuelle.
Por más que lo buscaba, no lo encontraba.
Por más que lo busques, no lo encontrarás.
Por muy joven que sea, creo que podemos confiar en él.

- **Si l'expression de la concession est introduite par :**
- ***sin embargo, no obstante*** (cependant), le verbe est toujours à l'indicatif.
- ***quienquiera que*** (quiconque), ***cualquier cosa que*** (quoi que), ***cualquiera que*** (quel que / quelle que) : le verbe est toujours au subjonctif.

Cualquiera que sea el resultado, estoy satisfecho.
Une manière idiomatique d'exprimer la concession est la répétition du subjonctif.
Sea quien sea. (Quel qu'il soit.)

29 L'expression du but et de la conséquence dans la subordonnée

1. Le but

- **Il est introduit par :**
- ***para que, a fin de que*** + **subjonctif**

Ahorro dinero para que podamos ir de viaje.
A fin de que puedas salir, cuido a los niños yo.

- ***para*** + **infinitif**

Tenemos que preparar la cena para quedar bien delante de los invitados.

2. La conséquence

- **Elle est introduite par :**
- ***de tal modo que*** (de telle sorte que)
- ***de manera que*** (de sorte que)
- ***hasta tal punto que*** (à tel point que)
- ***de ahí que*** (d'où le fait que)

On utilisera le subjonctif ou l'indicatif en fonction de la façon dont on considère la conséquence : comme réelle, ou juste comme une intention à atteindre.
On peut aussi introduire la conséquence par les **locutions adverbiales : *por lo tanto, por lo cual, por consiguiente*** (par conséquent), ***de ahí que***.
No lograba pagarlo, de ahí que me prestara dinero.
No lo entendía, por lo cual me lo volvieron a explicar.

30 La comparaison

1. L'égalité

- **Après un verbe : *tanto*** (invariable) ***como...*** (autant... que, aussi... que)

Me gustaba tanto como a él.

- **Devant un nom : *tanto(a,os,as)... como*** (autant... que)

Hay tantas injusticias en Francia como en España.

- **Devant un adjectif : *tan... como*** (aussi... que)

Es tan sensible como yo.

2. La supériorité et l'infériorité

más... que / menos... que (plus... que / moins... que)
Nosotros tenemos más experiencia que vosotros.

ATTENTION :
Aux quatre comparatifs irréguliers : ***mejor, peor, mayor, menor***.
Mayor et *menor* peuvent jouer le rôle d'adjectifs d'un substantif.
Es mi hermana mayor.

3. La subordonnée de comparaison

como si + **imparfait du subjonctif** ou **plus-que-parfait du subjonctif**
Es como si no lo conocieras.
Comía como si nunca hubiera comido antes.

4. Les locutions comparatives

- ***cada vez más/menos*** (de plus en plus / de moins en moins)

Los prejuicios son cada vez más numerosos.

- ***cada vez mejor/peor*** (de mieux en mieux / de pire en pire)

Tus notas son cada vez peores.

5. L'opposition avec *mientras que*

La locution conjonctive ***mientras que*** oppose deux idées dans une même phrase.
A mí me gusta el café, mientras que a ti te da asco.
Me voy de vacaciones, mientras que ellos se quedan aquí.

Précis grammatical

31 Le superlatif

1. Le superlatif relatif

***el(la, los, las)* más... / *el(la, los, las)* menos...**
(le, la, les plus... / le, la, les moins...)

Attention :
En espagnol, l'article n'apparaît qu'une fois.
***La** más inteligente.* > *Es **la** chica más inteligente de la clase.*

2. Le superlatif absolu

- ***muy*** + adjectif (très)

Es muy sencillo.

- *le suffixe* ***-ísimo(a,os,as)*** (extrêmement) s'ajoute à la dernière consonne de l'adjectif si celui-ci ne se termine pas par *-i*, *-eo* ou *-ico*.

Es baratísimo. / Es sencillísimo. / Es altísimo.
On remarque que l'accent écrit d'un adjectif disparaît quand on ajoute le suffixe *-ísimo*.
Les adjectifs qui se terminent en *-ble* prennent, au superlatif absolu, la terminaison *-bilísimo(a)*
amable > amabilísimo

Attention :
Aux superlatifs irréguliers (mais on leur préfère souvent *muy* + adjectif).
fiel > fidelísimo
libre > libérrimo...
España nunca ha sido un país libérrimo.

32 L'expression de l'obligation

1. L'obligation impersonnelle

C'est lorsqu'il n'y a pas de sujet, de personne identifiée qui réalise l'action : « il faut étudier ».
Elle s'exprime en espagnol avec les expressions suivantes :

- ***haber que* + infinitif**

Hay que estudiar.

- ***es preciso*, *es necesario*, *hace falta*, *es menester* + infinitif**

Es necesario terminar el libro para entender.

- ***ser de* + infinitif**

Es de recordar que antes no era así.

2. L'obligation personnelle

C'est lorsqu'un sujet, une personne identifiée réalise l'action : « il faut que tu étudies ».
Elle s'exprime avec les expressions suivantes :

- ***tener que* + infinitif**

Tienes que ir al supermercado antes de volver a casa.

- ***deber* + infinitif** (obligation morale)

Debes respetar a los demás.

- ***haber de* + infinitif** (obligation atténuée)

Has de entender que las cosas no son así.

- ***es preciso que*, *es necesario que*, *hace falta que*, *es menester que* + subjonctif**

Hace falta que compres pan.

33 La construction pronominale

Elle consiste à adjoindre au verbe un pronom personnel complément (***me*, *te*, *se*, *nos*, *os*, *se***) qui est COD ou COI et qui représente la même personne que le sujet.

1. Elle change le sens

Avec certains verbes, la construction pronominale change le sens.
dormir (dormir) / *dormirse* (s'endormir)
acordar (décider) / *acordarse* (se souvenir de)

2. Elle nuance le sens

Avec des verbes comme *bajar, llevar, salir, subir, tomar,* la construction pronominale met en avant l'effort produit par le sujet.
Te tomas el tiempo de visitarlo. (Tu prends le temps de lui rendre visite.)

3. Elle relève de l'usage

L'espagnol utilise très souvent la construction pronominale pour marquer l'action exercée sur une partie

du corps ou sur le vêtement, ce que le français rend par : verbe + possessif + nom.
Se corta el pelo.

4. Les tournures affectives

• ***Gustar* et autres verbes sur le même modèle : *encantar, chiflar, ilusionar, faltar, apetecer, doler...***

▪ Ces verbes s'accordent avec le COD qui fait alors office de sujet.
A Laura le duele la cabeza.

▪ Ces mêmes verbes à la forme conditionnelle + verbe à l'infinitif, servent à exprimer l'envie et sont synonymes de ***tener ganas de***.
Me gustaría ir a tu fiesta. = Tengo ganas de ir a tu fiesta.

• **La tournure affective réfléchie : *ocurrírsele*, *olvidársele*** et autres verbes sur le même modèle. Elle signifie que la personne subit une action involontaire.
Se me ocurrió preguntarle antes. (Il m'est venu à l'esprit de lui demander avant.)
Se me han olvidado las fechas. (J'ai oublié les dates.)

▪ Le verbe ne peut être qu'à la 3e personne du singulier ou du pluriel, selon le contexte.

34 L'expression de l'ordre, souhait, prière, interdiction

• Les verbes qui expriment ces notions se construisent avec ***que* + subjonctif**, même si souvent en français ils sont suivis de « de + infinitif » (Il me dit de travailler.) : ***decir, desear, rogar*** (prier), ***suplicar, querer, pedir*** (demander de), ***aconsejar, mandar*** (ordonner), ***prohibir*** (interdire)
Mi padre me prohibe que salga. Te dije que lo hicieras.

Attention :
Ne pas confondre *decir que* + indicatif (discours rapporté) et *decir que* + subjonctif (ordre : dire de).

35 L'expression d'une opinion négative

• Si un verbe exprimant une opinion ou un sentiment est à la forme négative, il est suivi du **subjonctif**, car la réalité est niée, donc irréelle.
No piensa que sea necesario.
No me gusta que me hagas esperar.

36 La concordance des temps

Elle consiste à faire coordonner le temps de la proposition subordonnée avec celui de la principale. Elle est obligatoire en espagnol.

• **Si la principale est au présent, au futur ou au passé composé**, la subordonnée sera au présent du subjonctif.
Tendré una casa grande para que podáis visitarme.

• **Si la principale est à un autre temps du passé ou au conditionnel**, la subordonnée sera à l'imparfait du subjonctif.
No quería que vinieras.

• **Le futur dans une phrase au passé** s'exprime par le conditionnel.
Me comentó que abandonaría sus estudios.

37 La répétition

Il existe deux manières d'exprimer la répétition de l'action :

• ***Volver a* + infinitif**
Volvió a salir a los pocos minutos de haber entrado.

• **Verbe + *de nuevo, otra vez***
Te lo explicaré de nuevo.

Précis grammatical

38 La simultanéité

Elle s'exprime par :

- **Le gérondif**

Si les deux actions ont lieu en même temps, et si on insiste sur le déroulement.
Caminando por la calle, le robaron su cartera.

- ***Al* + infinitif**

Si les deux actions sont simultanées, avec une légère antériorité de la première.
Al terminar el ejercicio vi que se me había olvidado una pregunta.
■ *Al* + infinitif peut avoir une valeur causale et se traduit par « du fait que ».
Al entrenar mucho, me siento muy preparada.

39 La subordonnée corrélative

- ***Cuanto más/menos... más/menos*** (plus/moins... plus/moins)

Cuanto más se entrenaba, más le apetecía ganar.
■ Si la corrélation porte sur un nom, *cuanto* s'accorde en genre et en nombre avec ce nom.
Cuantas más preguntas hacía, más entendía.

- ***Tanto más/menos... cuanto más/menos*** (d'autant plus/moins... que... plus/moins)

Los chicos son tanto más tolerantes cuanto más jóvenes. (Les enfants sont d'autant plus tolérants qu'ils sont plus jeunes.)

- ***Tanto más/menos... cuanto que*** (d'autant plus/moins... que)

Tanto más le gustaba ese regalo cuanto que era una sorpresa. (Il appréciait d'autant plus ce cadeau que c'était une surprise.)

40 La construction du verbe avec ou sans préposition

1. Les verbes qui ont une préposition différente du français

acercarse a: s'approcher de
adornar con: orner de
apresurarse a: se dépêcher de
atreverse a: oser
bastar con: suffire de
colgar de: pendre à
comparar con: comparer à
conformarse con: se contenter de
contar con: compter sur
creer en: croire à
cubrir, cubrirse con: couvrir de
cuidar de: prendre soin de
cumplir con: s'acquitter de
desistir de: renoncer à
disfrazarse de: se déguiser en
empeñarse en: s'obstiner à
fiarse de: se fier à
fijarse en: faire attention à
inquietarse por: s'inquiéter de
interesarse por, en: s'intéresser à
oler a: sentir, avoir l'odeur de
olvidarse de: oublier
participar en: participer à
pensar en: penser à
preocuparse por: se préoccuper de
saber a: avoir le goût de
saber de: s'y connaître en
soñar con: rêver de
sospechar de: soupçonner
tardar en: mettre du temps à
tropezar con: trébucher sur, heurter

2. Les verbes qui se construisent sans préposition

aceptar: accepter de
decidir: décider de
intentar: essayer de
necesitar: avoir besoin de
olvidar: oublier de
permitir: permettre de
prohibir: interdire de
prometer: promettre de
recordar: se souvenir de
soler: avoir l'habitude de

Attention : *aceptar*, *necesitar*, *olvidar*, *permitir*, *prohibir*, *prometer* et *recordar* s'accompagnent de la préposition « *a* » quand ils sont suivis d'un COD de personne.
aceptar a alguien.

41 Les principaux verbes à diphtongue et à affaiblissement

La voyelle du radical se change en deux voyelles, à toutes les personnes sauf aux deux premières personnes du pluriel.

1. Le *-e* devient *-ie*

■ Verbes en **-ar (pensar)**

acertar: réussir
apretar: serrer
atravesar: traverser
calentar: chauffer
cegar: aveugler
cerrar: fermer
comenzar: commencer
confesar: avouer
despertar: réveiller
desterrar: déterrer
empezar: commencer
encerrar: enfermer
enterrar: enterrer *fregar*: laver
gobernar: gouverner
manifestar: manifester
merendar: goûter
negar: refuser, nier
nevar: neiger
recomendar: recommander
regar: arroser
sembrar: semer
sentar: asseoir
temblar: trembler
tropezar: trébucher

■ Verbes en **-er (entender)**

ascender: monter
atender a alguien: s'occuper de qqn
defender: défendre
encender: allumer
perder: perdre
tender: tendre, étendre
verter: verser

■ Verbes en **-ir (sentir)**

advertir: prévenir, remarquer
arrepentirse: se repentir, regretter
asentir: acquiescer
convertir: convertir
diferir: être différent
digerir: digérer
divertir: divertir, amuser
herir: blesser
mentir: mentir
preferir: préférer
sugerir: suggérer

2. Le *-o* devient *-ue*

■ Verbes en **-ar (contar)**

acordar: décider
acordarse de: se souvenir de
acostarse: se coucher
almorzar: déjeuner
aprobar: approuver, réussir son examen
avergonzar: *faire* honte
colar: filtrer
comprobar: vérifier
consolar: consoler
costar: coûter
demostrar: démontrer
encontrar: trouver
mostrar: montrer
probar: prouver, essayer, goûter
recordar: rappeler
rogar: prier
soltar: lâcher, libérer
sonar: sonner
soñar: rêver
volar: voler

■ Verbes en **-er (soler)**

cocer: cuire
doler: avoir mal
llover: pleuvoir
morder: mordre
mover: bouger
oler (huelo): sentir
torcer: tordre
et tous les verbes en ***-olver***

REMARQUE :
Pour certains verbes le *-o* devient *-u* ; il s'agit d'un affaiblissement qui n'a lieu qu'au passé simple de la 3e personne et au gérondif.
*d**o**rmir* > *d**u**rmió, d**u**rmieron, d**u**rmiendo*

3. Le *-e* devient *-i*

Le *-e* du radical devient *-i* à toutes les personnes sauf aux deux premières personnes du pluriel.
Ils se conjuguent comme *pedir* (pas d'irrégularité à l'imparfait de l'indicatif, au futur, au conditionnel et au participe passé).

competir: *rivaliser*
concebir: *concevoir*
conseguir: *obtenir*
corregir: *corriger*
despedir: *renvoyer*
despedirse de: *prendre congé de*
elegir: *choisir, élire*
impedir: *empêcher*
medir: *mesurer*
reír: *rire*
reñir: *gronder*
repetir: *répéter*
seguir: *suivre, continuer*
servir: *servir*
sonreír: *sourire*
teñir, desteñir: *teindre, déteindre*
vestir: *vêtir, habiller*

Lexique espagnol ▶ français

A

a ciegas: à l'aveugle
a diario: chaque jour
a favor de: en faveur de
a gusto (estar): à l'aise
a la primera de cambio: sans y réfléchir
a medida (que): au fur et à mesure
a menudo: souvent
a pesar de: malgré
a propósito: exprès
abanico (el): éventail
abarcar: englober
abierto (estar/ser): ouvert / ouvert d'esprit
absentismo (el): absentéisme
abuelo (el): grand-père
aburrido: ennuyeux
aburrimiento (el): ennui
aburrirse: s'ennuyer
abuso (el): abus
acabar: finir / terminer
accesorio (el): accessoire
acelga (la): blette (légume)
acento (el): accent
aceptar: accepter
acercarse a [ort.]: s'approcher de / se rapprocher de
acertar [e>ie]: réussir
achicarse: se faire tout petit
acogedor (ser): accueillant
acoger [ort.]: accueillir
acogida (la): accueil
aconsejar: conseiller
acontecimiento (el): événement
acordarse de [o>ue]: se souvenir de
acosado: harcelé
acosar: harceler
acoso (el): harcèlement
acostumbrado (estar): habitué
acotación escénica (la): didascalie
acudir: se rendre
adicción (la): dépendance
adicto (ser): dépendant
admirar: admirer
adquirir: acquérir
advertencia (la): mise en garde
advertir [e>ie/i]: avertir / mettre en garde
afectar: affecter
aferrarse: s'accrocher
afianzar [ort.]: sécuriser
aficionado (ser): amateur
afligirse: s'affliger
agachar la cabeza: baisser la tête
agarrarse a: s'agripper à
agencia (la): agence
agitación (la): agitation
agitado (estar): agité
agotador (ser): épuisant
agradable [inv. m. f.] (ser): agréable
agradecer [c>zc]: remercier
agradecimiento (el): reconnaissance
agregar: ajouter
agresivo: agressif
aguantar: supporter
ahí: là
ahorrar: économiser
aislado: isolé
aislamiento (el): isolement
aislar: isoler
al tanto (estar): être au courant
alambre (el): fil de fer
alcanzar [ort.]: atteindre
alcohol (el): alcool
alegrarse: se réjouir
alegre [inv. m. f.]: joyeux(se)
alegría (la): joie
alejado: éloigné
alertar: alerter
algo: quelque chose
alistar: recruter
aliviar: soulager
almuerzo (el): déjeuner
alojamiento (el): logement
alternativo: alternatif
altruista [inv. m. f.] (ser): altruiste
alumno (el): élève
ama de casa (el): femme au foyer
amable [inv. m. f.]: aimable
ambicionar: avoir l'ambition de
ambicioso (ser): ambitieux
ambiente (el): ambiance
ambos: tous les deux
amistad (la): amitié
ancestral (ser): ancestrale
anciano (el): personne âgée
andar [irr.]: marcher
angustiado (estar): angoissé
anhelo (el): désir
anidación (la): nidation
animar: motiver
ánimo de lucro (el): but lucratif
ansia (el): anxiété
anticuado: vieillot
antigüedad (la): antiquité
antiguo: ancien
anuncio (el): publicité
añadir: ajouter
apacible [inv. m. f.] (ser): paisible
apaciguar: apaiser
aparato (el): appareil
aparentar: avoir l'air
apartado: mis à l'écart
apasionado: passionné
apenas: à peine
apodo (el): surnom
apostar [o>ue]: parier
apoyado: soutenu
apoyar: soutenir
apoyo (el): soutien
apreciado: apprécié
aprender: apprendre
aprendiz (el): apprenti
aprendizaje (el): apprentissage
aprobar [o>ue]: réussir / être reçu à
aprovechado: profiteur
aprovechar: profiter
apuntar(se): relever / s'inscrire
arbitrario: arbitraire
arreglárselas: se débrouiller
arriesgado (ser): risqué
arriesgar: risquer
arte (el): art
artista [inv. m. f.]: artiste
artístico (ser): artistique
asegurar: assurer
asentarse [e>ie]: s'établir
asentir [e>ie/i]: acquiescer
asignatura (la): matière
asistir: assister
asombrado (estar): étonné
astuto (ser): rusé
asumir: assumer
asustado (estar): effrayé
atareado (estar): occupé
atemorizado: craintif
atender [e>ie]: s'occuper de
atento: attentif
atreverse a: oser
atrevido (ser): audacieux
atuendo (el): tenue
audaz [inv. m. f.] (ser): audacieux
aunar: réunir
aunque + ind.: bien que / + subj.: même si
ausencia (la): absence
ausente [inv. m. f.] (estar): absent
austero (ser): austère
auténtico (ser): authentique
autoestima (la): confiance en soi
autoridad (la): autorité
autoritario (ser): autoritaire
auxiliar: aider
auxiliar de vuelo: steward
avergonzado: honteux
avergonzarse: avoir honte
averiguar: chercher
avisar: prévenir
ayuda (la): aide
ayudar: aider
ayuntamiento (el): mairie
azafata (la): hôtesse de l'air
azar (el): hasard
azteca (ser): aztèque

B

bachillerato (el): équivalent du bac
bajar: télécharger
bandolero (el): bandit de grand chemin
bañarse: se baigner
barato: bon marché / pas cher
barbaridad (la): atrocité
barrera (la): barrière
barrio (el): quartier
batalla (la): bataille
beca (la): bourse d'études
belleza (la): beauté
bloquear: bloquer
bolígrafo (el): stylo
borracho (estar): ivre
bueno: bon
burla (la): moquerie
burlarse de: se moquer de
burlón: moqueur
buscar [ort.]: chercher
búsqueda (la): recherche
buzonear: distribuer de la publicité

C

cabe (+ infinitif): il convient de
cajero (el): caissier
callado: silencieux
callar: taire
calle (la): rue
callejero (ser): de la rue
camarero (el): serveur
cambiar: changer
cambio (el): changement
caminar: marcher
caminata (la): randonnée
camiseta (la): maillot / t-shirt
campaña (la): campagne (de communication)

campo léxico (el): champ lexical
cancha (la) terrain de sport
canción (la): chanson
canguro (el, la): baby-sitter
cansado (estar): fatigué
capaz (ser): capable
caprichoso (ser): capricieux
carca (ser): rétrograde
cargar: charger
cariño: chéri(e)
cariño (el): tendresse
cariñoso: affectueux
caro: cher
carrera (la): cursus / carrière / course
carro: chariot / voiture (Am.)
carta: carte / lettre
cartel (el): affiche
casado: marié
casarse: se marier
castigado: puni
castillo (el): château
castizo (ser): authentique
cautela (la): prudence
celebración (la): célébration
celebrar: fêter
celos (los): jalousie (la)
celoso: jaloux
celular (Am.): téléphone portable
cena (la): souper
cenar: dîner
cercanía (la): proximité
cerebro (el): cerveau
cerrado: fermé
chaleco (el): gilet
charlar: bavarder / discuter
chatear: chatter
chaval [fam.]: garçon
chillar: crier
chino (ser): chinois
chocante (ser): choquant
chulo [fam.]: super
ciego: aveugle
ciencia (la): science
científico (el): scientifique
cirujano (el): chirurgien
cita (la): rendez-vous / citation
ciudad (la): ville
ciudadano (el): citoyen
civismo (el): civisme
coaccionar: faire pression sur
cobijar: abriter
cobrar: toucher (sens financier) / percevoir
cobrizo: cuivré
cocinar: cuisiner
colaborar: collaborer
colarse [fam.]: se faufiler
colecta (la): collecte
colérico (ser): colérique
colgante (el): pendentif
colgar [o>ue]: publier (sur Internet) / accrocher
color (el): couleur
coloreado: coloré
comedor escolar (el): réfectoire
cometa (la): cerf volant
comienzo (el): début
cómodo: confortable / pratique
compadecer [c>zc]: compatir
compaginar: concilier
compartido: partagé
compartir: partager
compensar: compenser
competición (la): compétition
competir [e>i]: concourir
complacer [c>zc]: faire plaisir
complemento (el): accessoire
compra (la): achat
comprar: acheter
comprensivo: compréhensif
comprobar [o>ue]: vérifier
comprometerse a: s'engager à
comprometerse con: s'impliquer dans
compromiso (el): engagement
computador (el) (Am.): ordinateur
común [inv. m. f.] (ser): commun
conciencia (la): conscience
concienciar: faire prendre conscience de
concienciarse (de): prendre conscience (de)
concientizar [ort.] (Am.): prendre conscience
concierto (el): concert
concurrido: fréquenté
concurrir (Am.): assister
concursante [inv. m. f.]: candidat à un concours
condición (la): condition
conducción: conduite
conducir [c>zc]: conduire
confiado: confiant
confiar en: faire confiance à
conflicto (el): conflit
congregarse: se réunir
conmover [o>ue]: émouvoir
conocer [c>zc]: connaître
conquistar: conquérir
consciente [inv. m. f.]: conscient
conseguir [e>i]: obtenir / réussir
consejero (el): conseiller
consejo: conseil
consenso: consensus
conservador (ser): conservateur
consigo: avec lui / avec soi
consistir en: consister à
constar de: se composer de
consumo (el): consommation
contactar con: entrer en contact avec
contar [o>ue] con: compter sur
contemplar: contempler
contenido (el): contenu
contento (estar): content
contestador (el): répondeur
contestar: répondre
contrarrestar: contrecarrer
contraseña (la): mot de passe
contratar: embaucher / recruter
contrato (el): contrat
convencer [ort.]: convaincre
conversar: parler (se)
convertirse [e>ie/i] en: devenir
convicción (la): conviction
convincente [inv. m. f.]: convaincant
convivencia (la): cohabitation
convivir: cohabiter
coro (el): chorale
corriente [inv. m. f.] (ser): courant
cortar: couper
cortesía (la): politesse
corteza (la): croûte
coser: coudre
costa (la): côte
costarle algo a alguien [o>ue]: avoir du mal à
costumbre (la): coutume
creación (la): création
crear: créer
creativo: créatif
creencia (la): croyance
creer en: croire
criada (la): femme de ménage
criadero (el): élevage
criar: élever
cristiano (ser): chrétien
crítica (la): critique
cruce (el): croisement
crucifijo (el): crucifix
cuaderno (el): cahier
cuadro (el): tableau
cualquier: n'importe quel
cuello (el): cou
cuenta (la): compte
cuerpo (el): corps
cuestionario (el): questionnaire
cuidado (tener): faire attention
cuidadoso (ser): prudent
cuidar de: s'occuper de
cuidarse: s'entretenir
culpa (la): faute
culpabilidad (la): culpabilité
culto: cultivé / savant
cultura (la): culture
cumpleaños (el): anniversaire
cumplir: tenir ses promesses
curar: soigner
curioso (ser): curieux
curro (el): le boulot
cursi (ser): ringard
curso (el): année scolaire
cuyo: dont

D

dañino (ser): nocif
daño (el): douleur
dar cuenta: rendre des comptes
dar la cara: faire face
dar miedo: faire peur
dar el pecho: allaiter
dar por: considérer comme
dar un repaso: réviser
dar vueltas: tourner en rond
dar(se) a conocer: faire connaître (se)
dar(se) cita: donner rendez-vous (se)
dar(se) la vuelta: retourner (se)
darse cuenta: se rendre compte
de vez en cuando: de temps en temps
deber: devoir
débil [inv. m. f.]: faible
decepcionado (estar): déçu

Lexique espagnol ▶ français

decidido: déterminé
decidir: décider (de)
decorado (el): décor
dedicarse [ort.] a: se consacrer à
deducir [c>zc]: déduire
defensor (el): protecteur
dejar: laisser / abandonner
dejar de: arrêter de
dejar de lado: laisser de coté
dejarse de: se débarasser de
dejarse llevar: se laisser influencer
demasiado: trop
demoledor (ser): démolisseur
deporte (el): sport
deprimido (estar): déprimé
derecha (a la): (à) droite
derecho (estar): droit
desafío (el): défi
desagradable: désagréable
desahogarse: se défouler
desanimar: décourager
desaparecer [c>zc]: disparaître
desapercibido: inaperçu
desarrollar: développer
descalzo (estar): pied nus
descansar: se reposer
descanso (el): repos
descargar [ort.]: télécharger
descaro (el): effronterie
descartar: écarter / éliminer
desconfiado (ser): méfiant
desconfiar: se méfier
desconocido: inconnu
descubrimiento (el): découverte
descubrir: découvrir
descuento (el): réduction
desde luego: bien sûr
desear: désirer
desenfrenado (estar): effréné
desenganchar: décrocher
desenlace (el): dénouement
deserción (la): absentéisme
desesperado (estar): désespéré
desfase (el): décallage
desinteresado: désintéressé
desnudo (estar): nu
desordenado: desordonné
despectivo (ser): méprisant
desperdiciado: gâché
desperdiciar: gâcher
despierto (estar): réveillé
desprenderse de: se défaire de
despreocupado: insouciant
destacar [ort.]: ressortir
destino (el): destination / destin
desventaja (la): inconvénient
devolver [o>ue]: rendre
dibujante (el): dessinateur
dibujar: dessiner
dibujo (el): dessin
diferente [inv. m. f.]: différent
difícil [inv. m. f.]: difficile
difundir: diffuser
dignidad (la): dignité
dignificar [ort.]: rendre digne
digno (ser): digne
diligencia (la): politesse
dinero (el): argent
dinero de bolsillo (el): argent de poche
dios: dieu
diploma (el): diplôme
dirección (la): adresse
dirigir [ort.]: diriger
discapacitado: handicapé
discreto (ser): discret
discriminar: discriminer
disfraz (el): déguisement
disfrazado (estar): déguisé
disfrazarse de: se déguiser en
disfrutar (de): profiter de / s'amuser
disgusto (el): déception
distinguir [ort.]: distinguer
distinto (ser): différent
distraer [irr.]: distraire
divertido: drôle / amusant
divertirse [e>ie/i]: s'amuser
documental: documentaire
doler [o>ue]: blesser / faire mal
dolor (el): douleur
dominar: dominer / maîtriser
dominio (el): domination
duda (la): doute

● E

echar un cable [fam.]: filer un coup de main
echar una mano: donner un coup de main
edad media (la): moyen-âge
edificar [ort.]: construire
educación (la): éducation
educado (ser): poli
educativo (ser): éducatif
efecto (el): effet
eficiente (ser): efficace
egoísta [inv. m. f.] (ser): égoiste
ejecución (la): exécution
ejercer: exercer
elegir [e>i]: choisir
embarazada (estar): enceinte
embarazo (el): grossesse
embarque (el): embarquement
embellecer [c>zc]: embellir
emblemático (ser): emblématique
emborracharse: se saouler
empeñarse en: s'obstiner à
empeño (el): acharnement
empleado (el): employé
empleo (el): emploi
emprendedor (ser): entreprenant
empresa (la): entreprise
en cuanto a: par rapport à
en dirección a: en direction de
en efecto: en effet
en un pispás [fam.]: vite fait bien fait
encaje (el): dentelle
encantar: adorer
encargar [ort.]: charger
encargarse: se charger
encender [e>ie]: allumer
encerrado: enfermé
encerrar [e>ie]: enfermer
encierro (el): course de taureaux
encontrarse [o>ue] con: rencontrer
encuentro (el): rencontre
encuesta (la): enquête
enemigo (el): ennemi
enfadado (estar): fâché / en colère
enfadarse: se mettre en colère / se fâcher
enfado (el): colère / énervement
enfermizo: maladif
enfermo (estar): malade
enfrascado (estar): concentré
enfrentarse con: faire face à
enfurecerse [c>zc]: devenir furieux
engañar: tromper
engañoso: trompeur / mensonger
enojado (estar): en colère
enredarse: s'embrouiller
enriquecedor (ser): enrichissant
enriquecer [c>zc]: enrichir
enriquecimiento (el): enrichissement
ensimismado (estar): être dans ses pensées / renfermé
entorpecer [c>zc]: gêner / faire obstacle
entregar [ort.]: remettre / rendre
entrenador (el): entraîneur
entrenamiento (el): entraînement
entrenarse: s'entraîner
entretener(se) [irr.]: (se) distraire / (s')amuser
entretenido: distrayant
entretenimiento (el): divertissement
entrevista (la): entretien / entrevue
entrometerse: s'introduire
entroncarse [Am.][ort.]: s'embrancher
entusiasmo (el): enthousiasme
entusiasta [inv. m. f.] (ser): enthousiaste
equivocarse [ort.]: se tromper
escaparse: s'échapper
escapatoria (la): échappatoire
escena (la): scène
escenario (el): scène (de théâtre)
esclavo (el): esclave
esconderse: se cacher
escuchar: écouter
esculpir: sculpter
escultor (el): sculpteur
escultura (la): sculpture
escúter (el): scooter
esforzarse [o>ue] por: s'efforcer de
esfuerzo: effort
eslavo (ser): esclave
eslogan (el): slogan
espalda (la): dos
espantar: effrayer
espectáculo (el): spectacle
esperanza (la): espoir
esperar: espérer / attendre
espíritu (el): esprit
estacional [inv. m. f.] (ser): saisonnier

estado (el): statut / état
estancia (la): séjour
estarcido (el): pochoir
estereotipo (el): stéréotype
estigmatizar [ort.]: stigmatiser
estilo (el): style
estimado: cher
estimulante [inv. m. f.] (ser): stimulant
estómago (el): estomac
estratagema (la): stratagème
estrenar: porter pour la première fois
estreno (el): première (cinéma)
estropear: abîmer
estruendo (el): bruit
estudiar: étudier
estudio (el): étude
estupefacto (estar): stupéfait
estupendo: super
étnico (ser): ethnique
evento (el): événement
evolucionar: évoluer
exagerar: exagérer
exasperación (la): exaspération
excesivo: excessif
experiencia (la): expérience
explorar: explorar
exponer [irr.]: exposer
exposición (la): exposition
expresar(se): exprimer (s')
extranjero (ser): étranger
extraño (ser): bizarre
extrovertido (ser): extraverti

F

faena doméstica (la): tâche ménagère
falda (la): jupe
falsedad (la): fausseté
falsificar [ort.]: falsifier
falso (ser): faux
faltar: manquer
familia de orden: famille bien comme il faut
famoso (ser): célèbre
fastidiar: ennuyer
fatigoso (ser): fatiguant
favorecer [c>zc]: favoriser
favorito (ser): favori / préféré
felicidad (la): bonheur
feliz [inv. m. f.]: heureux
felpa (la): maillot (sport)
festejar: fêter
festejo (el): fête
festivo (ser): festif
fiarse de: faire confiance à
fiesta (la): fête
filántropo (el): philanthrope
financiar: financer
finca (la): propriété agricole
fingir [ort.]: feindre de
firme: solide / ferme
flagelo (el): fléau
flipante [ingl.] (ser): génial
fomentar: encourager / développer
fontanero (el): plombier
foráneo (ser): étranger
forastero (ser): étranger
formar parte de: faire partie de
formativo (ser): formateur
fortalecer [c>zc]: renforcer
fregar [e>ie]: frotter / laver
freno (el): frein
frío (el): froid
fuego (el): feu
fuente (la): source
futuro (el): futur

G

gafas (las): lunettes
galería (la): galerie
ganas (las): l'envie
garganta (la): gorge
gastar: dépenser
gasto (el): les frais (au sens financier)
generación (la): génération
generalizar [ort.]: généraliser
generoso: généreux
gente (la): gens (les)
gimnasio (el): gymnase
globo (el): bulle / globe
gracioso: drôle
grado (el): degré
grafista [inv. m. f.]: graffeur / graphiste
griego (ser): grec
gritar: crier
grito (el): cri
grupito (el): le petit groupe
grupo (el): groupe
guapo: joli /beau
guay [fam.]: cool / super
gustar: plaire
gusto (el): goût

H

habitación (la): chambre
hacer [irr.] amigos: faire (se) des amis
hacer de: faire office de
hacer caso: prêter attention
hacer ejercicio: faire de l'exercice
hacer el ridículo: faire l'idiot
hacer dedo: faire du stop
hacerse amigo: devenir ami
hacha (el): hache (outil)
hartar: ennuyer
harto (estar) [fam.]: en avoir marre [fam.]
hasta: même / jusqu'à
hazaña (la): exploît
hebreo: hébreu
hermoso: beau
herramienta (la): outil
hincha (el): supporter
histórico (ser): historique
hito (el): événement marquant
hoguera (la): bûcher
holgazán (ser): fainéant
honor (el): honneur
honrado(ser): honnête
horario (el): emploi du temps
horror (el): horreur
hundido (estar): enfoncé

I

identificado: identifié
ignorar: ignorer
igual [inv. m. f.]: comme / pareil
igualdad (la): égalité
ilusión (la): illusion / joie
ilusionado (estar): ravi
imaginario (ser): imaginaire
imitar: imiter
impaciente [inv. m. f.]: impatient
impactar: marquer / impacter
impedir [e>i]: empêcher
implicarse [ort.]: s'impliquer
implorar perdón: implorer le pardon
imponer [irr.]: imposer
importancia (la): importance
imprescindible [inv. m. f.] (ser): indispensable
improvisado: improvisé
inaceptable [inv. m. f.] (ser): inacceptable
incluso: même
incomprensión (la): incompréhension
inconsciencia (la): inconscience
inconsciente: inconscient
increíble [inv. m. f.] (ser): incroyable
independencia (la): indépendance
independiente [inv. m. f.] (ser): indépendant
indiferente [inv. m. f.] (ser): indifférent
indignado (estar): indigné
indignarse: s' indigner
individualista [inv. m. f.] (ser): individualiste
inexpresivo: inexpressif
infeliz [inv. m. f.] (ser): malheureux
influyente [inv. m. f.] (ser): influant
información (la): information
ingenuo (ser): naïf
ingresos (los): revenus
inhibido: inhibé
iniciativa (la): initiative
inicio (el): début
injusto (ser): injuste
inmigrante (ser): immigré
inolvidable [inv. m. f.] (ser): inoubliable
inquieto (estar): inquiet
inquietud (la): inquiétude
instituto (el): lycée
integración (la): intégration
integrarse: s'intégrer
intenso (ser): intense
intentar: essayer (de)
intercambiar: échanger
intercambio (el): échange
interés (el): interêt
interesante [inv. m. f.]: intéressant
interesarse por: s'intéresser à
interpretar: interpréter
intolerable [inv. m. f.] (ser): intolérable
intransigente [inv. m. f.] (ser): intransigeant
intrépido (ser): intrépide
inútil [inv. m. f.] (ser): inutile
invadir: envahir
invertir [e>ie/i]: inverser / investir
investigación (la): recherche
investigar: rechercher
invitado: invité
involucrarse: s'impliquer
irreal [inv. m. f.] (ser): irréel
irse [irr.] de vacaciones: partir en vacances
isla (la): île
izquierda (la): gauche

Lexique espagnol ▶ français

J

jefe (el): chef
jornada (la): journée
joven [inv. m. f.]: jeune
joya (la): bijou
judío (ser): juif
jugador (el): joueur
juntos: ensemble
juvenil [inv. m. f.] (ser): jeune

L

laboral [inv. m. f.]: professionnel
lago (el): lac
lágrima (la): larme
lamentar: regretter
lazo (el): lien
legal [inv. m. f.] (ser): légal
lejos: loin
lema (el): slogan
letra (la): paroles (de chansons)
ley (la): loi
leyenda (la): légende
liberarse: se libérer
libertad (la): liberté
libre [inv. m. f.]: libre
liceo (el) (Am.): lycée
ligar: draguer
limitarse: se limiter
límite (el): limite
limpiar: nettoyer
lindo: chouette (Am.) / joli (Esp.) / beau (Esp.)
línea (la): ligne
listo (estar): être prêt
literario: littéraire
literatura (la): littérature
llamar (por teléfono): téléphoner
llave (la): clef
llegada (la): arrivée
llegar: arriver
llevar razón: avoir raison
llevar: porter
lloriquear: pleurnicher
llover [o>ue]: pleuvoir
loco (estar): fou
lograr: réussir à
lucha (la): lutte
luchar: lutter
lugar (el): lieu
lupa (la): loupe
luz (la): lumière

M

madurez (la): âge adulte / maturité
majo: sympa
maleducado: impoli
maletero (el): coffre
malhechor (el): malfaiteur
malo (ser): mauvais
maltratar: maltraiter
mandar: commander / envoyer
manejarse: se débrouiller
mantener [irr.]: garder
mantón (el): châle
maquinita (la): console
mar (el, la): mer
marginado: marginalisé
marginalidad (la): marginalité
masa (la): pâte à gâteaux
matar: tuer
matizar [ort.]: nuancer
matrimonio (el): mariage
máxima (la): maxime
mayor (ser): plus grand
mayoría (la): plupart
mediante: au moyen de / grâce à
mejor: meilleur / mieux
mejorar: améliorer
mellizos (los): jumeaux
menor (ser): plus petit
mensaje (el): message
mentira (la): mensonge
mentiroso (ser): menteur
mercado (el): marché
mestizo (ser): métisse
mezcla (la): mélange
mezclar: mélanger
miedo (el): peur
miedoso (ser): peureux
mimar: dorloter
minusválido (ser): handicapé
mirada (la): regard
mirar: regarder
mochila (la): sac-à-dos
mocoso [fam.]: gamin
moderno (ser): moderne
modificar [ort.]: modifier
molar [fam.]: être chouette
montar la tienda: monter la tente
monumento (el): monument
mote (el): surnom
motivación (la): motivation
motivado (estar): motivé
moverse [o>ue]: (se) bouger
móvil (el): téléphone portable
muchacho (el): garçon
mucho: beaucoup
muestra (la): démonstration / preuve
multiplicar [ort.]: multiplier
muñeca (la): poupée
muralismo (el): muralisme
muro (el): mur
músculo (el): muscle
museo (el): musée
musulmán (ser): musulman
mutuo (ser): mutuel
muy: très

N

nacer [c>zc]: naître
nacimiento (el): naissance
nacionalidad (la): nationalité
nada: rien
nadar: nager
nadie: personne / aucune personne
necesidades (las): besoins
necesitar: avoir besoin de
negar [e>ie]: refuser
negarse a [e>ie]: se refuser
nervioso: nerveux
ni siquiera: même pas
nieto (el): petit-fils
ningún: aucun
ninguno: aucun
norma (la): norme
novedoso (ser): novateur
novio (el): fiancé / petit-ami
número (el): nombre
nunca: jamais

O

obedecer [c>zc]: obéir
objetivo (el): but
obra (la): oeuvre
observar: observer
obsesionado (estar): obsédé
obstáculo (el): obstacle
obtener [e>ie]: obtenir
ocio (el): loisirs
ocioso (estar): oisif
ocuparse: s'occuper de
oficina (la): bureau
oficio (el): métier
olvidar: oublier
olvidarse de: oublier
opción (la): choix
ópera (la): opéra
opinar: donner son avis
opinión (la): avis
oponerse [irr.]: s'opposer
oportunidad (la): chance
oposición (la): concours
optimista [inv. m. f.]: optimiste
orden (el, la): ordre
ordenado: ordonné
ordenador (el): ordinateur
organización (la): organisation
orgulloso (estar): fier
origen (el): origine
oriundo (ser): originaire
orquesta (la): orchestre
oscuro: sombre
otorgar [ort.]: autoriser

P

padecimiento (el): épreuve / souffrance
pago (el): paye
pala (la): pelle / raquette de ping-pong
palabrota (la): gros mot
pantalla (la): écran
pañuelo (el): mouchoir
papel (el): rôle / papier
parado (el): chômeur
paraíso (el): paradis
paralizar [ort.]: paralyser
parecer (el): avis
parecido (ser): semblable
pared (la): mur
pareja (la): couple
parentesco: lien de parenté
paro (el): chômage
participar en: participer à
partido (el): match
pasaporte (el): passeport
pasar de [fam.]: se ficher de
pasarlo bomba [fam.]: s'éclater
pasarlo en grande: passer un bon moment
pasarlo pipa [fam.]: s'éclater
pasarse: dépasser les limites
pasarse de la raya: dépasser les bornes
pasatiempo (el): passe-temps
paseo (el): balade / promenade
pasión (la): passion
pasta (la) [fam.]: thune [fam.]
patrimonio (el): patrimoine
patrocinar: sponsoriser
patrullar: patrouiller
paulatinamente: lentement
payasada (la): bouffonnerie
payaso (el): clown
paz (la): paix
peculiar [inv. m. f.] (ser): particulier
pedir [e>i]: demander
pedir [e>i] ayuda: demander de l'aide
pegar [ort.]: coller
pegarle [ort.] a alguien: frapper quelqu'un
pelar: peler

pelea (la): bagarre
pelearse: se battre / se bagarrer
película (la): film
peligro (el): danger
peligroso (ser): dangereux
pelo (el): cheveux
pena (la): chagrin
pendiente (el): boucle d'oreille
penoso: pénible
pensamiento (el): pensée
pensar [e>ie] en: penser à
peor [inv. m. f.]: pire
perder [e>ie]: perdre
perdido (estar): être perdu
perezoso: paresseux
perfil (el): profil
periódico (el): journal
perjudicar [ort.]: porter préjudice / nuire
perjudicial (ser): nocif
perjuicio (el): préjudice
permiso (el): autorisation
permiso de conducir (el): permis de conduire
permitir: permettre (de)
personalidad (la): personnalité
pertenecer [c>zc]: appartenir
pesado [fam.]: lourd
pesimista [inv. m. f.]: pessimiste
piel (la): peau
pintar: peindre
pintor (el): peintre
pionero (ser): pionier
pistoletazo de salida (el): coup d'envoi
placer (el): plaisir
planchar: repasser
plata (la): argent
población (la): population
pobreza(la): pauvreté
poderoso (ser): puissant
polémica (la): polémique
ponerse [irr.] en peligro: se mettre en danger
popular [inv. m. f.] (ser): célèbre
por lo tanto: par conséquent
por si acaso: au cas où
por supuesto: bien sûr
portal (el): portail
postear: poster
potencial (el): potentiel
practicar [ort.]: pratiquer
prácticas (inv.) (las): stage
práctico (ser): pratique
pragmático (ser): pragmatique
precabido (ser): prudent
precio (el): prix
precoz (ser): précoce
prejuicio (el): préjugé
preocupación (la): inquiétude
preocupado (estar): inquiet
preocuparse (por): s'inquiéter (de)
presente (el): présent
prestar: prêter
prestar ayuda: porter secours
prevención (la): prévention
previsor (ser): prévoyant
privado: privé
probar [o>ue]: essayer / tester
proceso (el): processus
procurar: tenter de
profesor nativo (el): professeur d'origine de langue natif
progreso (el): progrès
prohibición (la): interdiction
prohibir: interdire
promotor (el): promoteur
promover [o>ue]: promouvoir
proporcionar: apporter
propuesta (la): offre
protagonista [inv. m. f.] (ser): protagoniste
proteger [ort.]: proteger
provechoso (ser): profitable
proyecto (el): projet
prueba (la): preuve
puntillas (de): sur la pointe des pieds
puntual [inv. m. f.]: ponctuel

Q

quedar: donner rendez-vous
quedarse: rester
quejarse: se plaindre
quemar(se): (se) brûler
querer [e>ie/i]: vouloir / aimer
querido: aimé
quieto (estar): immobile / tranquille
quitar: enlever
quitarse de encima: se débarrasser de

R

racista [inv. m. f.] (ser): raciste
raíz (la): racine
raro: étrange
ratón (el): souris
razón (la): raison
real [inv. m. f.] (ser): réel
realista [inv. m. f.] (ser): réaliste
rebasar: dépasser
rebatir: réfuter
rechazar [ort.]: refuser / rejeter
rechazo (el): rejet
recíproco (ser): réciproque
reclutador (el): recruteur
recoger [ort.]: ranger / passer prendre quelqu'un
reconocer [c>zc]: reconnaître
reconocido: reconnu
recordar [o>ue]: se souvenir de
recorrido (el): parcours
recuerdo (el): souvenir
recurrir: avoir recours
recurso (el): ressource
red (la): filet / réseau / Internet
reflexionar: réfléchir
regalar: offrir
registrarse: s'inscrire
regresar: revenir
reinado (el): règne
reino (el): royaume
relajado: détendu
relajarse: se détendre
relevante [inv. m. f.] (ser): important
rellenar: remplir
remitir a: faire référence à
remordimiento (el): remords
reñir [e>i] con/a: se fâcher avec / reprendre quelqu'un
repartidor (el): livreur
reparto (el): répartition
reponedor (el): emploi de mise en rayon
reprimir: réprimer
reprochar: reprocher
reproche (el): reproche
requisito (el): condition
resaltar: faire ressortir
respetar: respecter
respeto (el): respect
responsabilidad (la): responsabilité
responsabilizarse: se responsabiliser
responsable [inv. m. f.] (ser): responsable
reto (el): défi
retraído: renfermé
retraso (el): retard
retribución (la): rémunération
revisar: vérifier
revista (la): revue (magazine papier)
rey (el): roi
rezar [ort.]: prier
riego (el): arrosage
riesgo (el): risque
riña (la): dispute
riqueza (la): richesse
risa (la): rire
ritual (el): rituel
robar: voler
robo: vol (d'objet)
rodear: entourer
rodillas (de): genoux (à)
rollo (el) [fam.]: bobard
ropa (la): vêtements
rubio: blond
ruborizarse [ort.]: rougir
rueda de prensa (la): conférence de presse
ruido (el): bruit
ruidoso: bruyant
rumano (ser): roumain
rumor (el): rumeur

S

sacar [ort.]: sortir / retirer
sacrificio (el): sacrifice
sala de espera (la): salle d'attente
sala de estar (la): salle de séjour
saliente [inv. m. f.]: saillant
salir [irr.] de fiesta: faire la fête
salir [irr.] de marcha: faire la fête
salmantino (ser): de Salamanque
salón (el): salon
salud (la): santé
salvar: sauver
sano: sain
satisfecho (estar): satisfait
secuela (la): séquelle
sed (la): soif
seducir [c>zc]: séduire
seguir [e>i]: suivre
según: selon
seguro: sûr
sello (el): timbre / tampon
sensación de vivir (la): impression de vivre
sensibilidad (la): sensibilité
sensibilizar [ort.]: sensibliser
sensible [inv. m. f.]: sensible
sentirse [e>ie/i] a gusto: se sentir à l'aise

ser capaz de: être capable de
ser de fiar: être quelqu'un de confiance
ser hincha: être fan de / être supporter
serenarse: se calmer
serio: sérieux
servicial [inv. m. f.]: serviable
siglo (el): siècle
silla (la): chaise
similar [inv. m. f.] (ser): semblable
simpatizar [ort.] con: sympathiser avec
sin embargo: cependant
sinceridad (la): sincérité
sincero (ser): sincère
sitio (el): endroit
sobrio (estar): sobre
sociable [inv. m. f.]: sociable
socializar [ort.]: vivre en société
socio (el): donateur
sofocar [ort.]: suffoquer
soledad (la): solitude
soler [o>ue]: avoir l'habitude de
solidaridad (la): solidarité
solidario (ser): solidaire
solo: seul
sólo: seulement
solsticio (el): solstice
soltar [o>ue]: lâcher
soltero: célibataire
someterse (a): se soumettre (à)
sometido (estar): soumis
sonido (el): son
sonriente [inv. m. f.]: souriant
sonrisa (la): sourire
soñar [o>ue] (con): rêver (de)
sorpresa (la): surprise
suceder: arriver
sueldo (el): salaire
sueño (el): rêve
sufrir: souffrir / subir
sumamente: extrêmement
sumarse: adhérer
sumirse: se plonger
sumiso (ser): soumis
superar(se): (se) surpasser / (se) dépasser
sur (el): sud
suramericano (ser): latinoaméricain
sustituir [ort.]: remplacer

● T

tablón (el): tableau d'affichage
taco (el): gros mot
taller (el): atelier / stage
tamaño (el): taille
tapar: couvrir / cacher
tarde: soir / tard [adv.]
tarea (la): travail scolaire / tâche (à réaliser)
teclado (el): clavier
tecnología (la): technologie
tedio (el): ennui
temblar [e>ie]: trembler
temeroso (ser): craintif
temor (el): crainte
temprano: tôt
tener [irr.] derecho a: avoir le droit de
tener ganas de: avoir envie de
tener lugar: avoir lieu
tener que: devoir
tener voz y voto: avoir voix au chapitre
testimoniar: témoigner
testimonio (el): témoignage
tienda (la): magasin
timidez (la): timidité
tímido: timide
típico (ser): typique
tirar: jeter
tocar: jouer (de la musique) / toucher
tolerante [inv. m. f.] (ser): tolérant
tomar algo: prendre un verre
tomar conciencia: prendre conscience
tomar el sol: bronzer
tontería (la): bêtise
tópico (el): cliché / lieu commun
torta (la): claque
trabajador (el): travailleur
trabajillo (el): petit boulot
tradición (la): tradition
tradicional [inv. m. f.] (ser): traditionnel
traducir [c>zc]: traduire
traicionar: trahir
traicionero (ser): traître
traje (el): costume
trampa (la): piège
tranquilo: tranquille
transcurrir: se dérouler
transferencia (la): virement / transfert
traslado (el): déplacement
trasmitir: transmettre
traspasar: dépasser
trastorno (el): trouble
tratar de: essayer de
traumatizar [ort.]: traumatiser
trepar: grimper
trillizos (los): triplés
trueque (el): troc
turismo (el): tourisme
turista [inv. m. f.] (ser): touriste
turístico (ser): touristique

● U

último: dernier
urbano: urbain
usuario (el): utilisateur

● V

vacuna (la): vaccin
vago: fainéant
valiente [inv. m. f.] (ser): courageux
valor (el): courage / valeur
valorar: apprécier
valores (los): valeurs (morales)
vaqueros (los): pantalon jean
variedad (la): variété
vecindario (el): voisinage
vecino (el): voisin
velocidad (la): vitesse
vena (la): veine
vendedor (el): vendeur
ventaja (la): avantage
ver la tele: regarder la télé
veraniego: estival
verdad (la): vérité
verdadero (ser): vrai
verdura (la): légumes verts
vergüenza (la): honte
verificar: vérifier
vestido (estar): habillé
vestir [e>i]: porter (un vêtement)
vestirse: s'habiller
viajar: voyager
viaje (el): voyage
viajero (el): voyageur
videojuego (el): jeu vidéo
viejos (los) [fam.]: parents
vigilar: surveiller
vincular: relier
violencia (la): violence
violento: violent
violín (el): violon
violonchelo (el): violoncelle
virtud (la): vertu
vivienda (la): logement
vivir: vivre
vivir a su manera: vivre sa vie
voluntad (la): volonté
voluntariado (el): bénévolat
voluntario (el): bénévole / volontaire
volver [o>ue]: revenir / retourner
vorágine (la): tourbillon
vuelta (la): tour
vulgar [inv. m. f.] (ser): vulgaire
vulgaridad (la): vulgarité

● Y - Z

ya que: puisque
zapato (el): chaussure
zaragozano (ser): saragossain / de Saragosse

A

à l'aise : (estar) a gusto
à l'aveugle : a ciegas
à peine : apenas
abîmer : estropear
abriter : cobijar
absence : ausencia (la)
absent : ausente [inv. m. f.]
absentéisme : absentismo (el) / deserción (la)
abus : abuso (el)
accent : acento (el)
accepter : aceptar
accessoire : complemento (el) / accesorio (el)
accueil : acogida (la)
accueillant : (ser) acogedor
accueillir : acoger [ort.]
acharnement : empeño (el)
achat : compra (la)
acheter : comprar
acquérir : adquirir [irr.]
acquiescer : asentir [e>ie/i]
adhérer : sumarse
admirer : admirar
adorer : encantar
adresse : dirección (la)
affecter : afectar
affectueux : cariñoso
affiche : cartel (el)
affliger (s') : afligir(se) [ort.]
agence : agencia (la)
agitation : agitación (la)
agité : (estar) agitado
agréable : (ser) agradable [inv. m. f.]
agressif : agresivo
agripper (s') à : agarrar(se) a
aide : ayuda (la)
aider : ayudar = auxiliar
aimable : (ser) amable [inv. m. f.]
aimé : querido
ajouter : añadir = agregar [ort.]
alcool : alcohol (el)
alerter : alertar
allaiter : dar [irr.] el pecho
allumer : encender [e>ie]
alternatif : (ser) alternativo
altruiste : altruista [inv. m. f.]
amateur : (ser) aficionado
ambiance : ambiente (el)
ambitieux : (ser) ambicioso
améliorer : mejorar
amitié : amistad (la)
amusant : divertido / entretenido
amuser (s') : entretener(se) [irr.] / disfrutar / divertir(se) [e>ie/i]
ancestrale : (ser) ancestral [inv. m. f.]
ancien : (ser) antiguo
anecdote : anécdota (la)
angoissé : (estar) angustiado
année scolaire : curso (el)
anniversaire : cumpleaños (el)
antiquité : antigüedad (la)
anxiété : ansia (el)
apaiser : apaciguar
appareil : aparato (el)
appartenir : pertenecer [c>zc]
apprécié : apreciado
apprécier : valorar
apprenti : aprendiz (el)
apprentissage : aprendizaje (el)
approcher (s') de : acercar(se) [ort.] a
arbitraire : (ser) arbitrario
argent (monnaie) : dinero (el)
argent de poche : dinero de bolsillo (el)
arrêter de : dejar de
arrivée : llegada (la)
arriver : llegar [ort.] (a un sitio) / suceder (algo)
arrosage : riego (el)
art : arte (el)
artiste : artista (el, la)
artistique : (ser) artístico
assister : asistir
assumer : asumir
assurer : asegurar
atelier : taller (el)
atrocité : barbaridad (la)
atteindre : alcanzar
attendre : esperar
attentif : atento
au cas où : por si acaso
au fur et à mesure : a medida que
au moyen de : mediante
aucun : ningún(o)
audacieux : (ser) atrevido
austère : (ser) austero
authentique : (ser) auténtico
autorisation : permiso (el)
autoriser : otorgar [ort.]
autoritaire : (ser) autoritario
autorité : autoridad (la)
avantage : ventaja (la)
avec soi : consigo
avertir : advertir [e>ie/i]
aveugle : ciego
avis : opinión (la) = parecer (el)
avoir besoin de : necesitar
avoir du mal à : costarle [o>ue] (hacer algo) a alguien
avoir envie de : tener [irr.] ganas de
avoir honte : avergonzarse [o>ue]
avoir honte de qqch. : dar [irr.] (algo) vergüenza
avoir l'air : aparentar / parecer [c>zc]
avoir l'ambition de : ambicionar
avoir le droit de : tener [irr.] derecho a
avoir l'habitude de : soler [o>ue]
avoir lieu : tener [irr.] lugar
avoir raison : tener [irr.] razón = llevar razón
avoir recours : recurrir
aztèque : (ser) azteca

B

baby-sitter : canguro (el, la)
bagarre : pelea (la)
baigner (se) : bañar(se)
ballade : paseo (el)
barrière : barrera (la)
bataille : batalla (la)
battre (se) : pelear(se)
bavarder : charlar
beau : bonito (Esp.) = hermoso (Am.) = lindo (Am.)
beaucoup : mucho
beauté : belleza (la)
bénévolat : voluntariado (el)
bénévole : (ser) voluntario
besoin : necesidad (la)
bêtise : tontería (la)
bien que : aunque + ind.
bien sûr : desde luego = por supuesto / claro
bijou : joya (la)
bizarre : (ser) extraño
blond : rubio
bloquer : bloquear
bon : bueno
bon marché : barato
bonheur : felicidad (la)
boucle d'oreille : pendiente (el)
bouffonnerie : payasada (la)
bouger : moverse [o>ue]
boulot : curro (el) [fam.]
bronzer : tomar el sol
bruit : ruido (el)
brûler (se) : quemar(se)
bruyant : (ser) ruidoso
bûcher : hoguera (la)
bulle (BD) : bocadillo (el)
bureau (pièce) : oficina (la) / despacho (el)
but : objetivo (el)

C

cacher (se) : esconder(se)
cahier : cuaderno (el)
caissier : cajero (el)
calmer (se) : serenar(se) / calmar(se)
campagne : campo (el) (≠ ciudad) / campaña (la) (de comunicación)
candidat à un concours : concursante (el, la)
capable (être) : ser capaz de
capricieux : (ser) caprichoso
carrière : carrera (la)
célébration : celebración (la)
célèbre : (ser) famoso
célibataire : soltero
cependant : sin embargo
cerf volant : cometa (la)
cerveau : cerebro (el)
cesser de : dejar de
chagrin : pena (la)
chaise : silla (la)
châle : mantón (el) / chal (el)
chambre : habitación (la)
champ lexical : campo léxico (el)
chance : oportunidad (la)
changement : cambio (el)
changer : cambiar
chanson : canción (la)
chaque jour : a diario
charger : cargar [ort.] / encargar [ort.]
château : castillo (el)
chatter : chatear
chaussures : zapatos (los)
chef : jefe (el)
cher : estimado (politesse)
chercher : buscar
chéri(e) : cariño (el)
cheveux : pelo (el)
chinois : (ser) chino
chirurgien : cirujano (el)
choisir : elegir [irr.]
choix : opción (la)
chômage : paro (el)
chômeur : parado (el)
choquant : chocante
chorale : coro (el) / coral (la)
chouette [fam.] : guay (Esp) = lindo (Am.)
chrétien : (ser) cristiano

Lexique français ▶ espagnol

citoyen : ciudadano (el)
civisme : civismo (el)
clavier : teclado (el)
clef : llave (la)
cliché : tópico (el)
clown : payaso (el)
coffre (voiture) : maletero (el)
cohabitation : convivencia (la)
cohabiter : convivir
colère : enfado (el)
colérique : colérico
collaborer : colaborar
collecte : colecta (la)
coller : pegar [ort.]
coloré : coloreado
commander : mandar
commun : (ser) común
compatir : compadecer [c>zc]
compenser : compensar
compétition : competición (la)
compréhensif : (ser) comprensivo
compte : cuenta (la)
compter sur : contar con [o>ue]
concert : concierto (el)
concilier : compaginar
concourir : competir [e>i]
concours : oposición (la) (scolaire)
condition : condición (la) / requisito (el)
conduire : conducir [c>zc]
conduite : conducción (la)
conférence de presse : rueda de prensa (la)
confiance en soi : autoestima (la)
confiant : confiado
conflit : conflicto (el)
connaître : conocer [c>zc]
conquérir : conquistar
consacrer à (se) : dedicarse a
conscience : conciencia (la)
conscient : consciente [inv. m. f.]
conseil : consejo (el)
conseiller : aconsejar; consejero (el)
consensus : consenso (el)
conservateur : (ser) conservador
consister à : consistir en
console (jeu) : maquinita (la) / la consola
consommation : consumo (el)
construire : edificar [ort.]
contempler : contemplar
content : (estar) contento
contenu : contenido (el)
contrat : contrato (el)
contrecarrer : contrarrestar
convaincant : (ser) convincente [inv. m. f.]
convaincre : convencer [ort.]
conviction : convicción (la)
cool : guay [fam.]
corps : cuerpo (el)
costume : traje (el)
côte : costa (la)
cou : cuello (el)
coudre : coser
couleur : color (el)
coup d'envoi : pistoletazo de salida (el)
couper : cortar
couple : pareja (la)
courage : valor (el)
courageux : (ser) valiente [inv. m. f.]
courant : corriente (la)
course : carrera (la)
course de taureaux : encierro
coutume : costumbre (la)
crainte : temor (el)
craintif : (estar) atemorizado / (ser) temeroso
créatif : (ser) creativo
création : creación (la)
créer : crear
cri : grito (el)
crier : gritar / chillar
critique : crítica (la)
croire : creer (en)
croisement : cruce (el)
croûte : corteza (la)
croyance : creencia (la)
crucifix : crucifijo (el)
cuisiner : cocinar
cuivré : cobrizo
culpabilité : culpabilidad (la)
cultivé : (ser) culto
culture : cultura (la)
curieux : (ser) curioso
cursus : carrera (la)

● D

danger : peligro (el)
de la rue : (ser) callejero
de Salamanque : (ser) salmantino
de temps en temps : de vez en cuando
débarraser (se) de : quitar(se) de encima = librar(se) de
début : comienzo (el) / inicio (el)
décallage : desfase (el)
déception : disgusto (el) / decepción (la)
décider (de) : decidir
décor : decorado (el)
décourager : desanimar
découverte : descubrimiento (el)
découvrir : descubrir
décrocher : desenganchar
déçu : (estar) decepcionado
déduire : deducir [c>zc]
défi : desafío (el) = reto (el)
degré : grado (el)
déguisé : (estar) disfrazado
déguisement : disfraz (el)
déguiser (se) (en) : disfrazar(se) (de)
déjeuner : almuerzo (el)
demander : pedir [e>i]
démonstration : demostración (la)
dénouement : desenlace (el)
dentelle : encaje (el)
dépasser : superar / traspasar / rebasar
dépasser les bornes [fam.] : pasarse de raya [fam.]
dépasser les limites : pasarse
dépendance : adicción (la)
dépendant : (ser) adicto
dépenser : gastar
déplacement : traslado (el)
déprimé : (estar) deprimido
dernier : último (el)
désagréable : desagradable [inv. m. f.]
désespéré : (estar) desesperado
désintéressé : (ser) desinteresado
désir : anhelo (el) / el deseo
désirer : desear
désordonné : desordenado
dessin : dibujo (el)
dessinateur : dibujante (el)
dessiner : dibujar
destination : destino (el)
détendre (se) : relajar(se)
déterminé : decidido
développer : desarrollar / fomentar
devenir : convertirse [e>ie/i]
devoir : deber / tener [irr.] que
didascalie : acotación escénica (la)
dieu : dios
différent : (ser) diferente [inv. m. f.] = (ser) distinto
difficile : difícil [inv. m. f.]
diffuser : difundir
digne : (ser) digno
dignité : dignidad (la)
dîner : cenar
diplôme : diploma (el)
diriger : dirigir [ort.]
discret : (ser) discreto
discriminer : discriminar
discuter : charlar
disparaître : desaparecer [c>zc]
dispute : riña (la)
distinguer : distinguir [irr.]
distraire (se) : distraer(se) [irr.] / entretener(se) [irr.]
distrayant : entretenido
divertir(se) : divertir(se) [e>ie/i]
divertissement : entretenimiento (el)
documentaire : documental (el)
domination : dominio (el)
dominer : dominar
donateur : socio (el)
donner rendez-vous (se) : citar(se) / quedar
donner son avis : opinar
donner un coup de main : echar una mano
dont : cuyo(a)
dorloter : mimar
dos : espalda (la)
douleur : dolor (el)
doute : duda (la)
draguer : ligar [ort.]
droit : derecho (el)
drôle : divertido / gracioso

● E

échange : intercambio (el)
échanger : intercambiar
échappatoire : escapatoria (la)
échapper (s') : escapar(se)
économiser : ahorrar
écouter : escuchar
écran : pantalla (la)
éducatif : (ser) educativo
éducation : educación (la)
effet : efecto (el)
efficace : (ser) eficiente
effort : esfuerzo (el)
effrayé : (estar) asustado
effrayer : espantar
effréné : (estar) desenfrenado

effronterie : descaro (el)
égalité : igualdad (la)
égoiste : (ser) egoísta [inv. m. f.]
élevage : cría (la) / criadero (el)
élève : alumno (el)
élever (un être vivant) : criar
éloigné : (estar) alejado
embarquement : embarque (el)
embaucher : contratar
embellir : embellecer [c>zc]
emblématique : (ser) emblemático
emouvoir : conmover [o>ue]
empêcher : impedir [e>i]
emploi : empleo (el)
emploi du temps : horario (el)
employé : empleado (el)
en avoir marre : estar harto
en colère : (estar) enfadado
en direction de : en dirección a
en effet : en efecto
en faveur de : a favor de
enceinte : (estar) embarazada
encourager : fomentar / animar
endroit : sitio (el)
énervement : enfado (el)
enfermé : (estar) encerrado
enfermer : encerrar [e>ie]
enfoncé : (estar) hundido
engagement : compromiso (el)
englober : abarcar [ort.]
enlever : quitar
ennemi : enemigo (el)
ennui : aburrimiento (el)
ennuyer(s') : fastidiar(se) / hartar(se)
ennuyeux : aburrido
enquête : encuesta (la)
enrichir : enriquecer [c>zc]
enrichissant : (ser) enriquecedor
enrichissement : enriquecimiento (el)
ensemble : (estar) juntos
enthousiasme : entusiasmo (el)
enthousiaste : (ser) entusiasta [inv. m. f.]
entourer : rodear
entraînement : entrenamiento (el)
entraîner (s') : entrenar(se)
entraîneur : entrenador (el)
entreprenant : (ser) emprendedor
entreprise : empresa (la)
entrer en contact avec : contactar con
entretenir : cuidar
entretien (entre personnes) : entrevista (la)
entrevue : entrevista (la)
envahir : invadir
envie : ganas (las)
envoyer : mandar
épuisant : (ser) agotador
esclave : esclavo (el)
espérer : esperar
espoir : esperanza (la)
esprit : espíritu (el)
essayer (un vêtement) : probar
essayer de : intentar / tratar de
estival : (ser) veraniego
estomac : estómago (el)
établir(s') : asentar(se) [e>ie]
ethnique : étnico
étonné : (estar) asombrado
étrange : raro
étranger : (ser) extranjero / (ser) foráneo / (ser) forastero / (ser) extraño
être au courant : estar al tanto
être dans ses pensées : estar ensimismado
être quelqu'un de confiance : ser de fiar
étude : estudio (el)
étudier : estudiar
événement : acontecimiento (el) / evento (el)
éventail : abanico (el)
évoluer : evolucionar
éxagerer : exagerar
exaspération : exasperación (la)
excessif : (ser) excesivo
exécution : ejecución (la)
exercer : ejercer
expérience : experiencia (la)
exploît : hazaña (la)
explorer : explorar
exposer : exponer [irr.]
exposition : exposición (la)
exprès : a propósito
exprimer(s') : expresar(se)
extraverti : (ser) extrovertido
extrêmement : sumamente

● F

fâché : (estar) enfadado
fâcher (se) (avec) : enfadar(se) (con) / reñir [e>i] con
faible : débil [inv. m. f.]
fainéant : (ser) holgazán = (ser) vago
faire attention : tener cuidado
faire confiance à : confiar en / fiarse de
faire connaitre (se) : dar(se) a conocer
faire de l'exercice : hacer ejercicio
faire du stop : hacer dedo = hacer autoestop
faire face à (qqn.) : enfrentarse con/a
faire face a un problème : afrontar / enfrentarse a
faire la fête : salir de marcha/fiesta
faire l'idiot : hacer el ridículo
faire obstacle : entorpecer [c>zc]
faire office de : hacer de
faire partie de : formar parte de
faire peur : dar miedo
faire plaisir : complacer [c>zc]
faire prendre conscience de : concienciar
faire référence à : remitir a
faire ressortir : resaltar
faire (se) des amis : hacer [irr.] amigos
falsifier : falsificar [ort.]
fatigué : (estar) cansado
fausseté : falsedad (la)
faute : culpa (la)
faux : (ser) falso
favori : (ser) favorito
favoriser : favorecer [c>zc]
feindre de : fingir [ort.]
femme au foyer : ama (el) de casa
femme de ménage : criada (la) / señora de la limpieza (la)
fermé : (estar) cerrado
festif : (ser) festivo
fête : fiesta (la)
fêter : celebrar / festejar
feu : fuego (el)
fiancé : novio (el)
fier : orgulloso
fil de fer : alambre (el)
filer un coup de main [fam.] : echar un cable [fam.]
film (cinéma) : película (la)
financer : financiar
formateur : (ser) formativo
fou : (estar) loco
frais (sens financier) : gastos (los)
frapper quelqu'un : pegarle a alguien
frein : freno (el)
fréquenté : concurrido
froid : frío (el)
futur : futuro (el)

● G

gâché : desperdiciado
gâcher : desperdiciar
galerie : galería (la)
garçon : chico (el) = muchacho (el) = chaval (el) [fam.]
garder : mantener [irr.]
gauche : izquierda (la)
gêner : entorpecer [c>zc]
généraliser : generalizar
génération : generación (la)
généreux : (ser) generoso
génial : estupendo / guay (fam.) / flipante (ingl.)
genoux (à) : rodillas (de)
gens : gente (la)
gilet : chaleco (el)
globe : globo (el)
gorge : garganta (la)
goût : gusto (el)
grâce à : mediante
graffeur : grafista [inv. m. f.]
grand-père : abuelo (el)
grec : (ser) griego
grimper : trepar
gros mot : taco (el) = palabrota (la)
grossesse : embarazo (el)
groupe : grupo (el)
gymnase : gimnasio (el)

● H

habillé : (estar) vestido
habitude (avoir l') : soler [o>ue]
habitué : (estar) acostumbrado (a)
hache (outils) : hacha (el)
handicapé : discapacitado / (ser) minusválido
harcelé : acosado
harcèlement : acoso (el)
harceler : acosar

Lexique français ▶ espagnol

hasard : azar (el)
hébreu : hebreo (el)
heureux : feliz (inv. m .f.)
historique : (ser) histórico
honnête : (ser) honrado
honneur : honor (el)
honte : vergüenza (la)
honteux : avergonzado
horreur : horror (el)
hôtesse de l'air : azafata (la)

● I

identifié : identificado
ignorer : ignorar
il convient de : conviene
île : isla (la)
illusion : ilusión (la)
imaginaire : (ser) imaginario
imiter : imitar
immigré : (ser) inmigrante [inv. m. f.]
immobile : (estar) quieto
impatient : impaciente
impliquer (s') : involucrar(se)
implorer le pardon : implorar perdón
impoli : maleducado
importance : importancia (la)
important : (ser) relevante [inv. m. f.]
imposer : imponer [irr.]
improvisé : improvisado
inacceptable : (ser) inaceptable [inv. m. f.]
inaperçu : desapercibido
incompréhension : incomprensión (la)
inconnu : desconocido
inconscience : inconsciencia (la)
inconscient : inconsciente [inv. m. f.]
inconvénient : desventaja (la)
incroyable : increíble [inv. m. f.]
indépendance : independencia (la)
indépendant : (ser) independiente [inv. m. f.]
indifférent : (ser) indiferente [inv. m. f.]
indigné : (estar) indignado
indigner (s') : indignar(se)
indispensable : (ser) imprescindible
individualiste : (ser) individualista [inv. m. f.]
inexpressif : (ser) inexpresivo
influant : (ser) influyente [inv. m. f.]
information : información (la)
inhibé : inhibido
initiative : iniciativa (la)
injuste : (ser) injusto
inoubliable : (ser) inolvidable [inv. m. f.]
inquiet : (estar) preocupado / inquieto
inquiétude : preocupación (la) / inquietud (la)
inscrire (s') : apuntar(se)
insouciant : despreocupado
intégration : integración (la)
intégrer (s') : integrar(se)
intense : (ser) intenso
interdiction : prohibición (la)
interdire : prohibir
intéressant : interesante [inv. m. f.]
intérêt : interés (el)
interpréter : interpretar
intolérable : (ser) intolerable [inv. m. f.]
intransigeant : (ser) intransigente [inv. m. f.]
intrépide : (ser) intrépido
inutile : (ser) inútil [inv. m. f.]
inverser : invertir [e>ie/i]
invité : invitado (el)
irréel : (ser) irreal [inv. m. f.]
isolé : aislado
isolement : aislamiento (el)
isoler : aislar
îvre : (estar) borracho

● J

jalousie : celos (los)
jaloux : celoso
jamais : nunca
jeter : tirar
jeu vidéo : videojuego (el)
jeune : joven [inv. m. f.]
joie : alegría (la)
joindre à (se) : apuntar(se) a
joli : guapo (Esp.) = lindo (Am.)
jouer (de la musique) : tocar
joueur : jugador (el)
journal : periódico (el)
journée : día (el) / jornada (la)
joyeux : alegre [inv. m. f.]
juif : (ser) judío
jumeaux : mellizos (los)
jupe : falda (la)
juvénile : juvenil [inv. m. f.]

● L

là : ahí
lac : lago (el)
lacher : soltar [o>ue]
laisser : dejar
laisser de côté : dejar de lado
larme : lágrima (la)
latino américain : (ser) suramericano = (ser) latinoamericano
légal : (ser) legal [inv. m. f.]
légende : leyenda (la)
légume : verdura (la)
lentement : paulatinamente
libérer (se) : liberar(se)
liberté : libertad (la)
libre : libre [inv. m. f.]
lien : lazo (el)
lieu : lugar (el)
ligne : línea (la)
limite : límite (el)
limiter (se) : limitar(se)
littéraire : (ser) literario
littérature : literatura (la)
livreur : repartidor (el)
logement : alojamiento (el) / vivienda (la)
loi : ley (la)
loin : lejos
loisirs : ocio (el)
loupe : lupa (la)
lourd : pesado
lumière : luz (la)
lunettes : gafas (las)
lutte : lucha (la)
lutter : luchar
lycée : instituto (el) (Esp.) = liceo (el) (Am.)

● M

magasin : tienda (la)
maillot (sport) : camiseta (la)
mairie : ayuntamiento (el)
maîtriser : dominar
mal (faire du) : daño (hacer)
malade : (estar) enfermo
maladif : (estar) enfermizo
malfaiteur : malhechor (el)
malgré : a pesar de
malheureux : (ser) infeliz [inv. m. f.]
maltraiter : maltratar
manquer : faltar
marché : mercado (el)
marcher : andar = caminar
marginalisé : (estar) marginado
marginalité : marginalidad (la)
mariage : matrimonio (el)
marié : casado
marier (se) : casar(se)
match : partido (el)
matière (scolaire) : asignatura (la)
mauvais : (ser) malo
méfiant : (ser) desconfiado
méfier (se) : desconfiar
meilleur : (ser) mejor [inv. m. f.]
mélange : mezcla (la)
mélanger : mezclar
même : incluso / hasta
même pas : ni siquiera
même si : bien que + subj.
mensonge : mentira (la)
menteur : (ser) mentiroso
méprisant : (ser) despectivo
mer : mar (el)
message : mensaje (el)
métier : oficio (el)
métisse : (ser) mestizo
mettre (se) en colère : enfadar(se)
mettre (se) en danger : poner(se) en peligro
mettre en garde : advertir [e>ie]
mieux : (estar) mejor [inv. m. f.]
mis à l'écart : apartado
mise en garde : advertencia (la)
moderne : (ser) moderno
modifier : modificar
monument : monumento (el)
moquer (se) de : burlarse de
moquerie : burla (la) / broma (la)
moqueur : (ser) bromista
mot de passe : contraseña (la)
motiver : animar
mouchoir : pañuelo (el)
moyen-âge : edad media (la)
multiplier : multiplicar [ort.]
mur : pared (la) / muro (el)
muralisme : muralismo (el)
muscle : músculo (el)
musée : museo (el)
musulman : (ser) musulmán
mutuel : (ser) mutuo

● N

n'importe quel : cualquier
nager : nadar
naïf : (ser) ingenuo

naissance : nacimiento (el)
naître : nacer [c>zc]
nationalité : nacionalidad (la)
nerveux : nervioso
nettoyer : limpiar
nocif : (ser) dañino = (ser) perjudicial [inv. m. f.]
nombre : número (el)
norme : norma (la)
novateur : (ser) novedoso
nu : (estar) desnudo
nuancer : matizar
nuire : perjudicar

● O

obéir : obedecer [c>zc]
obsédé : (estar) obsesionado
observer : observar
obstacle : obstáculo (el)
obtenir : conseguir [e>i] / obtener [irr.]
occupé : (estar) atareado
oeuvre : obra
offre : propuesta (la)
offrir : regalar
oisif : (estar) ocioso
opéra : ópera (la)
opportunité : oportunidad (la)
opposer (s') : oponer(se) [irr.]
optimiste : optimista [inv. m. f.]
orchestre : orquesta (la)
ordinateur : ordenador (el) (Esp.) = computador (el) (Am.)
ordonné : ordenado
ordre : (organisation) orden (el) / (injonction) orden (la)
organisation : organización (la)
originaire : (ser) oriundo
origine : origen (el)
oser : atreverse (a)
oublier : olvidar / olvidarse de
outil : herramienta (la)
ouvert : (≠ fermé) (estar) abierto / (ouvert d'esprit) (ser) abierto

● P

paisible : (ser) apacible [inv. m. f.]
paix : paz (la)
pantalon jean : vaqueros (los)
par conséquent : por lo tanto
par rapport à : en cuanto a / respecto a
paradis : paraíso (el)
paralyser : paralizar [ort.]
parcours : recorrido (el)
paresseux : perezoso
parier : apostar [o>ue]
paroles (de chansons) : letra (la)
partagé : compartido
partager : compartir
participer à : participar en
particulier : (ser) peculiar [inv. m. f.]
partir en vacances : irse [irr.] de vacaciones
passeport : pasaporte (el)
passer un bon moment : pasarlo bien = pasarlo bomba [fam.] = pasarlo en grande [fam.]
passe-temps : pasatiempo (el)
passion : pasión (la)
passionné : (ser) apasionado
patrimoine : patrimonio (el)
patrouiller : patrullar
pauvreté : pobreza (la)
paye : pago (el)
peau : piel (la)
peindre : pintar
peintre : pintor (el)
peler : pelar
pendentif : colgante (el)
pénible : (ser) penoso
pensée : pensamiento (el)
penser à : pensar en [e>ie]
percevoir (de l'argent) : cobrar
perdre : perder [e>ie]
perdu : (estar) perdido
permettre (de) : permitir
permis de conduire : permiso de conducir (el)
personnalité : personalidad (la)
personne : nadie
personne âgée : persona mayor (la) / anciano (el)
pessimiste : pesimista [inv. m .f.]
petit ami : novio (el)
petit boulot : trabajillo (el) [fam.]
petit-fils : nieto
peur : miedo (el)
peureux : (ser) miedoso
philanthrope : (ser) filántropo
pied nus : (estar) descalzo
piège : trampa (la)
pionier : (ser) pionero
pire : peor [inv. m. f.]
plaindre (se) : quejar(se)
plaire : gustar
plaisir : placer (el)
pleurnicher : lloriquear
pleuvoir : llover [o>ue]
plombier : fontanero (el)
plonger (se) : sumir(se)
plupart : mayoría (la)
plus grand : (ser) mayor [inv. m. f.]
plus petit : (ser) menor [inv. m. f.]
polémique : polémica (la)
poli : educado
politesse : cortesía (la) / la buena educación
ponctuel : (ser) puntual [inv. m. f.]
population : población (la)
portail : portal (el)
porter : llevar /(pour la première fois) estrenar
porter préjudice : perjudicar [ort.]
porter secours : prestar ayuda
potentiel : potencial
poupée : muñeca (la)
pragmatique : (ser) pragmático
pratique : (ser) práctico / cómodo
pratiquer : practicar
précoce : (ser) precoz [inv. m. f.]
préjudice : perjuicio (el)
préjugé : prejuicio (el)
première (spectacle) : estreno (el)
prendre conscience: **concienciarse**
prendre un verre : tomar algo
préoccupé : (estar) preocupado
préoccuper (se) (de) : preocupar(se) (por)
présent : presente (el)
prêt : (estar) listo
prêter : prestar
prêter attention : hacer [irr.] caso
preuve : prueba (la)
prévenir : avisar
prévention : prevención (la)
prévoyant : (ser) previsor
prier : rezar [ort.]
privé : (ser) privado
prix : precio (el)
processus : proceso (el)
professionnel : laboral [inv. m. f.] / profesional [inv. m. f.]
profil : perfil (el)
profitable : (ser) provechoso
profiter : aprovechar
profiter (de) : disfrutar (de)
progrès : progreso
projet : proyecto (el)
promenade : paseo (el)
promoteur : promotor (el)
promouvoir : promover [o>ue]
propriété agricole : finca (la)
protagoniste : (ser) protagonista [inv. m. f.]
protecteur : defensor (el)
proteger : proteger [ort.]
proximité : cercanía
prudence : cautela (la)
prudent : (ser) cuidadoso / (ser) precavido
publicité : anuncio (el) / publicidad (la)
publier : publicar (ort.) / colgar [o>ue] (sur Internet)
puisque : ya que
puissant : (ser) poderoso
puni : castigado

● Q

quartier : barrio (el)
quelque chose : algo
questionnaire : cuestionario (el)

● R

racine : raíz (la)
raciste : (ser) racista [inv. m. f.]
raison : razón (la)
randonnée : caminata (la)
ranger : recoger [irr.]
rappeler : recordar [o>ue]
rapprocher (se) de : acercar(se) a [ort.]
raquette : pala (la)
ravi : (estar) ilusionado
réaliste : (ser) realista [inv. m. f.]
recherche : búsqueda (la) / investigación (la)
rechercher : investigar
réciproque : (ser) recíproco
reconnaissance : agradecimiento (el)
reconnaître : reconocer [c>zc]
reconnu : (ser) reconocido
recruter : alistar
réduction : descuento (el)
réel : (ser) real [inv. m. f.]
réfectoire : comedor escolar (el)

Lexique français ▶ espagnol

réfléchir : reflexionar
refuser : rechazar [ort.]
regard : mirada (la)
regarder : mirar / ver (la télévision)
règne : reinado (el)
regretter : lamentar
rejet : rechazo
rejeter : rechazar
réjouir (se) : alegrar(se)
relever (des mots): **apuntar**
relier : vincular
remercier : agradecer [c>zc]
remettre : entregar [ort.]
remords : remordimiento (el)
remplacer : sustituir
remplir : rellenar
rémunération : retribución (la)
rencontre : encuentro (el)
rencontrer : encontrarse [o>ue] con
rendez-vous : cita (la)
rendre : entregar [ort.] / devolver [o> ue]
rendre (se) (à un lieu) : acudir
rendre (se) compte : dar(se) cuenta
renfermé : (estar) retraído
renforcer : fortalecer [c>zc]
répartition : reparto (el)
repasser : planchar
répondeur : contestador (el)
répondre : contestar
repos : descanso (el)
reposer (se) : descansar
réprimander : reñir (e>i)
réprimer : reprimir
reproche : reproche (el)
reprocher : reprochar
respect : respeto (el)
respecter : respetar
responsabiliser (se) : responsabilizar(se)
responsabilité : responsabilidad (la)
responsable : (ser) responsable [inv. m .f.]
ressortir : destacar [ort.]
ressource : recurso (el)
rester : quedar
retard : retraso (el)
retourner : volver [o>ue]
retourner (se) : dar(se) la vuelta
rétrograde : (ser) carca (fam.)
réunir (se) : reunir(se) / congregar(se)
réussir : acertar / aprobar [o>ue] (un examen)
réussir à : conseguir [e>i] / lograr
rêve : sueño (el)
réveillé : (estar) despierto
revenir : regresar / volver [o>ue]
revenus : ingresos (los)
rêver (de) : soñar [o>ue] (con)
réviser : dar un repaso
revue (magazine papier) : revista (la)
richesse : riqueza (la)
rien : nada
ringard : (ser) cursi
rire : risa (la)
risque : riesgo (el)
risqué : (ser) arriesgado
risquer : arriesgar
rituel : ritual (el)
roi : rey (el)
rôle : papel (el)
rougir : ruborizarse [ort.]
roumain : (ser) rumano
royaume : reino (el)
rue : calle (la)
rumeur : rumor (el)
rusé : (ser) astuto

● S

s'éclater [fam.] : pasarlo pipa [fam.]
s'efforcer de : esforzarse [o>ue] por/en
s'embrouiller : enredarse
s'énerver : enfadarse
s'engager (à) : comprometer(se) (con/a)
s'habiller : vestir(se) [e>i]
s'impliquer dans : comprometerse con / implicarse en
s'inscrire registrarse
s'intéresser à : interesar(se) por
s'introduire : entrometer(se)
s'inquiéter de: **preocupar(se) por**
s'obstiner à : empeñar(se) en
s'occuper de : ocuparse de / cuidar de / atender [e>ie]
sac-à-dos : mochila (la)
sacrifice : sacrificio (el)
saillant : saliente [inv. m. f.]
sain : sano
saisonnier : estacional [inv. m. f.] / de temporada
salaire : sueldo (el)
salle d'attente : sala de espera (la)
salle de séjour : sala de estar (la)
salon : salón (el)
santé : salud (la)
saouler (se) : emborracharse
saragossain : (ser) zaragozano
satisfait : (estar) satisfecho
sauver : salvar
scène : escena (la) / escenario (el)
science : ciencia (la)
scientifique : científico (el)
scooter : escúter (el)
sculpter : esculpir
sculpteur : escultor (el)
sculpture : escultura (la)
se bagarrer : pelear(se)
se débrouiller: manejar(se) / arreglárselas
se défaire de : desprenderse de
se défouler : desahogarse
se dérouler : transcurrir
se fâcher : enfadar(se)
se faufiler : colarse [fam.]
se ficher de [fam.] : pasar de [fam.]
se refuser à : negarse [e>ie] a
se tromper: **equivocarse**
sécuriser : afianzar
séduire : seducir [c>zc]
séjour : estancia (la)
selon : según
semblable : parecido = similar [inv. m. f.]
sensibiliser : sensibilizar [ort.]
sensibilité : sensibilidad (la)
sensible : sensible [inv. m. f.]
sentir à l'aise (se) : sentirse [e>ie/i] a gusto
séquelle : secuela (la)
sérieux : serio
serveur : camarero (el)
serviable : (ser) servicial [inv. m. f.]
seul : (estar) solo
seulement : sólo
siècle : siglo (el)
silencieux : callado
sincère : (ser) sincero
sincérité : sinceridad (la)
slave : (ser) eslavo
slogan : eslogan (el) / lema (el)
sobre : (estar) sobrio
sociable : (ser) sociable
soif : sed (la)
soigner : curar
solidaire : (ser) solidario
solidarité : solidaridad (la)
solitude : la soledad
solstice : solsticio (el)
sombre : oscuro
son : sonido (el)
souffrir : sufrir
soulager : aliviar
soumettre (se) : someterse a
soumis : (estar) sometido / (ser) sumiso
souper : cena (la)
source : fuente (la)
souriant : sonriente [inv. m. f.]
sourire : sonrisa (la)
souris : ratón (el)
soutenir : apoyar
soutenu : apoyado
soutien : apoyo (el)
souvenir : recuerdo (el)
souvenir (se) de : acordarse de [o>ue] = recordar [o>ue]
souvent : a menudo
spectacle : espectáculo (el)
sponsoriser : patrocinar
sport : deporte (el)
stage : prácticas (las)
statut : estado (el)
stéréotype : estereotipo (el)
steward : auxiliar de vuelo
stigmatiser : estigmatizar [ort.]
stimulant : (ser) estimulante (inv. m. f.)
stratagème : estratagema (la)
stupéfait : estupefacto (estar)
style : estilo (el)
stylo : bolígrafo (el)
sud : sur (el)
suffoquer : sofocar [ort.]
suivre : seguir [e>i]
super : estupendo = guay [fam.] / chulo [fam.]
supporter : aguantar / hincha (el)
sûr : seguro
sur la pointe des pieds : puntillas (de)
surnom : apodo (el) = mote (el)
surpasser : superar
surpasser (se) : superarse
surprise : sorpresa (la)
surveiller : vigilar

sympa : (ser) simpático / (ser) majo [fam.]
sympathiser avec : simpatizar [ort.] con

● T

tableau : cuadro (el)
tableau d'affichage : tablón (el)
tâche (travail) : tarea (la) (travail) / tarea doméstica (la) (ménagère)
taille (dimension) : tamaño
taire : callar
tard : tarde
technologie : tecnología (la)
télécharger : descargar [ort.] / bajar
téléphone portable : móvil (Esp.) = celular (Am.)
téléphoner : llamar (por teléfono)
témoignage : testimonio (el)
témoigner : testimoniar
tendresse : cariño (el)
tenter de : procurar / intentar
tenue (vêtement) : atuendo (el)
terminer : acabar
terrain de sport : cancha (la) / terreno de juego (el)
tester : probar [o>ue]
thune [fam .]: pasta (la) [fam.]
timbre : sello (el)
timide : (ser) tímido
timidité : timidez (la)
tintamarre : estruendo (el)
tolérant : (ser) tolerante [inv. m. f.]
tôt : temprano
toucher : tocar [ort.]
tour : vuelta (la)
tourbillon : vorágine (la)
tourisme : turismo (el)
touriste : turista [inv. m. f.]
touristique : (ser) turístico
tourner en rond : dar vueltas
tous les deux : ambos
tradition : tradición (la)
traditionnel : (ser) tradicional
traduire : traducir [c>zc]
trahir : traicionar
traîneau : carro (el)
traître : (ser) traicionero (el)
tranquille : tranquilo
transfert : transferencia (la)
transmettre : transmitir
traumatiser : traumatizar [ort.]
travail scolaire : deberes (los) / tarea (la)
travailleur : trabajador (el)
trembler : temblar [e>ie]
très : muy
troc : trueque (el)
tromper : engañar
trompeur : (ser) engañoso (chose)
trop : demasiado
trouble : trastorno (el)
tuer : matar
typique : (ser) típico

● U

urbain : (ser) urbano
utilisateur : usuario (el)

● V

vaccin : vácuna (la)
valeur : valor (el)
variété : variedad (la)
veine : vena (la)
vendeur : vendedor (el)
venir : acudir
vérifier : comprobar [o>ue] / revisar / verificar [ort.] / averiguar
vérité : verdad (la)
vertu : virtud (la)
vêtements : ropa (la)
vieillot : anticuado
ville : ciudad (la)
violence : violencia (la)
violent : (ser) violento
violon : violín (el)
violoncelle : violonchelo (el)
virement : transferencia (la)
vite fait bien fait : en un pispás
vitesse : velocidad (la)
vivre : vivir
vivre en société : socializar [ort.]
vivre sa vie : vivir a su manera
voisin : vecino (el)
voisinage : vecindario (el)
vol : robo (el)
voler (un objet) : robar
volontaire : (ser) voluntario
volonté : voluntad (la)
vouloir : querer [irr.]
voyage : viaje (el)
voyager : viajar
voyageur : viajero (el)
vrai : (ser) verdadero
vulgaire : (ser) vulgar [inv. m. f.]
vulgarité : vulgaridad (la)

Lexique fonctionnel

Aconsejar
No te olvides de...
Tendrías que + *inf.*
Deberías + *inf.*
Sería conveniente...
Habría que...
Lo bueno / lo mejor sería...
Yo en tu lugar + *cond.*
Yo que tú + *cond.*
Te recomiendo que + *subj.*
¿Por qué no...?
Mejor empiezas + *gér.*

Animar a alguien
¡Venga!
¡Anda!
¡Ánimo!
¡Tienes que + *inf.*!
¡No te lo puedes perder!
¡No te desanimes!

Citar ejemplos
En efecto, se nota en que...
Para decir esto, me baso / apoyo en...
Por ejemplo...
Un buen ejemplo de ello es...
Puedo citar como ejemplo...
Así lo dice en la línea...

Convencer a alguien
Te va a venir bien...
Si te decides, puedes...
Te aseguro que...
Podrías...
Deberías...
Créeme, lo mejor es...
Es lo más conveniente.

Dar su opinión
Yo opino que...
Creo que...
Me parece que...
A mi parecer,...
Desde mi punto de vista, ...
Mejor...

Denunciar
No es normal que + *subj.*
No puede ser que + *subj.*
No se puede tolerar que + *subj.*
No voy a consentir que + *subj.*
Basta ya de...
Hay que denunciar...
Me indigna / escandaliza que + *subj.*
Es intolerable / escandaloso / una vergüenza que + *subj.*

Disculparse
Lo siento (mucho).
Perdóname.
Lo lamento.
No volverá a pasar.
Con permiso.
Disculpe.

Disuadir
Cuidado con...
Mucho ojo con...
No te fíes de...
No deberías...
Evita + *inf.*

Evocar un recuerdo
Recuerdo que...
Me acuerdo de que...
De niño(a),...
Cuando tenía ... años
En aquella época...
En aquel entonces...

Expresar admiración
¡Qué maravilla / preciosidad!
Es una persona encantadora / increíble.
¡Es espectacular / precioso(a)!
¡Es un fenómeno!
¡Cuánto lo(la) admiro!
¡Me fascina/encanta!

Expresar aprobación
Estoy totalmente de acuerdo.
Comparto tu opinión.
¡Me encanta la idea!
¡Por supuesto!
¡Desde luego!
No me cabe duda.
¡Claro (que sí)!
Me parece muy bien.

Expresar continuidad
Sigo + *gér.* ...
Todavía/aún...
Hace años que...
Desde siempre...
Siempre + *passé comp.*

Expresar convicción
Seguro que...
No me cabe duda de que...
Estoy convencido(a) de que...
Estoy seguro(a) de...
Fijo que... (fam.)
¡Sin duda alguna!

Expresar duda
No sé si...
No estoy tan / nada seguro(a).
Me extrañaría mucho...
Dudo muchísimo que + *subj.*
Lo dudo mucho.
Es probable.
Puede ser.

Lexique fonctionnel

Expresar enfado
Me molesta que...
No soporto que...
Estoy hasta las narices de... (fam.)
¡Ni se te ocurra!
Estoy (muy) enfadado(a)
Estoy harto(a) de
Estoy de morros (fam.)
Estoy mosqueado (fam.)

Expresar entusiasmo
¡Es genial!
¡Qué bien!
¡Qué arte tiene! (fam.)
¡Qué pasada! (fam.)
¡Cómo mola! (fam.)
¡Qué ilusión!
Me haría mucha / muchísima ilusión...
Me encantaría + *inf.*
Sueño con...
Ojalá pudiera...
Me muero de ganas de + *inf.*

Expresar incomprensión
No lo puedo entender.
Me parece absurdo / increíble que...
No entiendo que + *subj.*
¿Pero cómo puede ser que + *subj.* ...?

Expresar motivación
Estoy decidido a / empeñado en + *inf.*
Tengo la firme intención de...
Tengo muchísimas ganas de...
He decidido que...
Me he propuesto + *inf.*
Mi objetivo / propósito es...
Tengo como meta...
Quisiera conseguir / lograr...
Voy a darlo todo.

Expresar preferencias
Lo que más me gusta / atrae...
Lo que prefiero...
Por encima de todo...
Me quedo con...
Elijo...

Expresar prioridades
Antes que nada, me parece...
Ante todo...
Primero...
Lo primordial...
Lo primero que hay que hacer / mencionar / conseguir es...

Hablar de lo terrible
Es aterrador / espantoso / tremendo.
Lo pasé fatal.
Fue durísimo / horroroso.
No hay palabras para...

Hacer balance
Por un lado... por el otro...
En cambio...
Sin embargo...
Pensándolo bien...
Examinando los pros y los contras...
Le he dado muchas vueltas y...
Lo bueno / lo malo de...
Sí, aunque...
Hay que tener en cuenta que...

Hacer hipótesis
Es posible que + *subj.*
Puede que + *subj.*
A lo mejor...
Tal vez / quizás + *subj.*
De ser así...
Me imagino que...
Podemos pensar / suponer que...
Seguramente...

Pedir consejo
Y tú, ¿cómo lo ves?
¿Qué opinas / piensas?
¿Qué te parece?
¿Puedes orientarme?
Dame tu parecer.
Aconséjame.

Proyectarse en el futuro
Cuando sea mayor...
Cuando tenga... años...
El día de mañana...
Dentro de unos años...
De ahora en adelante...
A partir de ahora...
En un futuro próximo / lejano...
Llegaré a ser...
Me haré...
Lograré / Conseguiré...

Rechazar algo
Lo siento, pero no.
No gracias, no me interesa / apetece.
No voy a poder...
¡Qué va!
Nunca jamás.
¡Ni lo pienses!
¡Ni hablar!

Tomar conciencia
Me di cuenta de que...
Me percaté de...
Tuve una corazonada / una intuición.
Lo volví a pensar y...
Recapacité.

TABLE DES ILLUSTRATIONS

6h : ph © Image Source / Age Fotostock – **6**mh : ph © Eloy Alonso / Reuters – **6**mb : ph © Hugo Ortuño Suárez / Demotix / Corbis – **6**b : ph © Frank Tophoven / Laif-REA – **7**h : ph © Marie-Reine Mattera / Photononstop – **7**mh : ph © Marie Docher / Plainpicture – **7**mb : ph © Brand X Pictures / Getty-Images – **7**b : ph © Corbis – **8**h : ph © Anna Bryukhanova / Getty-Images – **8**mh : ph © Mark Bowden / Getty-Images – **8**mb : ph © ClassicStock / Corbis – **8**b : ph © Ariel Marinkovic / Epa / Corbis – **9**h : ph © Alberto Paredes / Age Fotostock – **9**mh : ph © Andreas Stamm / Fstop / Corbis – **9**mb : ph © Robert Fried / Alamy / Photo 12 – **9**b : ph © mm-images / Age Fotostock – **10**h : ph © Stockbroker / Age Fotostock – **10**b : ph © Heath Korvola / Aurora Photos / Corbis – **11**h : ph © Eddie Gerald / Alamy / hemis.fr – **11**-b : ph © Spencer Grant / Age Fotostock – **13**h : ph © Ricardo Niño / Iberimage – **13**b : ph © Image Source / Age Fotostock – **14**, **15** : ph © Miguel Rojo / AFP – **16** : ph © Juan Ferreras / EFE – **17** : ph © Frederic Cirou / PhotoAlto / Getty-Images – **18** : ph © Fancy / hemis.fr – **19** © Gobierno de Navarra – **20** : ph © Anna Zielinska / Getty-Images – **21** : ph © Juanmonino / Getty-Images – **24** : © CPPI dos Dices (Rois, Galice) – **25** : ph © Frederic Cirou / PhotoAlto / Getty-Images – **26** : ph © Mauritius / Photononstop – **27** : ph © Marie-Reine Mattera / Photononstop – **29**h : ph © Eloy Alonso / Reuters – **29**b : ph © Víctor Lerena / EFE – **30** : ph © Danny Lehman / Corbis – **31** : ph © Felix Ordoñez/ Reuters – **32** : ph © Alberto Saiz / AP Photo / Sipa Press – **33** : ph © Miguel Angel Molina / EFE – **34** : ph © McPhotos / Age Fotostock – **35** : ph © Mauritius / Photononstop – **36** : © Conselleria de Sanidad / ONG Controla Club – **37** : © Fundación de Ayuda contra la Drogadicción (FAD) – **40**h : ph © Jupiterimages / Getty-Images – **40**b : ph © Universal Images Grou / Age Fotostock – **41** : ph © Danita Delimont / Age Fotostock – **42** : ph © Alibi Productions / Alamy / hemis.fr – **43** : ph © Marie Docher / Plainpicture – **45**h : ph © Hugo Ortuño Suárez / Demotix / Corbis – **45**b : ph © Mikel Ortega / Getty-Images – **46** : ph © Shoula / Getty-Images – **47** : © Bernardo Vergara – **48** : ph © Florentino Ysern / Braval, ONG Voluntariado Raval Barcelona – **50** : ph © Denis Doyle / Getty-Images / AFP – **51** : ph © Spanic / Getty-Images – **52** : ph © Dave and Les Jacobs / Getty-Images – **55**h : ph © Patricia Lecomte / PictureTank – **55**b: © www.masquedeporte.com – **56**h : ph © José Enrique Molina / Age Fotostock – **56**b-© DR – **57** : ph © Danny Lehman / Corbis – **58** : ph © Ann Summa / Corbis – **59**h : ph © Brand X Pictures / Getty-Images – **59**-b1 : ph © Yael Weiss / Fotolia – **59**-b2 : ph © Tigatelu / Fotolia – **59**-b3 : ph © natalipopova2011 / Fotolia – **59**-b4 : ph © VectorShots / Fotolia – **59**-b5 : ph © Yael Weiss / Fotolia – **61**-h : ph © Frank Tophoven / Laif-REA – **61**b-© Entes & Pésimo – **62** : © Garcia, Moral / © Dargaud Benelux (Dargaud - Lombard s.a.), 2014 – **63** : © Urban Knitting Zaragoza – **64** : ph © Hero / Age Fotostock – **66** : ph © Scott Dalton / The New York Times / REA / © Fernando Botero – **67** : ph © Sigi Tischler / Epa / Corbis – **68** : -Cartel del Festival de Cultura Adolescente de Madrid «Festeen < 18», proporcionado por Madrid Destino Cultura Turismo Y Negocio, S.A., a través de Matadero de Madrid / www.mataderomadrid.org © Madrid Destino Cultura Turismo Y Negocio, S.A, 2014 – **71** : ph © Benoit Decout / REA – **72**h : ph © Krista Rossow / National Geographic Society / Corbis © 2014 Banco de México Diego Rivera Frida Kahlo Museums Trust, Mexico, D.F. / Adagp, Paris 2014 – **72**b-© Grupo Presente – **73** : © Amsterdam - Hollande / 2013 / Stinkfish / www.stink.tk – **74** : ph © Albedoya – **75** : ph © Corbis – **77**h : ph © Mariana Silvia Eliano / Cover / Getty-Images – **77**b : ph © Anna Bryukhanova / Getty-Images – **78** : ph © Moodboard / hemis.fr – **79** : © Sergio Salma / Mauricet / Oficina de Publicaciones Oficiales de las Comunidades Europeas, Luxemburgo – **80** : ph © Ikon Images / Photononstop – **82** : ph © Francis Silva – **83** : © Geaphotowords / Miguel Balbuena – **84** : ph © Cristina Arias / Getty-Images – **87**h : ph © Joshua Hodge Photography / Getty-Images – **87**b-© Campaña «Visibilizar la discriminación en Salta» Realizada en 2011 por el Observatorio para la promoción de derechos de la diversidad en Salta, Argentina. Esta campaña contó con el apoyo de la Delegación Salta del Instituto Nacional contra la Discriminación, la Xenofobia y el Racismo (INADI), y la la Dirección Nacional de Sida y ETS dependiente del Ministerio de Salud de la Nación. Fotografía: Martina Mordau / Producción: Matías Hessling / Diseño: Julia Del Val - Jean Pierre Ferrand / Modelos: Cecilia D´Altamura - Sofía del Huerto López./ www.elobservatoriosalta.org.ar – **88** : ph © Album / Oroñoz / Akg-Images – **89**h : ph © Walter Zerla / Age Fotostock – **89**b : ph © The Bridgeman Art Library / Palacio del Senado, Madrid – **90** : ph © Corbis – **91** : ph © Alberto Paredes / Age Fotostock – **93**h : ph © Mark Bowden / Getty-Images – **93**b : ph © Tono Balaguer / Masterfile – **94** : ph © Masterfile – **95** : ph © Museo Nacional Centro de Arte Reina Sofía / Equipo Realidad / © Adagp, Paris 2014 – **96** : © Maitena – **98** : © Imagen realizada por Javier Olivares para la campana promovida por Cruz Roja Española «Te Corresponde, nos corresponde», (2013) – **99** : ph © Tempura / Getty-Images – **100** : © Servetus Studio, primer premio en el festival de cortometraje de cine y salud, Zaragoza, 2009 – **103** : Coll.-Christophel / © Foto de la série «Cristal», dir. Tito Rojas y Daniel Farías, **1985**. Radio Caracas Televisión (RCTV) – **104**h : ph © Juan Francisco Moreno / EFE – **104**b : ph © Gregori Civera / El País – **105** : ph © Ruben Farina / AP Photo / Sipa Press – **106**h : ph © Masterfile – **106**b : ph © Simon McComb / Getty-Images – **107** : ph © Andreas Stamm / Fstop / Corbis – **109**h : ph © Corbis / hemis.fr – **109**b : ph © ClassicStock / Corbis – **110** : ph © Galería El Museo / © Fernando Botero – **111** : ph © Aisa / Leemage – **112** : ph © Steve Hix / Somos Images / Corbis – **114** : © Euskal Irrati Televista / Vaya Semanita – **115** : ph © ColorBlind Images / Age Fotostock – **116** : ph © Monkey Business Images / Shutterstock – **119**h : ph © Altrendo Images / Getty-Images – **119**b : © Horacio Altuna – **120**h,b : ph © Blend Images / hemis.fr – **121** : ph © Image Source / hemis.fr – **122** : ph © Simon Marcus / Corbis – **123** : ph © Robert Fried / Alamy / Photo 12 – **125**h : ph © Manuel H. de León / EFE – **125**b : ph © Ariel Marinkovic / Epa / Corbis – **126** : © Manuel Fontdevilla – **127** : ph © Eric Audras / Getty-Images – **128** : ph © Blend Images / Ariel Skelley / Getty-Images – **130** : © Jesus Martinez del Vas – **131** : © Inteco / Red.es – **132** : ph © C.J. Burton / Corbis – **135**h : ph © Bernhard Lang / Getty-Images – **135**b : © Faro-Da Col / www.e-faro.info – **136**-h-© Imágen editada por la empresa Dos de Mayo S.L. en el marco del proyecto CEXT (www.cext.es) – **136**b : ph © Danita Delimont / Getty-Images – **137** : ph © Johan Ordonez / AFP – **138** : © Agencia Vasca de Protección de Datos y Departamento de Educación, Universidades e investigación del Gobierno Vasco / Diseño: Haugvar Communications & Desing / Fotógrafo: Havar Haug / Bård Ek / Ilustración: Asne Flyen / Impresión : Dosbi, S.L. D.L. : VI-22-09 – **139** : ph © mm-images / Age Fotostock – **141**h : ph © Fundación telefónica, Venezuela – **141**b : ph © Stockbroker / Age Fotostock – **142**hg : ph © DistPublic Servicios de Publicidad S.L. – **142**hd : ph © Marta Nascimento / REA – **142**m : ph © Corbis / Age Fotostock – **143** : ph © : photodisc / Getty-Images – **144** : © Alfonso Zapico / © Propriedad y autorización del Ayto de San Martín del Rey Aurelio (Asturias, España) – **146** : © Fundación Alianza por la Solidaridad www.alianzaporlasolidaridad.org – **146**fond : ph © David Malan / Getty-Images – **147** : © BAC Credomatic El Salvador – **148** : ph © Joan Revillas – **151**-h-© Caritas / Agencia : Universidad Pontificia de Salamanca. Autoras : Marta Sutil Corchete, Janet García García, Leticia Saldaña Choperena y Rebeca Santoyo Martín – **151**b © Campaña Fundación América Solidaria. Estudio www.schkolnick.com – **152**h : ph © Max Wanger / Corbis – **152**b : ph © Federico Sancho / Asociación Fondo Natural – **153** : ph © J. Guadalupe Perez / Stringer Mexico / Reuters – **154**hg : ph © Mikael Damkier / Fotolia – **154**hd : ph © Steve Cole / Getty-Images – **154**-m : ph © Matthias Oesterle / Demotix / Corbis – **155** : ph © Eddie Gerald / Alamy / hemis.fr – **157**h : ph © Archivo ABC / Valerio Merino – **157**b : ph © Heath Korvola / Aurora Photos / Corbis – **158** : ph © Peter Cade / Getty-Images – **159** : ph © Sadeugra / Getty-Images – **160** : ph © Greg Balfour Evans / Alamy / hemis.fr – **162** : ph © KF – **163** : ph © Albert Casals – **164** : ph © Stefan Wermuth / Reuters – **167** : ph © Michael S. Lewis / National Geographic Society / Corbis – **168**-h : ph © Hand Out Photo by Zapp Family / Barcroft Media / Abaca Press – **168**b-© www.lavueltaalmundosinpasta.es – **169**h : ph © Angel Colina – **169**b : ph © Concepción M. Moreno / EFE – **170** : ph © Alamy / Photo12 – **171** : ph © Spencer Grant / Age Fotostock – **175** : ph © Jeff Greenberg / Age Fotostock – **177** : ph © Francis Silva – **178** : © For Design No. 1599 © 2008 OLI Verlag N.V. – **179** : ph © Enid Alvarez / NY Daily News via Getty-Images – **180**-**181** : ph © Marcel Malherbe / Arcaid / Corbis – **182**-**183** : 1941.Bodas de Sangre, dirección Jorge Eines / © Compañía: Tejido Abierto Teatro – **185** : ph © Josse / Leemage / Portrait de Dora Maar © Succession Picasso, 2014 – **187** : ph © Steve Hix Somos Image / Age Fotostock – **188** : ph © Martin Zabala / Xinhua Press / Corbis – **190**-**191** : ph © Adam Lee photography / Demotix / Corbis – **192**-**193** : © 2011 by Paco Roca. Represented by Astiberri Ediciones – **194**-**195** : © «L'île sans sourire» par Enrique Fernandez © 2009 - Editions Glénat – **196**-**197** : © 2010 by Juan Berrio. Represented by Astiberri Ediciones

TABLE DES TEXTES

p. 17 : www.educarchile.cl, D.R. ; p. **16** : www.utilidad.com, D.R. – pp. **20**, **21** : *Los O.T.R.O.S.*, Pedro Mañas, Everest, 2009 D.R. – p. **24** : Etwinning en las aulas, EUN (European Schoolnet), DG Educación y Cultura, 2009 – p. **25** : © Eroski Consumer – pp. **30**, **31** : *De fiesta en verano*, Clara Villanueva y Josefina Fernández, 1995 - Centro de Investigación y Publicaciones de Idiomas – p. **33** : *La partitura rota* (pp. 50-53), Blanca Álvarez, © Anaya, 2011 – p. **34** : *Juegos, inocentes juegos* (pp.57-60), Ricardo Gómez, Edelvives, 2013 – p. **35** : *Media vuelta de vida*, Carlos Paramo, Silvia Bastos, 2010 – p. **40** : Patricia Carambula , 19-10-2012, bellezaslatinas.com – p. **41** : www.sandiegored.com – p. **41** : www.serturista.com – p. **46** : *El caimán de Kaduna*, Francisco Zamora Loboch, Parentesis, 2012 – p. **52** : Paola Bernal León, Domingo 27 de Mayo de 2012, Vanguardia.com – p. **56** : Eva Maria Corbella Pérez, www.corbella.de, D.R. – p. **56** : Gobierno Gobierno vasco, Departamento de educación, política lingüística y cultura – p. **57** : Mexico desconocido, 2010, D.R. – p. **64** : El Thyssen enseña a apreciar el arte a los alumnos leoneses, 19/12/2012, Diario de León – p. **67** : La música cambia vidas; yo soy un ejemplo: Gustavo Dudamel, La Jornada – p. **71** : Aquí hay talento ¿Cuál es el tuyo? : *El País*, 21/05/2013 – p. **72** : Triángulo dorado, búsqueda hacia el interior, lamonomagazine.com – p. **72** : www.elportaldemexico.com, D.R. – p. **73** : Stinkfish, retratos vibrantes, lamonomagazine.com – p. **73** : Tolerancia y convivencia en Córdoba y Al-Andalus en la Edad Media, José Luis Corral Lafuente, 07/06/09, ABC.es – p. **78** : *Fuego azul* (pp.175-177), Ana Alonso y Javier Pelegrín, 2011, © Anaya – p. **84** : http://www.perezreverte.com XLSemanal - 28/5/2012 © Arturo Pérez-Reverte, 2012 – p. **88** : © Fundación Pública Andaluza El legado andalusí – p. **88** : Escuela de traductores, lugaresconhistoria.com – p. **89** : La Reconquista española, El historiador, www.elhistoriador.com.ar – p. **94** : «Teresa», Sección Femenina, 1961 – p. **94** : «Economía doméstica para bachillerato, Comercio y Magisterio», sección femenina, 1968 – p. **99** : Elena Sanz, © MuyInteresante.es, 31/10/2012 – p. **103** : *Ya no sufro por amor*, Lucía Etxebarria, Ed. Martinez Roca, 2005 – p. **104** : Natalia Junquera, elpais.com, 16/06/12 – p. **104** : Elisabet-Sanz, elpais.com, 30/05/13 – p. **105** : Gabriela Cañas , elpais.com, 07/03/12 – p. **112** : *No pasó nada*, Antonio Skármeta © Antonio Skarmeta, 1980 – p. **115** : *Adiós a todos*, Luis García-Araus, Teatro: Promoción 1998-2002. Publicaciones de la RESAD/Ed. Fundamentos. Madrid, 2003. – p. **120** : Padres de nuevo a los setenta, 02.06.2013, abc.es – p. **120** : www.padresycolegios.com, D.R. – p. **121** : Hace tanto como mamá, El País, Cecilia Jan, 11/10/2010 – p. **128** : Silvia Blanco, reportage Google, ¿Me haces los deberes?, Elpais.com, 29/04/2009 – p. **132** : © IES ARRECIFE. Departamento de orientación. Plan de Acción tutorial – p. **133** : www.cext.es – p. **133** : Servindi.org – p. **134** : www.logisticahumanitaria.org – p. **143** : *Una chica N.O.R.M.A.L se ofrece de canguro*, © Ana Manso, 2013 © Ediciones SM, 2013.Pag. 23-26 Madrid, España. – p. **147** : *Escrito sobre la piel*, Fernando Lanana y José María Almárcegui, © Editorial Kattigara, Santander, 2012 – p. **152** : Antonio Ariza - Universidad Loyola Andalucía (www.uloyola.es). – p. **152** : www.canalsolidario.org / Blanca Pérez 01/08/13 – p. **153** : Las poblaciones de tortugas, puromundo.com D.R. – p. **159** : *El bosque de los árboles muertos*, Ana Alcolea, 2010 © Anaya – p. **164** : El 'couchsurfing', una filosofía para los aventureros de festival, Laura Rivas, 16/07/2013, *El Pais* – p. **167** : *Sin fronteras*, Albert Casals, 2012, Ed. Martínez Roca – p. **168** : e-dyario.com, D.R. – p. **168** : *La vuelta al mundo sin dinero*, P. Cortés Ferrández, 15/08/2011, El Periodico de Aragón – p. **169** : BBVA – p. **169** : *El llanto emocionante del 'rutero' en la penúltima noche*, Manuel Ibáñez, *El Pais* – p. **174** : *Súcubo a la limeña*, Jhonattan K. Díaz Gastelo, Bizarro Ediciones – p. **176** : *La semana santa de mi vida*, Elena Soriano Marti, Editorial Seleer, 2012, D.R. – p. **178** : *El fútbol se lee*, «El cuchaules», Ricardo Silva Romero – p. **179** : *Cuando era portoriqueña* - Esmeralda Santiago © RandomHouse D.R. – p. **180** : *Pero sigo siendo el rey*, Carlos Salem, Salto de Pagina, 2009 – p. **185** : *El vaso de plata*, Antoni Marí, Libros del Asteroide, 2008 – p. **186** : *Respirando cerca de mí*, Jorge Gómez Soto, Ediciones SM, 2006. pp. 49-53 – p. **189** : *Zoom*, Andrea Ferrari, Ediciones SM, 2013 – p. **190** : *La vuelta de los 25*, Marc Serena, Ediciones B, 2011

D.R. : Malgré nos efforts, il nous a été impossible de joindre certains photographes ou leurs ayants droits, ainsi que les éditeurs ou leurs ayants droits pour certains documents, afin de solliciter l'autorisation, mais nous avons naturellement réservé en notre comptabilité des droits usuels.